U0069845

蘇建和案21年生死簿

蘇友辰律師口述史

蘇友辰／口述　黃怡／整理・撰述

前衛出版
AVANGUARD

蘇建和案21年生死簿
蘇友辰律師口述史

目錄

附錄

蘇案口述歷史—序一

這是一場悲劇，也是一場喜劇！

星雲法師

我與蘇建和、劉秉郎、莊林勳三人結緣是一九九六年一月十五日，我在辯護律師蘇友辰、國策顧問許文彬陪同下，前往台北看守所探望他們而建立的。

記得當時我在日記上還寫了一段記述：「我關心此案已久，今天親眼見到他們，深深感受到他們的委屈，希望有關單位重視生命的可貴。」

跟他們晤面之後，面對眾多的媒體，我公開呼籲：司法當局應本於古聖賢所說「與其殺無辜，寧失不經」恤刑的辦案態度，爲他們重開審判，做到毋枉毋縱，以免造成冤案。

自那時起，從媒體報導看到司法重啓審判，其中起起伏伏，牽動正義與邪惡的辯證及對抗，我心中也默默爲他們祈福祝禱；終於，在二〇一二年八月三十一日有了無罪的終審判決。能夠看到他們三人冤獄的平反，以及司法清明能自我糾正錯誤，並做適當的補償，眞是蒼生之福、國家大幸。

二〇一二年十一月七日，中華人權協會理事長蘇友辰律師陪同蘇建和、劉秉郎、莊林勳三人到佛光山來看我，我很高興，自覺十六年前到台北看守所探望他們並沒有錯看。在普羅大眾中，他們三個人可能普通而平凡，但是他們獲得平反，對整個司法的改革卻具有重大的意義與影響。

我特別起了大清早寫了「公平正義」一筆字贈送給他們，並且勉勵他們要放棄仇恨，發揮愛心救世人離苦得樂，如果能夠「在服務奉獻中，成就他人；在努力工作中，實現自我」，相信社會也會樂於接納他們的未來。

這段過程雖然是一場悲劇，卻也是一樁喜劇，我常向信眾說，篤信因果，必定是有道德的人；了解緣起，必定是有智慧的人；蘇友辰律師心存仁恕，爲了救助無辜尋求公平正義，奉獻了二十一年的寶貴時光，與他們生死相許，最後在社運、人權、司改、教改、法學及宗教等團體大力協助之下，和其他六位義務辯護律師共同奮鬥而能夠讓他們起死回生，這本《蘇建和案21年生死簿》是非常珍貴的司法故事，值得法律人與社會人作爲追求美好人生的借鏡，確實有益世道人心，也是佛教慈悲渡眾、無求布施及慈悲喜捨高貴情操的展現，故樂爲之序，作爲見證。

星雲
二〇一三年七月
于佛光山開山寮

蘇案口述歷史—序二

到底是誰有罪？

人本教育基金會創辦人・董事長
史英

說是要出版「蘇案口述歷史」，我嚇了一跳，這麼多年以來蘇案曾是很多人生命的一部分，現在，竟然已經「走入歷史」了？

仔細想一想，眞的，無罪宣判已經定讞，而蘇建和、劉秉郎、莊林勳他們也展開了全新的生活——雖然這一切來得太遲，對他們三人太不公平，但事已至此，如果一直把過去的不公、不義、不平、不幸抓著不放，絕不是面對新生命該有的態度。所以，無論是建和他們，或投入救援的律師、團體、義工，大家現在最重要的工作，和過去完全相反，就是要學著遺忘：這不是容易的事情，必須提醒自己，這個世界上再也沒有一個叫做「蘇案」的東西；應該勤於拂拭，絕不要再讓那命懸一線、隨時都會執刑的威脅，繼續遮蔽心中的靈台明鏡！

然而，當事人和救援者的遺忘，是要以整個社會、整個國家、整個時代的共同記憶來換取的：如果再也沒有人記得，我們將如何避免它再度發生？反過來說，如果所有的人都不肯忘記，他們又何必一直把它放在心裡？

如果有誰想勸他們「放下」，我們就懇求有人要「扛起」；扛起一點責任，用一點心思，設法讓世人記取這歷史的教訓，和這教訓的歷史！

兩千年前，身受「體制」極度凌虐羞辱的司馬遷，以如椽之筆，爲帝王將相排座位，爲平民百姓訴衷情，使我們至今能窺見一個時代的眞實，而跳脫當權者的一面之詞；在他的筆下，孔子是一個率眞熱情、有血有肉的好漢子，絕不是如當權者供在神廟裡那樣的面目模糊。正是這個孔子，而不是那個木彫泥塑的吃人的禮教的代言人，他作春秋，使亂臣賊子懼！

那麼，現在的某些草菅人命的所謂「司法人員」，從刑求逼供的警察，到自以爲可以凌駕法律的法官，午夜夢迴之際，他們心中也有哪怕一絲一毫的戒懼嗎？

其實，亂臣賊子所懼怕的，從來都不是寫在紙上的文字，而是那文字所揭發的眞實、所揭舉的公義，以及所召喚的人們心中對於眞實與公義的渴望與追求。統治者迷信公堂裡的判決，宗教家訴諸最後的審判，然而，唯有人們心中的那把尺，才是所有力量的源泉。

這些年來，隨著蘇案救援工作的進行，「無罪推定主義」這個概念，已經慢慢地進到人們的心裡了，因爲如此，那些口口聲聲說「我司法官考試第一名，怎麼可能會錯？」的所謂法官，才終於不能奪走三條無辜的人命。然而，也正是這「無罪推定」的「推定」二字，容易造成人們思想上的盲點，有些人難免懷疑：這三人也許還是有罪的，只是因爲證據不足，只好「推定」他們無罪而已。再加上某些「不及格」（無論他考了第幾名）的司法人員，有意無意地宣揚「他們並不是無罪，只是沒辦法判他們有罪」，就使得蘇案的社會教育功能，還不能就此結案。

正是在這個時候，這本蘇案口述歷史即時出版了。它不是春秋，也沒有什麼春秋筆法，只是由律師們娓娓道來，親口述說他們心中最眞實的話；然而，正是這些跳脫攻防邏輯的庭外證言，比任何雄詞儻論更有力量，因爲人們只要用心傾聽便能明白：這三人的無罪是確確實實的事情，絕不是什麼「推定」的結果；而司法黑手入人於罪的事實是如此明顯，也絕對無法以任何藉口爲之開脫。我們認爲，這會讓那些人，從刑求逼供的警察，到自以爲可以凌駕法律的法官，有一點害怕！

爲什麼小小一部口述歷史，竟和孔子作春秋有相同的功效呢？因爲人們只要接觸了事實而不是只聽一面之詞，自然就能發現，正是那些人自己的話「只是沒辦法判有罪，並不是無罪」，就證明了他們並不公正：既然以至高無上的司法威權，又歷經常達二十一年的一審、二審、更審、再審等沒完沒了的審，都還不能判這三人有罪，那麼，所謂的「不是無罪」又是根據什麼呢？難道在公開的體制規約之下的法庭上的審判之外，他們還被賦予一種特權，可以自己決定由自己來「自由心證」，而在私設的刑堂裡另外判人「不是無罪」這樣一道罪名嗎？

「速審法」給了他們另一個藉口，說是受限於速審法的規定，不得不放棄追訴，並不是「眞的判了無罪」。但這種藉口只能再次證明他們的「不及格」：首先，蘇建和等三人當然是「眞的」被判了無罪；做出這無罪判決的也是同一個司法體系裡的同一個法院，不能說判有罪的就是

「眞的判有罪」，判無罪的反而好像是假的。至於速審法規定檢方不能無限制地追訴（在被判幾次無罪之後），當然是因爲，正如蘇案所顯示的，只要追訴的一方永不放棄，總可以把人「告到死」，那麼所有的無罪判決不都等於沒有判決嗎？所以，速審法的規定，正是爲了抵制「不是無罪，只是沒辦法判有罪」這種無賴的口實而設的。

我們很希望汐止分局再「供獻」一份心力，隨便到哪一位做出有罪判決的法官家裡去「撿出」廿四元硬幣（這是蘇案唯一的物證，詳見本書）；這樣，檢警就可以把此案再「破」一次。如果這位法官「居然」拒不認罪，我們當然同意法庭就放他回家——畢竟，在破案的過程裡已經略去刑求這一步，所以不必再追訴這一點。然後，我們就可以把他的話還給他：沒辦法判你有罪，但你並不是無罪！

然而，撇開前段的笑話，我們仍然要對那些司法人員說：沒辦法判你們有罪，但你們並不是無罪！我們可以這樣說，但他們不行！因爲，他們說的是事實的認定（即建和他們到底有沒有殺人），而事實的認定只能憑證據，不能在沒有證據的情況下還說「並不是無罪」。我們所說的是眾人皆知的證據確鑿的事實，有那些荒謬的有罪判決書，以及他們所有公開說過的荒謬言論（例如李相助法官曾說「兩具屍體不是證據嗎？」）——這些都不是刑求得來的——以及現在的「無罪確定」爲證；而「你們並不是無罪」，說的是當人們詳閱這本口述歷史之後，心中那把尺自然會做出的結論：這樣毫無根據地誤人二十一年，怎麼會沒事？

蘇案口述歷史—序三

司法當然會犯錯

前台大榮譽教授．刑法權威
蔡墩銘

身為一個刑法學的學者，我對台灣的冤錯案件，向來是關心的。蘇建和案剛登上報紙版面時，便已引起我注意，後來隨著審判過程進行，外界對於判決結果的種種質疑，更引起我深入探究的興趣，以致後來連寫了七篇文章，討論蘇案自白、證據取得的合法性，以及從經驗法則看歷審法官所認定的犯罪事實等。

為何對於冤錯案件特別關心，說來話長。二二八事件當年，有很多人冤死，其中，國民政府非法逮捕曾任警官、參議員的湯德章律師（1907～1947），整夜的倒懸拷打他，再將他載上卡車，後插木牌，沿街示眾，然後槍決他，且不准家人替他收屍，曝屍於台南民生公園達一週之久。我當時是個中學生，天天去公園追悼他，心中很不捨，為何一個政府可以未經法定程序，就把一個律師槍斃掉；後來才聽說，湯律師為了保護當時參加保安工作的台南菁英，堅拒透露任何相關名單，甚至死前仍毫不畏懼，寧可犧牲自己，挽救了無數人的生命。

要槍斃一個人，依台灣法律規定，必須經過三審，即使是軍事審判，也得經過二審。從二二八事件後，我對專制政府深惡痛絕，因而主張「人不可殺人，代表正義之司法更不可殺人。」希望能廢除死刑，但是將近六十年來，我的願望一直沒能實現，因此對於像蘇案這種非法取供並因而判刑的案子，非常擔心，惟恐無辜的人受到死刑判決。我雖然寫了很多文章，卻還是聲音微弱，台灣究竟到何年何月才能健全司法、廢除死刑，需要大家一起來努力。

蘇案的報導從一開始便受到有關單位的監督，並沒有講出事實，但是蘇案的冤枉，從蛛絲馬跡即可看出。後來我參加民間司法改革基金會對蘇案的判決評鑑，親自看見卷證資料，更感到其中冤情深重，然而因爲我在公立大學教書，雖說寫了七篇文章，難免還有所保留，這點我對蘇案三被告心中愧疚，也期許後輩的法律人能夠比我勇敢些，把司法的不公，完整的呈現在國人眼底，並共謀改進之道。

蘇案之所以變成冤錯案，跟台灣司法的傳統有關，而大家長久以來，似乎對此類案件見怪不怪，很令人憂心。蘇案還好發生在台灣解嚴之後，社會走向正常的民主法治道路，才有可能受到揭露，得到平反；若是蘇案發生在戒嚴時期，嚴刑峻法的思維深入民心，恐怕連再審的機會都沒有。雖然如此，傳統司法人對於人民的基本人權，經常置若罔聞，若不自我改造，冤錯案是不會停止發生的。

我一生歷經戰亂，以及異族甚至外來政權的治理，自從年少以來，最大的願望就是看到社會能夠幸福，以溫和的政治取代專制的統治，假使我們無法改變政治，至少可以改變司法，這是我「學習法律」到「教授法律」最大的目的。蘇建和案轟動社會，但至今仍有許多人不認爲他們是冤枉的，這就是因爲，大多數人還認爲政府不會犯錯，事實上，政府經常在犯錯，是人就不免犯錯，政府也應更謙虛的面對自身的錯誤。

纏訟二十一年的蘇建和案終於在二〇一二年八月三十一日獲得平反，由人權擁護者蘇友辰律師口述、作家黃怡女士整理的《蘇建和案21年生死簿》初稿，本人詳閱後感慨良多，認爲值得辦案人員引以爲鑑，共同同防止類似蘇建和案再度重演，故在此特別推薦本書之閱讀。

蔡墩銘
謹識於景美寓所
二〇一三年七月三日
訪談整理／黃怡

蘇案口述歷史－序四

一場關於信念的接力賽

前公視紀錄片製作人，中正大學傳播系助理教授、獨立紀錄片導演
蔡崇隆

在台北紅塵打滾了二十幾年，有十年都在媒體工作，其中印象最深，對我個人影響也最大的新聞事件，當然非蘇建和案莫屬。如果說在司法界，蘇友辰律師與蘇案的關係無人能及，那麼在媒體圈，我與蘇案的聯結恐怕也很少有人能夠超越。

因為一九九四年我開始在超視採訪蘇建和案專題時，只是一個單純的菜鳥電視記者。二〇〇〇年我到公視製作【島國殺人紀事】時，則是個對紀錄片一知半解的新手導演。後來離開媒體，移民到南部，對台北天龍國傳來的種種醜聞惡事漸漸無感，直到二〇〇七年，蘇案翻案多年後被判有罪，我才臨危受命，又協助公視製作了【島國殺人紀事3】。

蘇案二十一年，捲起了一波波台灣司法改革的巨浪，冥冥中也帶動了我個人從記者轉向紀錄者的生涯走向，更不斷深化了我對台灣民間社會與國家機器的原有認知。當年初生之犢不畏虎，

想要用影像挑戰司法，意外得到了很多支持與鼓勵。常常有人告訴我他/她是在什麼時候看到【島國殺人紀事】，從此對蘇建和案或司法制度的看法完全改觀。

不過，我自己獲得的成就感其實不比挫折感多，因爲在深入研究這個案子之後，我很快就發現它並不需要數年的法律訓練才能破解謎團，只要具有清楚的頭腦和謙卑的心，即使一個中學學歷的公民也有能力看出它的巨大疑點。但這正是我們的司法掌權者缺乏的。

也許說起來對台灣的法界前輩不敬，但我必須直言，蘇建和案及無數的冤錯假案的發生，都是因爲耗費國家資源培育出來的許多法界精英，不是專業素養嚴重不足，就是自視甚高，從學院到法院一帆風順，不知民間疾苦之徒。這當然不能只怪他們個人不自愛，而是台灣民主體制發展的侷限，以及轉型正義從未落實的後果。

試想，如果一個法律人可以毫無掛礙的充當白色恐怖的幫兇坑殺無辜人民，然後在所謂民主化之後，不用受到任何批判及懲戒，還可以廁身高級司法機構當中坐擁大權，你覺得他會去在意尋常人家出身的的蘇建和、劉秉郎、莊林勳，和一般刑事被告的死活嗎？

這些想法在製作蘇案的過程中越來越清楚。但一個小記者又能做什麼？無力感自然很深。一個最應該講究是非黑白的專業機構，對自己人的基本倫理都無能要求，你可以合理推想，這樣的氛圍會帶壞多少後進的法律人？所以蘇案這些年來碰到的司法人員，有的逃避，有的硬拗，甚至還以打群架的姿態來捍衛早已流失的尊嚴，一個毫無可信證據的刑事案件竟然像鬼打牆一樣原地打轉了二十一年，最後才靠著一個名目詭異的「刑事妥速審判法」自我解套。

無罪定讞，的確讓蘇建和等人可以不用再陪著那些自以為是的法官虛耗光陰，但這樣的結果是否就代表正義獲得彰顯？司法改革獲致成功？我和蘇律師一樣保留，君不見那個以槍斃死刑犯來充業績的「●」字號法務部長，還大言不慚地要再提起非常上訴，而延宕多年，疑點類似的盧正案、鄭性澤案等司改會列管的眾多刑案，仍然躺在法院門前等待眞相大白之日。

但我還是要說，蘇建和案是台灣司法改革路上的一個階段性的勝利，而且是非常必要的勝利。因為事實非常明顯，台灣的司法改革與民主化的發展成熟，應該很難在我們這一代人手上實現，而可能需要兩三代以上的時間。所以就像打棒球一樣，只能步步為營，累積小勝為大勝，這是一個耐力的比賽，每一次的進展都彌足珍貴。蘇建和案的判決就像是一支全壘打，未必能保證司法改革的最後勝負，但是它至少帶給我和社會運動者極大的激勵與安慰。

因為自我定位為紀錄者，作品就代表我對蘇案的觀點，所以在後期我很少親自跑到運動現場。加上移居南部之後，更沒機會與蘇律師、蘇建和等人見面交流，經常是看著電視或網路，和他們一起同喜同悲。蘇案能夠平和落幕，是當事人、律師團、社運團體和無數志工努力的結果，但幾位關鍵人物的長期支撐，絕對功不可沒。

最早在我腦海留下深刻印象的，就是過世多年的蘇建和父親蘇春長。在以貌取人的檢警眼裡，他的相貌就和蘇建和一樣不討好，但我永遠不會忘記，身軀乾瘦的他抱著蘇案傳單站在人潮之外，伺機而動想分給路過民眾的靦覥神情，還有他那憂鬱、謙卑而堅定的眼神。

當然，蘇案最大的貴人無疑是蘇友辰律師。在我接觸過的眾多司法懸案中，唯有蘇案有這麼一位從一而終、無怨無悔的律師投身其中，而且置個人成敗得失於度外。他歷任十幾年的司法人員轉換身份成為在野法曹，卻比任何昔日同僚更具有「包青天」精神。與其說蘇律師對蘇建和等三人始終不離不棄，不如說他始終沒有忘記自己之所以投入司法界的初衷，那種對公平正義絕不打折的理想性格，實在令人動容。許文彬律師和幾位仗義直言的學者蔡墩銘、李茂生，以及二〇〇〇年後陸續投入的羅秉成、顧立雄等律師團成員，也都是和他一樣別有風骨的法律人。因為他們，讓我確認大學法律系老師們所談的司法正義有可能成眞；也因為他們，我相信眼前殺人無數的司法巨獸終有改變體質的一天。

蘇案就像一面照妖鏡，它見證了人性的善良與醜惡。另一方面，它也是一場關於信念的接力賽跑，信念相同的人一棒一棒的接力跑下去。雖然一直看不到終點，但這一路上我看到司改會、台權會、人本基金會前後任幹部與志工們，鍥而不捨的努力與無私的付出，他們的身影有的出現在我的紀錄片中，有的印刻在娟芬的《無彩青春》裏，有的則一直銘記在我的腦海裏。

還有，大家都不可能遺忘的三個人，蘇建和、劉秉郎、莊林勳，他們毫無選擇地成為台灣司法史上的經典人物，也極為艱辛的撐到賽程的終點，付出了極大的生命代價。劉秉郎說，有人把他們當英雄，有人把他們當狗熊，我則始終不會忘記，他們原只是出身基隆、汐止街坊的慘綠少年，他們的心理時間被凍結在二十一年前，生理時間則在牢獄之中不斷轟隆逝去，我只有在【老男孩】那樣的電影裏，才見識過這種人間酷刑。

雖然他們是我的紀錄片主角，但每次見到他們，我總有一絲愧疚，好像自己是龐大共犯結構的一員。因爲捫心自問，如果易地而處，我才不稀罕成爲這種紀錄片的主角，我寧可默默無聞，過著自由自在的生活。只是不管出於機率或宿命，不論情不情願，他們爲台灣司法犧牲已是無法逆轉的事實。

我眞心希望，社會各界能以平常心對待他們，還他們一個單純平靜的人生。我也一直默默祝福他們，能早日走出心裡的陰影，活出更好的自我。唯有看到你們過得更好，那些過去打擊懷疑你們的人才會自慚形穢，而那些始終信任支持你們的朋友，才會確信踏上這條漫長的改革之路是值得的。

蘇案口述歷史─序五

飛鳥

《無彩青春》（蘇建和案）及
《作者十三姨KTV殺人事件》（鄭性澤案）作者
張娟芬

某一次演講裡，有人問我，除了剛才提到的以外，廢死聯盟還有什麼別的工作計畫。我想了一下說：「沒有。但我覺得重要的不是手上有兩件事情以後，再想出八件事來湊成十件；重要的是，手上的兩件事，可不可以做很久，一直做下去。因爲很多事情都是要做很久才會有成果的。」

凡是需要耐力、需要堅持的時刻，我常常想到蘇友辰律師。「有爲者亦若是」。人類抬頭看見鳥在天空中飛翔，笨拙地模仿了之後，造出了飛機。有時候我覺得，我們所需要的不過是一個典範，在仰望的時刻，內在的力量自然湧現，頭上的電燈泡就亮起來。

在我心目中，「堅持」的典範，必然是蘇友辰律師無疑。寫《無彩青春》時，我採訪他，印象最深刻的是某個午後，陽光從他的側面灑進來，他的眼珠變成淺淺的咖啡色，有著透明的質感。那天他送了我兩個大水梨，當事人送他的，我推辭不成，放在背包裡，像個雙峰駱駝一樣的回家。

在蘇案反覆更審的過程裡，我去法庭旁聽，如果遇到蘇律師，我會幫他提公事包。他也推辭不成。那個容納了畢生心力的公事包真不輕，曾經令我隱隱地擔心，他近乎孤注一擲的辦蘇建和案，如果這案子最後沒有圓滿的結束，恐怕受到重創的，並不只三個人。

蘇案無罪定讞的那天，我們移師東吳大學城中校區去開記者會。很多人，很多攝影機。我要離開之前惦記著要和蘇律師說句話，但是他沒有一刻閒著，正在走廊上接受不知道第幾個訪問。沒講到話也還是很高興，至少我不用擔心了。

蘇律師選擇了他的道途，這原本不屬於他的十字架，他背了以後，就沒再放下來。如今修成正果，就像連續劇裡善有善報、惡有惡報那樣，大快人心。蘇建和案無罪定讞，並不是司法改革的終點，事實上，參與得愈多，就看見愈多需要改革的，以致於難免錯覺路愈走愈長，終點不斷後退。但蘇案打下的基礎，將永遠是天空那一隻飛鳥，給我們繼續前進的動力與創意。

自序

蘇友辰

美國著名律師克萊倫斯丹諾，自一八八八年起執業律師，辦了許多名案，他為弱勢窮人辯護，也平反許多冤獄。最令人津津樂道的，則是他維護憲法中宗教自由，支持學校教導達爾文進化論的世紀辯護，被譽為二十世紀社會正義的偉大代言人。一九二九年，他年近七十二，寫了一部《丹諾自傳》，發人深省，個人見賢思齊焉，常引之以為效法。

台灣北部有三位年近十九歲青年，於一九九一年三月二十三日晚上一次餞行聚會後，因聚會中有包括謀害汐止吳姓夫婦的真兇王文孝參與，即無端被誣指為這宗雙屍命案的共犯。由於承辦檢察官偵查草率，歷審承辦法官未能本於專業與證據法則斷案，完全以警方刑求所取得的不實自白作為認定犯罪之基礎，歷經三年四個月的審判，最高法院於一九九五年二月九日，雖以被告上訴為有理由撤銷原判，竟自為判決，認定蘇建和、劉秉郎、莊林勳三人均成立共同強劫而強奸與共同連續殺人兩罪，分別判決兩個死刑定讞。當時執行槍決在即，三人命在旦夕。

就在存亡危急的時刻，個人同年八月在台北律師公會雜誌發表專文提出批判，呼籲各界正視並展開救援行動；共同辯護人許文彬大律師亦甘冒大不韙，偕同本人求見時任法務部長馬英九及最高法院檢察署檢察總長陳涵，請求暫緩執行，並懇求聲請非常上訴尋求救濟。當時，由政治大學法律系郭明政教授本於學術良心，登高一呼，集結五十二位國內各大專院校學者、教授在報端刊登啓事，呼籲司法應重新審判，避免鑄成冤獄。加上監察院張德銘委員發表調查報告，公開譴責辦案人員濫權瀆職，及提出糾正案；而籌備期間的民間司法改革基金會，也聘請五位學者專家研究，共同作出蘇案判決評鑑報告，直指判決的荒謬違法。繼而民間社運界以人本、台權、司改為主體，集結三十多個團體，成立「死囚平反行動大隊」，發動街頭遊行、靜坐、綁黃絲帶及定點繞行為死囚祈禱等活動，希望喚醒司法良知，發揮法律人道德勇氣，重新審判，以避免司法錯殺無辜，侵害人權。

在多方醞釀激盪之下，形成一股司法改革的社會力量，不但成功地讓五位法務部長延遲執行三被告死刑，並逼得原承審第一、二、三審法官暴衝出來舉行記者會，公開發表「被告自白資料」以為對抗；而最高法院四十多位法官也顧不得體制，緊急串連集體背書，作出巍巍然的所謂「研討結論」，尋求壓制，以免蘇案浪潮洶湧，沖垮司法長城的最後一道防線。

在此對抗制衡之情形下，可以預見的結果，陳涵總長一連三次提起非常上訴力爭無效，無功而返，三人又陷於朝不保夕的死亡邊緣。個人為了應急，也連續提出兩次再審聲請，最後一次奇蹟般的獲得台灣高等法院刑事庭第二十一庭裁准，檢察官不服抗告，最高法院刑事庭第九庭維持原裁定，駁回抗告，二〇〇〇年重啟再審。台灣高等法院歷經三次更審，最後第三次更審終於在二〇一二年八月三十一日落槌定江山，因檢察官依法不能上訴而無罪定讞。歷時二十一年生死對抗，蘇、劉、莊各被羈押四千一百七十天之久，見證了台灣司法正義的淪喪與重建。

這樁涉及六條人命的血淚故事，個人與許文彬律師不顧生命、身家安全，帶頭掀起救援平反的序幕，引進法學界、律師界、輿倫界、人權界、宗教界、文化界及社運各界菁英的集結，衝撞司法抵死不認錯的命運共同體；而於重啟再審之後，更延攬其他幾位國內的頂尖律師同道，組成「蘇案義務辯護律師團」，大家基於「伸張社會正義，維護司法公信，保障人權，義不容辭」的信念，作無私的奉獻與努力，終能讓司法新生的一代，發揮道德勇氣與良知，勇於面對真相，放下尊嚴、面子及威信的自私考量，尊重生命，保護無辜，作出無罪的裁判。蘇案史無前例的逆轉勝，展現了司法浴火重生的契機。

為了不使這段與司法不公不義體制生死纏鬥的歷史儘成灰，避免邪惡勢力自編故事以訛傳訛，抹煞所有仁人志士的奉獻，在文史作家黃怡女士大力協助之下，自二〇一三年三月下旬起，不辭辛苦、不計酬勞進行羅列大綱、訪談、求證及扒梳整理的繁雜工作，不到四個月的時間，完成了這部信實的口述歷史。在此感謝星雲大師、史英教授、蔡墩銘教授、《無彩青春》作者張娟芬女士、【島國殺人紀事】紀錄片製作人蔡崇隆先生為本書作序，使本書宣達的善念益增光彩；此外，義務律師團成員：許文彬、古嘉諄、顧立雄、羅秉成、尤伯祥、葉建廷各大律師接受訪談回顧，與專案助理蕭逸民秘書勉力為文，留下可觀的平反行動協同戰鬥的記錄；而本故事主角蘇建和、劉秉郎、莊林勳的訪談回應，也印證了本實錄的戲劇性及真實性經得起檢驗。

在此要感謝我的內人陳玉麗女士與我同甘共苦，我的一切作為與奉獻，都是她守住寂寞，悉心照顧我的身體，默默為我加油打氣所賜予的（請詳閱書中小跋）。特別是我獨生女蘇云淳，更是我精神支柱，沒有她們兩位母女的照顧，我在蘇案的付出沒有辦法撐過二十一年。

最後也要感謝中華人權協會前輩高育仁理事長、柴松林教授、謝瑞智教授（已故）、查重傳教授、鄧衍森老師、李永然律師、吳威志所長等人的鼓勵與支持，還有在我任內秘書處的同仁李佩金、曾守一、林欣儀、陳佳詮、王詩菱、詹叡臻的從旁協助，以及我事務所的專案秘書袁麗圓不嫌繁瑣搜尋資料、打字、校對等工作，始底於成。

「長夜已盡，但願人間冤獄不在！」蘇案的平反是一件匯聚眾人的勇氣、智慧、意志、專業良知、無私奉獻、奮戰不懈集體創作的成功案例，個人不敢居功，我對他們的付出與奉獻銘感五內。特別是，本案被害人的兒子吳東諺於再更審程序過程中接受媒體訪問，對蘇案「羅生門」的大衆迷思，作了最真情的告白，撼動人心與神明，他充滿理性、智慧的發言與反省，更是我輩法律人念茲再茲學習的榜樣。

我永遠銘記：「一個人受到尊崇，是他的作為而不是身分。」為了本書的發表，我願意再誓之天日表白與本案榮辱生死相許，一直到終老。

蘇友辰
二〇一三年七月八日
於重慶南路事務所

謹以此書獻給我最摯愛的亡母，以告慰她在天之靈。

蘇友辰律師　來源／蘇友辰

定讞
adidas

2012年8月31日蘇建和案無罪定讞
來源／蘇案平反工作大隊

1995 年 3 月 2 日	最高法院駁回非常上訴（84 年度台非字第 78 號判決）
1995 年 3 月 7 日	辯護律師蘇友辰聲請最高法院檢察署提起第二次非常上訴（84 年度非字第 0072 號）
1995 年 4 月 12 日	最高法院駁回非常上訴。（84 年度台非字第 113 號）
1995 年 4 月 17 日	辯護律師蘇友辰聲請最高法院檢察署提起第三次非常上訴（84 年度非字第 0234 號）
1995 年 4 月 20 日	蘇案三人委任辯護律師蘇友辰、許文彬，控告汐止分局警員涉嫌非法拘提、刑求、偽造文書、瀆職等罪。
1995 年 6 月 14 日	監察委員張德銘提出本案調查報告，認定高等法院、士林分院與汐止分局於審理、調查時涉及多項違失
1995 年 8 月 17 日	最高法院駁回非常上訴。（84 年度台非字第 298 號）
1995 年 8 月 22 日	辯護律師蘇友辰、許文彬第一次聲請再審
1995 年 12 月 30 日	台灣高等法院（84 年度聲再字第 565 號裁定）：再審及停止刑罰執行之聲請均駁回
1996 年 1 月 9 日	辯護律師蘇友辰提出抗告
1996 年 2 月 14 日	最高法院原裁定撤銷，發回台灣高等法院。（85年度台抗字第59號裁定）
1996 年 3 月 11 日	台灣高等法院舉行記者會，發表「蘇建和等盜匪案被告相關自白資料」，駁斥辯護律師及社會各界的聲援
1996 年 4 月 9 日	台灣高等法院再審及停止刑罰執行之聲請均駁回。（85年度聲再字更一第2號裁定）
1996 年 4 月 18 日	辯護律師蘇友辰提出抗告。
1996 年 5 月 25 日	「死囚平反行動大隊」成立
1996 年 6 月 1 日	民間司改會發表蘇建和案判決評鑑報告
1996 年 6 月 7 日	最高法院（85 年度台抗字第 194 號裁定）：抗告駁回（確定）
1996 年 6 月 18 日	最高法院舉行記者會，發表「對蘇建和等盜匪案件研討結論」，駁斥辯護律師的冤判的說法
1996 年 6 月 29 日	舉辦「死囚平反讓無罪的孩子早日回家」大遊行
1998 年 8 月 7 日	辯護律師蘇友辰第二次聲請再審

（二）

附錄一

蘇建和案大事紀

製作／蕭逸民　訂正／蘇友辰

1991年3月24日	新北市汐止區發生吳銘漢、葉盈蘭夫婦命案。
1991年8月13日	警方依據指紋比對結果，逮捕海軍陸戰隊上兵王文孝。
1991年8月14日	王文孝承認行竊殺人，自白一人犯案。但警方不相信王文孝一人犯案，將弟弟王文忠列為共犯逮捕。
1991年8月15日	王文忠被補後，被迫誣陷蘇建和、劉秉郎和莊林勳為共犯。警方逮捕三人後，嚴刑逼供，先後取得認罪自白。
1991年8月16日	警方召開破案記者會，宣佈吳氏夫婦命案偵破。
1991年8月20日	蘇友辰律師到士林看守所接見劉秉郎、莊林勳後，同意擔任辯護人，開始21年的奮鬥。
1991年10月4日	崔紀鎮檢察官對蘇建和等三人提起公訴（80年度偵字第6431號起訴書）
1991年12月24日	國防部軍法局覆判王文孝死刑，其弟王文忠竊盜罪二年八月
1992年1月11日	王文孝被執行槍決，死前從未與蘇建和等三人對質。
1992年2月18日	蘇案一審宣判，蘇建和、劉秉郎、莊林勳各被判兩個死刑，並褫奪公權終身。（80年度重訴字第23號刑事判決）
1993年1月14日	台灣高等法院二審判決，維持一審原判。（81年度上重訴字第10號刑事判決）
1993年4月29日	最高法院發回更審。（82年度台上字第2066號刑事判決）
1994年3月16日	台灣高等法院更一審判決，強姦部分無罪，強盜殺人部分判決死刑。（82年度重更一字第16號刑事判決）
1994年7月7日	最高法院發回更審。（83年度台上字第3772號刑事判決）
1994年10月26日	台灣高等法院更二審判決，維持一審原判。（83年度上重更二字第37號刑事判決）
1995年2月9日	最高法院撤銷原判自為判決。蘇案三人死刑定讞。（84年度台上字第458號刑事判決）
1995年2月13日	辯護律師蘇友辰聲請最高法院檢察署提起第一次非常上訴（84年度非字第0051號）

（一）

2007年6月29日	台灣高等法院矚再更一審宣判，三人仍被判決死刑，但未重行羈押。（92年矚再更一字第1號判決）
2007年11月1日	最高法院再次發回更審。（96年台上字5856號判決）
2007年12月10日	台灣高等法院矚再更二審第一次開庭。
2008年6月20日	李昌鈺博士受法院囑託進行現場重建及血跡噴濺鑑識
2010年8月13日	李昌鈺博士以專家證人身分出庭作證，說明吳氏夫婦命案極不可能是四人所爲，極可能是王文孝一人所爲。
2010年11月12日	矚再更二審宣判無罪。（96年矚再更二字第1號）
2010年12月3日	台灣高等法院檢察署檢察官上訴（99年請上字第253號）
2011年4月21日	最高法院發回更審。（100年台上字第1837號）
2011年6月15日	台灣高等法院矚再更三審第一次開庭
2012年8月20日	蘇案義務辯護律師團召開第100次會議。
2012年8月31日	矚再更三審宣判無罪，檢察官依（刑事妥速審判法）規定不得上訴，蘇案無罪定讞。（100年矚再更三字第1號）
2012年9月28日	馬英九總統接見蘇建和案義務辯護律師團。
2012年12月8日	中華人權協會舉辦人權禮讚之夜，蘇建和等三人與馬英九總統同台相見歡，感謝當年的馬部長。
2012年12月11日	蘇建和三人聲請刑事補償。（101年刑補字第36號）
2013年4月10日	台灣高等法院認定蘇建和等三人未被刑求，逕以最低標準每日以1200元及1300元予以刑事補償。莊林勳以每日1200元補償、蘇建和以每日1300元補償、劉秉郎以每日1300元補償，每人共羈押4710天計算，合計莊林勳五百萬零四千元，蘇建和五百四十二萬一千元，劉秉郎五百四十二萬一千元。
2013年5月2日	蘇建和三人向司法院聲請刑事補償覆審。
2013年6月16日	蘇建和三人解除境管，首次出國，赴歐參加第五屆世界反對死刑大會。
2013年7月26日	司法院刑事補償法庭駁回蘇建和等三人不服台灣高等法院刑事補償決定之覆審聲請。

（四）

1998年8月20日	台灣高等法院裁定再審及停止刑罰執行之聲請均駁回。（87年度聲再字第544號裁定）
1998年8月28日	辯護律師蘇友辰提出抗告
1999年9月23日	最高法院撤銷原裁定，發交台灣高等法院更為裁定。（88年度台抗字第345號裁定）
2000年4月15日起	台權會、司改會、人本於濟南教會舉辦「走向黎明，定點繞行」活動，持續舉行214天
2000年5月19日	台灣高等法院准予本件再審；蘇建和、劉秉郎、莊林勳停止刑罰之執行。（88年度聲再更一字第13號裁定）
2000年5月22日	台灣高等法院檢察署檢察官提出抗告
2000年5月25日	辯護律師蘇友辰提出答辯
2000年10月13日	蘇建和在警方戒護及媒體包圍下，由蘇友辰及許文彬律師陪同，前往台大醫院探視病危的父親。
2000年10月27日	最高法院駁回檢察官抗告。（89年度台抗字第463號裁定）
2000年10月29日	蘇建和父親過世
2000年11月3日	台灣高等法院合議庭提訊被告三人接押
2000年11月10日	蘇案義務辯護律師團召開第1次會議
2000年11月16日	蘇案再審開庭調查
2003年1月13日	再審宣判，高等法院宣判三人無罪，當庭釋放。（89年再字第4號判決）
2003年3月6日	檢察官上訴（92年度請上字第56號）
2003年8月8日	最高法院發回更審。（92年台上字第4387號判決）
2003年10月27日	台灣高等法院矚再更一審第一次開庭審理
2004年7月21日	《無彩青春》出版
2007年5月4日	李昌鈺博士為蘇案出庭，從現場的跡證資料提出18點新事證，說明吳氏夫婦命案係一人所為。
2007年6月27日	【再見蘇案，蘇案再見】團體聲援靜走活動

（三）

2007年再更一審宣判前的「再見蘇案記者會」，可惜卻改判回死刑。
來源／蘇案平反行動大隊

第一部分

一個眞凶，兩條冤魂，三名無辜的被告…

身為律師替蘇案尋求平反，整個過程令我刻骨銘心。想到二十一年奮鬥所背負的嘲弄、指責、質疑、抹黑、醜化及打擊等重擔，有時不免暗自掉淚，但總自覺，這是在為司法的不仁不義背負十字架。

口述一／

我的十字架

二〇一二年八月三十一日，纏訟了二十一年的蘇建和案宣判，因《刑事妥速審判法》的適用[1]，三名被告（蘇建和、劉秉郎、莊林勳）終得以無罪定讞。由於我在一九九一年八月蘇案偵查階段起，便已接受劉秉郎、莊林勳兩位被告的委託擔任辯護律師，因此我是與蘇案關係最長久的一位律師[2]，在聽到「無罪」一霎那間，我感覺到「解脫了！」

從接案開始，到一九九五年二月九日三審判決確定，接著爭取非常上訴失敗，然後尋求再審，二〇〇〇年五月十九日經台灣高等法院裁定准予再審，旋經最高法院駁回檢察官抗告後，到二〇一二年八月三十一日的台灣高等法院（100年矚再更三字第1號）宣判無罪定讞，這段漫長無邊的日子，我眞是備受煎熬。當初我是五十二歲的壯年人，如今已是七十四歲的老人，蘇案三被告的生死糾纏，對我而言也是如陷泥淖，現在終於定讞，我可以放心的、自由自在的告別司法了。

然而以我的秉性，這樣堅持走到最後，並不是一紙裁判給我，就能夠滿意的。宣告無罪那一刻，我固然感到解脫，卻也有遲來的正義顯得「灰頭土臉、形銷骨立」之感慨[3]。社會大眾似乎並不能接受這個終局判決，很多民眾甚至認爲，蘇案獲判無罪，只是證據不足而已；至於官方爲了不明動機，或許爲了卸責，也逆向操作，例如法務部長曾勇夫不同以前歷任部長，在蘇案矚再更三審辯論終結之前，還去探訪本案被害人的吳姓家屬，說是會督促公訴檢察官再蒐集證據，呈堂讓法官做出公正的審判。等判決宣告無罪定讞後，曾部長再度去慰問被害人家屬，說是他們會爲此案提起非常上訴[4]，完全是針對性的撥弄，絲毫沒有認錯之意。經過了二十一年，官方仍舊拿被害人家屬的悲情做爲對抗。有人說，他們是以此做爲掩護司法不公不義的遮羞布，以及避免究責的擋箭牌。

在這樣的社會氛圍下，眾說紛紜，有人質疑是不是律師團能力太強，操作判決，或是

1 刑事妥速審法在2010年5月公布實施，按照該法第五條規定：「法院就被告在押之案件，應優先且密集集中審理。審判中之延長羈押，如所犯最重本刑為死刑、無期徒刑或逾有期徒刑十年者，第一審、第二審以六次為限，第三審以一次為限。審判中之羈押期間，累計不得逾八年。前項羈押期間已滿，仍未判決確定者，視為撤銷羈押，法院應將被告釋放。」

2 許文彬律師是蘇案一審死刑判決後才加入，詳見第六章。

3 見〈遲來的正義〉，史英，《人本教育札記》2011年十月號，原文謂：「看這蒙塵的正義，就會發現它形銷骨立，面容枯槁，絕不只是來得太遲而已。」

4 自由時報報導，2012/6/22。

因爲國際著名的鑑識權威李昌鈺博士出面，使審判結果發生變化，像這類錯識與誤導，使很多人對於蘇案的無罪定讞有了敵意，因此，我並沒有達成目標的喜悅感，或是成就感。

爲了清洗他們被抹黑的污垢，卸除社會的不良印象與偏見，我在二〇一二年十一月七日陪同蘇建和三人到高雄佛光山，感謝星雲大師以佛法開示；他曾在一九九六年一月十五日親臨台北看守所探望三人後，對外宣稱：「三死犯冤情深重，法院應該再給他們伸冤的機會」。我也在二〇一二年十二月七日中華人權協會舉辦的「中華人權之夜」，敦請馬英九總統上台，與他們三人相見歡[5]；馬總統在擔任法務部長任內，拒絕簽署執行令，極力抵抗司法審判系統的壓力，由最高法院檢察總長陳涵提了三次非常上訴，爲蘇案尋求平反。若此作爲，無非是希望藉助有德的高僧、國家的最高領導人肯定審判的結果，讓社會大眾了解，蘇建和三人無罪判決是「法所應得」，一解大家的困惑，打開陰霾的氣氛，或許社會才能夠眞正接納三人過去的無辜與未來的新生。

一路走來，病痛磨難！

有人問我，是怎麼樣的人格特質，使我對蘇案永不妥協，堅持到底，生死相許。我想那是福德因緣的造就，必須從我小時候講起。

一九三九年，中日戰爭日趨熾熱時，我出生在台南縣善化鎮，經歷過盟軍轟炸台灣土地的恐怖歲月。父親當時在永康三崁店糖廠任機械工，收入微薄；母親出身農家，依媒妁之言嫁給父親，由於我們家境不好，她除了操持家事外，還在興南客運的善化站擔任售票員，多少貼補家用。我排行第二，上面有一個哥哥，下面有兩個弟弟、一個妹妹，祖父母則輪流在我家及叔叔家住養。我上過日治時代的幼稚園，六歲台灣就光復了，小學在善化國小就讀，再進入縣立善化初中，初中畢業以第一名成績保送台南師範，讀師範可以拿到一點生活補貼，以及一些食米等，由於受領公費，規定畢業後必須在國小義務任教三年。

記得小學五、六年級時，升學的壓力很大，老師求好心切，不時實施體罰，成績從一百分往下推，少十分就打一下，二十分打兩下…老師用的是座椅木板，寬寬厚厚的，除了打手心，有時小腿也會遭殃，我因數學成績不佳有時也挨打。級任老師、課任老師都以本省籍居多，而善化國小的校長鄭金宗就是我的外伯，是我祖父妹妹的兒子，我們稱之爲「宗仔伯」，但他對我完全不假辭色。這位鄭校長也是師範出身，受日式教育，治校非常嚴格，經常拿著一支棍子巡視校園，看到學生上課嬉笑講話，往往從背後就一棍敲上來。

5 見中華人權協會2012年人權之夜蘇理事長致詞：「馬總統在十七年前以大智、大仁、大勇毫不猶豫的作出決定，及時挽救了三條人命，在保障無辜被告的自由權、訴訟權及生命權的作為，他在司法史上已經有了正向的定位。」

我上課時沒有被他打過，倒是有一年夏天，正是鳳凰花開時節，招引來許多金龜子，我很喜歡用棉線綁著金龜子玩，揮呀揮的；為了抓金龜子，我拿小石子往樹上丟，弄得樹葉與金龜亂飛，不料鄭校長有如黃雀在後，一把抓起我的頭髮，拎著我的耳朵到校長室罰站，當時我已四年級生了，感到很沒面子。他的鐵面無私，給我留下深刻的印象，可是我對他威權式的治校風格不很認同，日後自己在善化國小當了老師，曾在校務會議中跟他反應，讓他覺得很不舒坦。

媽媽雖然很疼我，知道我在學校很用功，可是她的管教方式也很嚴格。例如家鄉慶安宮舉行廟會時，陣頭需要隊伍前面有孩子拿鑼鏘敲敲打打開路，媽媽受人之央，有時要我和哥哥上陣，我個性內向，想要抗拒卻不敢反抗，只要她一聲令下，就不得不從；有時我做錯事，挨媽媽一頓打，被打得太厲害的時候，也會奪門而出，這就更不得了了，媽媽一定追在後面，說什麼「你上天也要落地來」，躲不過的。但媽媽知道我是好幫手，她還沒下班時，升火做飯等是我的工作，有時也利用時間看書、溫功課；我也常在下雨天過後，拿著鐵耙子到農田劃溼泥挖蚯蚓，回來剁碎餵家裡的雞鴨。印象最深刻的是，假日也拿著便當盒子，內裝販售得來的「糖簽」或「李子串」沿街叫賣，賺點零用錢，最後剩下不是向姑姑家人兜售，就是拿回家兄弟分食。孔子說「吾少也賤，故多能鄙事。」就是我艱辛成長的寫照。

小時候的我，腸胃非常不好，不時發作疼痛，媽媽到處尋找偏方給我服用。記得最難吃的一帖，就是豬心裡包中藥粉，用稻草綑著放在燒紅的煤炭堆裡頭烘熟，再切成一小塊一小塊來吃，一段時間之後有了改善。這樣一路到後來讀師範，又因爲鼻竇炎折騰，醫生必須從我兩邊鼻腔骨鑿洞，把膿水抽出來，曾在嘉義市某診所開過一次刀，這病根卻未除，一直折磨著我，於台北地方法院任職期間又在台大醫院開了兩次刀。

記得小學六年級有一天，我在學校上課，突然上腹疼痛如絞，只好向老師請假，急急忙忙走路回家吃藥，半路上竟然兩腳發麻跌在地上，幾乎無法再站立。後來勉強站了起來，撐著身體趕回到家，人就暈死了過去，鄰居秋桂阿姨急忙送我去醫院急救，直到下午我才醒過來。平常，鎮上慶安宮供奉的三媽祖，是我祖父、父親虔誠倚賴的神明，祖父是首屆管理委員會委員，如果家裡有事求助，便迎來三媽祖金身到家中請教諸事；作法時，他們會請來乩童，經由「桌頭」的唸經敦請，神明便附在乩童身上起乩，祂就口中哼哼唸歌，說些只有桌頭聽得懂的神明話，如果需要吃藥，祂也會開藥方給你；而神明的開示，要靠桌頭來翻譯。因爲我昏死過去，祖父趕忙從廟裡請來三媽祖，但找不到乩童水吉，家人全部持香跪在庭院裡膜拜祈求，在桌頭到場之前，水吉竟從外面跑了過來，並開始伏在神明桌上哼唱說話。三媽祖說，我的元神已經失落多條了，如果挽救不及，就回不來了，媽祖馬上要去救他，並開了「爐丹」要我先服下，交代完畢，馬上大喊：「退堂」，水吉還魂似的醒來摸摸頭說：「我怎麼在這裡？」

記得我在醒來前，依稀有個印象，一位面相慈藹的紅衣女郎攔阻在前路，跟我招呼說：「你這個囝仔，不要再向前走了，會掉下去的，沒得救了。」似乎就這樣有了迴轉，下午二、三時許，我蘇醒了過來，過程就像神遊夢境一般。

因爲我體弱多病，命中缺水，我祖父替我取了個「雲霧」的小名，家人都叫我「霧仔」；後來還認了我叔父做繼子，據說我必須有兩個父親保護，才可以改運，以免破敗難養。或許是因爲身體一直不好，加上戰爭的磨難、家境的困頓等，讓我變得多愁善感，照理B型的人應該比較樂觀進取，我當時卻覺得前途茫茫，對未來雖有憧憬，但不敢有太多的期待。或云國家多難可以興邦，人生而多災厄磨難也可以勵志，也更加體會到生命的可貴。

在救援蘇案的過程中，陳涵總長鍥而不捨於一九九五年二月至七月先後提出三次非常上訴聲請，最後一次於同年八月被最高法院三度駁回。不久，我母親不幸中風住院，我南下探望多次，母親還能好言鼓勵我盡力而爲。由於蘇案救援途徑只剩下再審一途，但希望渺茫，原偵審利害與共的法曹們，爲求高枕無憂，極力催逼馬部長下令執行，三名被告隨時會被推上刑場；爲求應變，我滯留在台北多方奔走營救。當母親二度中風病情告急陷於彌留狀態，被送回善化家中，於九月二十八日上午斷氣之前，我這不孝子未能及時趕回隨待在側，待下午見到最後一面時，已是天人永隔矣！

我自覺愧對母親養育疼愛之恩，幾度在靈前跪哭不起，終生引為憾事而自責不已。在同年十月、十一月曾經嘔心撰寫了〈祭亡母〉及〈念母吟〉兩文，以示永遠的懷恩[6]。

求知慾，推著我更上一層樓！

我在學校裡很用功，但眞正開啓我閱讀興趣的，卻是在初中時的一些課外書，例如亞森羅蘋、福爾摩斯這類的偵探小說，以及有自然野趣的泰山故事。我從小愛看歌仔戲，家裡沒錢讓我去看戲，只好趁每齣戲快謝幕戲院打開觀眾出口時，溜進去看最後幾幕戲乾過癮，或是央求親戚看戲時順便把我夾帶進去，才看得到比較完整的劇情；小學已經有黑白電影了，我印象最深的是于素秋飾演白素貞的白蛇傳，她的扮相、故事的浪漫曲折，尤其許仙考取狀元回來，要與于素秋見上一面，而她被永世壓在雷峰塔下，許仙自願剃度，終生掃塔相伴等等，我當年記得一清二楚，現在年紀大了，印象較模糊，卻仍感覺得到那種

6 〈祭亡母〉，未發表。

盪氣迴腸的偉大愛情。

至於爲什麼要去考大學，不在家鄉安安穩穩的任教小學呢？

前省立台南師範學校的標誌是一座古鐘，制服上男生繡成紅色、女生繡成綠色，有人說我們師範生是「紅男綠女」。我是普師班，國文課比較著重藝文教育，每週要寫作文、練毛筆字，國文老師要求我們背誦論語、孟子、古文觀止、唐宋詩詞等。我在這個階段，打下了語文基礎，也寫一點「少年不識愁滋味，爲賦新詞強說愁」的文章，投投稿。在師範接受的教育，都爲了將來替國家作育英才，本應是終生的事業，當時也曾以此立志。我回到善化國小教了三年書，第一、二年是四年級班導師，第三年則擔任作文課老師，因我始終感到自身學歷不足，爲求上進，必須再做進修，而當時學校升學主義掛帥，並不符合我教書的志趣，因此每個月把薪水全數交給母親儲蓄，第三年起著手考大學的準備。

媽媽看我那麼日以繼夜的用功，有時還在僻靜的屠宰場夜讀，聽人家說嘉義水上鄉有個盲眼的囝仔仙，算命很靈驗，背地拿我的生辰八字拿去測。母親有一天告訴我，那個囝仔仙說呀，以我的八字來看，將來是讀法科的，有一官半職可以做，說不定還可以當個議員什麼的。一方面是囝仔仙這麼說，一方面我覺得自己文科還可以，便把文組的法科做爲優先選項，後來皇天不負苦心人，以第一志願考上前省立法商學院法律系，從此走上司法不歸路。

唸大學階段，我每年都有申請獎學金，加上教書三年的儲蓄，媽媽再補貼一點，我與兩個同學合租了一個房間，平行擺了三張床，每人一張桌子，在台北度過了四年。我一開始就立下志願，要取得一定的資格，不但能夠服務社會，還有一技之長可以安頓自己的生活。法律對於學過教育的我來說，是滿新鮮的，法律條文固然枯燥，老師上課多會舉一些實際案例，對照一般人的生活做解說；第一年稍稍建立了法理基礎，第二年、第三年就比較進入分項的學程，民法、刑法、訴訟法分開來，法律概念的網路，才慢慢建立起來，才知道案件的事實，要以什麼樣的原則來判斷。

無論法律的目的是爲了息訟止爭或追求公平正義，都必須先把法條融會貫通。學習過程中，一些刑法的案例解析，以及如何運用訴訟法達到預期的審判結果，相當引起我的興趣，似乎刑事法律的應用與社會犯罪息息相關，懲惡鋤奸，實現正義，特別引發大眾的關注；而民事法涉及金錢財產糾紛及損害賠償等問題，其他如公司、海商、票據、保險等領域，與我的人生閱歷較不相關，對年輕學子而言也比較陌生。

刑事實體法、程序法如何結合，在一個具體案例來做處理，對我而言是比較引人入勝的，也開始在聯想我將來會扮演哪一種角色，可以做出適當的裁判，使涉訟雙方都能夠接受最後的決斷。我的外省籍老師陳珊教授，曾參與二戰後審判日本戰犯，後來做過公務懲戒委員會的委員，教刑法及刑事訴訟法，他上課幾乎不必看書，各種法條倒背如流，339

條普通詐欺罪、320條普通竊盜罪如何如何，隨手拈來就有相關的案例；他對待學生和顏悅色，循循善誘，什麼問題都悉心解答，甚至告訴你在什麼書裡可以找到相關資料，最令我敬仰。

學者型的何孝元老師，對我們參加法官考試相當鼓勵，常拿台大、政大、東吳的錄取率爲例，希望我們能努力爲學校爭光。我記得一九六五年以第一名考上司法官後，他爲了鼓勵後進，還特別邀我回學校，向大三、大四的同學報告，期勉大家將來有志一同，爲社會服務作出貢獻。我在法界服務，本來心無二志，但是當年我媽媽請教的囝仔仙似乎說對了，記得二〇〇〇年阿扁總統第一任內時，要提名第三屆監察委員，因前副總統呂秀蓮的延攬，我在總統府人權諮詢委員會（前身爲人權諮詢小組）當委員的期間，陳水扁總統特別交代呂副總統，希望邀請我參加甄選，因爲當時還在救援蘇案，我並沒有答應，上簽呈婉謝，並表明不能爲追求自己的名位而放棄他們；後來阿扁總統發現上呈的名單中沒有我，問呂副怎麼回事，呂副拿簽呈給他看，據說他看了嘆口氣道：「難得這樣的時代，還有這麼一個人道主義者。」

後來三一九刺扁槍擊案發生，立法院在二〇〇四年八月二十四日通過「三一九槍擊事件眞相調查特別委員會條例」，委員之一的王清峰女士，曾三度到事務所親自邀請我加入委員會，當時的國民黨主席馬英九先生，在電話中也力邀我出任，但是我因爲蘇案救援工作仍在進行，只好婉謝推卻了。

我的人生旅途的確有機會再改變跑道，未來可能有不同的風景，但我放棄了。由此可知，蘇案和我一生的走向非常密切，蘇案的平反，關係到三個無辜生命的存亡，我覺得比任何功名利祿都重要。

難忘的幾件經手偵查、審判的案例

我這人的個性，從小就不隨波逐流，對於是非善惡的分辨，有相當的堅持。這種個性在學習法律擔任法曹之後，無論是在朝的法曹——法官，或是在野的法曹——律師，都多少因而強化，也變得嫉惡如仇。媽媽經常說我是「孤僻霧仔」，在南師畢業紀念冊，我對自己的性格志向描述是如此寫道：「桃灼、柳瘦，志在白雲青山，青幽又孤伶。」

一九六九年一月司法官訓練所結業後，我去台中地方法院地檢處報到，展開我將近四年的檢察官生活。我擔任檢察官的風格，簡言之，就是「守正不阿」與「鐵面無私」，尤其是石明江擔任首席檢察官任內，把多件貪瀆案交給我辦，顯見對我的信賴。一九六九年一月三十日，我與在政大擔任助教的陳玉麗女士結婚，二年多仍膝下猶虛，剛好，司法官訓練所同期同學林昇格在家鄉北港結婚，石首席知道我要去參加婚禮，還特地交代我順便去北港拜媽祖求個小孩，他怕我剛直刑觴太強，氣太煞，恐影響到子女運。從長官殷切的叮嚀，就可見我性格之一斑。

記得南投縣鹿谷鄉有一件貪瀆案，被告是兩名警察，平常要人伺候他吃喝玩樂，對轄區盜採山林的事件睜閉隻眼。當時一名涉嫌的木材商到底是誤採與否還有爭議，他在採伐過程中因界址不明，一不小心越界就會成為盜採案件；警察暗示他，假如有所表示，該案可以放手，引起案主不滿，認為他平常對警察不錯，這個案子明明是誤採，他們卻藉機敲詐他。為了蒐集罪證，他就帶了錄音機和幾萬元賄款到辦公室拜訪其中一位警察，請託手下留情，正中警察下懷，便說：「好吧，這事我會處理。」案主還特別問起：「那麼我做的筆錄怎麼辦？」警察回答：「你放心好了，筆錄我會弄掉。」整個對話過程案主都錄了下來。但是不知為何，警察好像沒有停辦該案的意思，案主急了，向台中地檢處投訴，並提供了錄音帶當證據，由一位田姓的檢察官負責調查，很久沒有終結，於是案主轉向石首席檢舉，貪瀆案到了我手上。

傳訊兩名警察，我追問他們當初製作的盜林筆錄在哪裡，他們答說當初認為該案不是盜林事件，不知道放到哪裡去了。因為他們知道如果說是毀棄了，就是觸犯毀損公文書罪責。我問，錄音帶裡有這一段對話說：「這包請你收下來。」、「好好，你就擺在我的抽屜裡頭。」我當場把這段對話播放給他們求證，兩位警察都否認說：「那不是我，我沒有說這些話。」我表示：「為了核對錄詞的聲音是否出自同一人，請你們兩位照這上面的錄詞重說一次。」並當場作成錄音，隨後將這兩份錄音帶連同原錄音帶，送到調查局去做聲紋比對。在還沒送鑑之前，其中一名警察曾當面警告我說：「蘇檢察官，你是公務員，我們也是公務員，我們禁不起這種打擊呀，你要慎重辦案，否則出錯了你我都承擔不起呀！」我說：「你放心，我一定會秉公調查處理，而且一定辦得你口服心服。」

聲紋經比對，確認同一人無誤，起訴後他們各被判七年多的徒刑。他們後來還向監察院檢舉，指控我不法採證，以錄音來坑殺警察人員，並把消息傳給香港一家《瞭望台》雜誌報導，目的在打擊我個人的聲譽。等我調到台北地院當推事（現稱「法官」）時，還曾被約詢到監察院接受調查，當然最後查無不法而結案。

另外，有一件發生在台中市南屯區的命案，起先說是一隻瘋狗咬死了一個五、六歲的小孩，我相驗時，發現狗被綁在樹頭邊，看樣子眞的很兇，經過法醫相驗，小孩小腿上有幾個小傷口，且已就近在西藥行敷藥包紮，看起來也不是致命所在，且即使是狂犬病，也不會發作的那麼快。後來我請法醫採取唾液進行鑑定檢驗，這需要一段時間才有結果，但孩子卻很快要埋葬了，而且被害人家屬也和狗主人達成賠償撫恤金和醫療費的和解，雙方應已無爭執，可是法醫寫不出死亡原因，無法發給相驗屍體證明書。為了查究眞正的死亡原因，我表明必須對小孩進行解剖，引起小孩父母極度的不滿，說檢察官怎麼如此殘忍，小孩死了已經夠可憐了，你還要對他開膛剖肚，表示無法接受。一番折騰之後，在我堅持之下，小孩屍體經過解剖，切開食道時，發現有一塊雞肉哽在他的喉頭，堵住呼吸道才窒息死亡。原來當天母親疼惜小孩被狗咬，想要給小孩補一下身子，燉隻雞給小孩喝雞湯，沒想到一塊雞肉滑進小孩氣管，導致他死亡。本來狗主人準備要將那隻「瘋狗」就地正法的，小孩死亡原因大白之後，救了一條狗命。

還有一個案件是台中縣豐原分局移送過來的，案情是一名熊姓推土機司機，到友人家裡作客，趁著七旬的老媽媽在廚房作菜時，拿鐵器從她背後敲了頭部一下，搶走她的項鍊，變成強盜案。被告在押，我提訊他，發現他面相斯文，不像歹徒之流，覺得很疑惑；被告遭逮捕後，警方曾帶去給那位老太太做指認，她很確定搶犯就是被告，而我的懷疑是，她頭部被鐵器敲了一記，再轉過身來，是不是眞的看清楚誰打她的？爲了求證，我先調閱老太太住院視力檢查資料，發現她確實有老花；後來，我請一位員警換穿普通衣服，帶上手銬扮裝爲被告，帶到病房讓被害人指認。我問：「老太太，那天敲打你、搶走你項鍊的，是不是這一位？」她立刻指說：「這位沒有錯，就是他，就是他⋯」在一旁的刑警、親友一聽，完了，怎麼會是他呢？一直向她搖頭暗示。我接著又把在押被告帶到她面前指認，再問了一次，她馬上改口說：「剛才那個不是，是這個⋯」由於被告素行良好，是個孝子，每月薪水都交給母親保管，本案他自始否認犯罪，並有不在場證明，兇器又未尋獲，且被害人指認又有重大瑕疵，結果我將被告為不起訴處分，當庭釋放，並令轄區警察局繼續追緝眞兇。事後被害人及家屬並沒有不服聲請再議。當地一份《公明》雜誌，還特地爲文以「昔日包青天」褒喻有加[7]。

我記得有人這麼說過：「一顆追求眞實的心，就是正義」，我個人辦案的態度就是秉持這種信念，辨明是非善惡，不爲勢劫，不爲利誘，始終堅持到底。

從在朝的法曹到在野的法曹

一九七二年八月，我被調到台北地方法院當推事，即法官，做到一九八〇年七月辭職退下來當執業律師。記得當時在李元簇部長任內，我是因病辭職的[8]。以下舉一案例，說明我從身爲追訴犯罪者轉換爲審判者，辦案態度乃是追求眞實、鍥而不捨。

7〈席日包公與今日蘇友辰〉，《公民》雜誌，1972年6月號。

8 見1979年第一次辭職信：「（我）喉部組織特別脆弱，長期案牘疲勞，加上每次開庭講話用力，經常紅腫不消，終至引發扁桃腺蓄膿，言語呑嚥甚感困難（中略）拖至六十六年（按1977）十一月間，始在台大醫院住院開刀割除，醫師並囑咐善加保養，以免造成更大傷害。」

台北某餐廳一位女經理，在一個風雨交加的颱風夜，約晚上八點鐘從家裡出門，坐上她停放在住家騎樓邊的座車去上班，突然前面快速走來一位穿著雨衣、頭戴鴨舌帽的陌生男人，衝到她車子旁，以榔頭擊毀她的車窗，伸手把她的皮包搶走，然後跑到路口轉角處有人開車接應，急忙逃走了。女經理向警方報案，因爲她皮包裡有一本支票簿，知道支票的號碼，根據這資料，警方尋線追查，發現一張支票有使用流出情形，再追查支票使用人，逮捕了被告。但被告否認是他搶的，說是綽號「阿財」的人抵債交付的。全案沒有自白口供，只有被害人指證歷歷，堅稱被告是這個人沒有錯，而那名綽號「阿財」的人警方並沒進一步調查。依警方判斷，既然轉角路口有人開車接應，就是二人以上結夥搶劫，以戒嚴時期唯一死刑的罪名，移送台北地檢處偵辦，檢察官也沒有進一步偵查就起訴了。我在刑事庭任職，接到這個死刑案件，心情很沉重，這種案子，沒有自白、沒有其他強而有力的證詞，只有一張不會說話的支票，難道就可以認定被告參與搶劫嗎？我一開始就保持懷疑態度。

在當時職權主義糾問盛行的審判環境中，檢察官只要有犯罪嫌疑就可以起訴，法官也不像現在居於比較中立聽訟的角色，檢察官沒有查清楚的，法官還要接棒繼續蒐集罪證，將被告定罪，所以沒有所謂「無罪推定」原則的適用。當然，起訴後法官繼續調查的結果若是無辜，也不是不能做無罪的認定，但大體上都是朝有罪的方向去調查裁判。對於這個案件，一來我心存懷疑，二來我很難認定他無罪，當然必須調查清楚，才能做正確的判斷。被害人堅持說，雖然那是個颱風夜，藉助來自她住家客廳的燈光，還是可以辨認犯罪人的臉孔，且一口咬定，從未鬆口。爲了辨明被害人有無看錯人，我特別選定某天的夜晚八點，帶同書記官到現場去勘查，並進行模擬確認被害人當時的相關位置後，我請移送的松山分局刑事組長古飄萍的隨員扮演歹徒，也是穿著雨衣、頭戴鴨舌帽，裝扮爲「歹徒」，我則坐上女經理座車的駕駛座位置，「歹徒」從左側走來，車窗搖下來正面相望，由於被害人住家停放車輛的位置附近有一盞路燈，加上她家客廳燈光的投射，兩種光源匯聚之下，的確看得很清楚。

我問過被害人，她說颱風夜當時附近路燈沒有亮，但藉助家裡的光她就可以看得很清楚了。爲了仿照當時實景，我商請古組長找人爬到電線桿上面，看是不是能夠把燈光用黑布遮起來，古組長說：「那麼高，我們沒辦法爬上去。」我又跟他打商量，是否可以打電話給電力公司，請他們將電源切斷以配合勘驗，古組長回答：「人家現在都下班了。」我這下子可傷腦筋了，因爲實景與犯罪時不同，感覺白跑了這趟，就準備要離開現場時，突然間路燈熄掉了，怎麼會那麼巧？豈非天助我也嗎？趕快重新再模擬一次，雖無路燈照明，搶犯的臉孔眞的清楚可辨。剛做完模擬不久，路燈又亮了，在場者都嘖嘖稱奇。

我根據被害人的明確指證，加上我履勘所得，以及被告所取得的支票，認爲被告罪無可疑，亦無可恕，依法判他死刑。但是判了以後，我還是心裡有點不安，生怕被告上訴之後被高院撤銷改判會無罪，生死兩極，將引起物議或批判，影響司法公信。幸好該案上訴到二審時，改判無期徒刑，並非無罪，原因是他在二審時坦承自己是搶犯，法官認為他態度良好，減為無期徒刑。我這時才鬆了一口氣。

當年我在台北地院刑事庭受理過幾件殺人、煙毒、強劫重大刑案，基於法律、道德與「代天行道」的思維，也曾毫不手軟判了幾個死罪。其中有一件發生在一九七三年二月十日裕隆汽車公司工廠廠長毛永琛被亂刀殺害命案，兇手藏寶玉手段兇殘，惡性重大，被依殺人罪起訴，我同年二月二十四日上午八時三十分開庭審理，只花了一個半小時，即當庭宣判處以極刑，當時造成轟動，媒體輿論均一致讚揚，讚譽為近年來司法機關即審即決處理最為迅速明快的刑案，充分表現檢審機關新的氣象。於今思之，社會對死刑犯的裁判，可能有不同的評價。

德國前大法官郝思曼教授（Winfried Hassemer）曾經為文指出：「刑事訴訟程序必須先探求真實，司法接下來才能作出正確的法律適用。」、「但司法經常不能揭發真正的事實」。也因此，美國哈佛大學法學院長龐德（Rosco Pound）特別提醒法律人說：「應當永遠記住，正義總是存在於個別案件之中。」我審案的基本立場是毋枉毋縱，重點就是必須把罪證弄清楚，有疑寧縱毋枉。我覺得法官的良心與專業很重要，起碼在證據的取捨、法條的適用上，應該力求正確無誤；縱然裁判與實際狀況可能有落差，或許不能達到絕對的正義，然而以這種態度來審理案件，方不致造成誤判鑄成冤獄，也才對得起自己職責與人民的期待。

從事司法工作絕對不可懈怠或大小眼，案件無論大小，就必須調查清楚，因爲你認爲的小案，可能是被告一生中的大事。有些案件雖不是生死之判，卻攸關他一生的榮辱、信譽、名望；有時不但影響他一個人，還影響他的全家，錯誤的判決，會讓人傾家蕩產，妻離子散，抱憾終生。所謂「堂上一點硃，百姓千滴血」，擁有生殺大權的司法者，尤應戒愼恐懼，疏忽大意不得。

爲蘇案尋求平反，整個過程令我刻骨銘心。二十一年奮鬥所背負的嘲弄、指責、質疑、抹黑、醜化及打擊等等重擔，有時不免暗自掉眼淚，但總自覺是爲司法的不仁不義背負十字架，所有的付出與遭受的苦難，都是替司法當局向平白無辜的三人贖罪的犧牲，這種抱負與認知，眞是不足與外人道也。雖然他們最後獲得無罪平反，但短暫的喜悅與解脫，並無法疏解那多年所承載的苦楚。

不過，多次搭乘計程車的經驗，司機認出我是蘇案辯護律師，有的豎起大姆指稱讚說：「了不起」，有的更堅持不收我的車資，並說：「你爲社會付出這麼多，這些小錢算是我對你的敬意！」有幾次我感動得潸然淚下，不能自已。

蘇友辰律師於1999年國民大會開會期間，向前來列席會議的監察院長王作榮陳情蘇案。　　來源／死囚平反行動大隊

蘇友辰律師2007年6月29日於高院再判死刑後
來源／蘇案平反行動大隊

2012年11月7日，蘇友辰律師陪同蘇建和（左）、劉秉郎（右二）、莊林勳（右一）到高雄佛光山，感謝星雲法師已佛法開示。圖中「公平正義」四字書法，是大師當天晨起特地寫給三人的。
來源／佛光山

崔檢察官命警方帶著王文孝去苦主吳宅做犯罪模擬，在現場他對被害人的媽媽跪求原諒，仍說是他一時衝動砍死兩名被害人，媒體也這麼報導。結果人一回汐止分局，警方不相信七十多刀是一人所為，就逼問他：「說，那天晚上和你一起的，還有什麼人？」引發了後來一連串的逮捕及屈打成招。

口述二／
不當取供

一九九一年三月二十五日，我在報紙上看到「汐止雙屍命案」的報導，只知道兇手犯案手法殘酷，殺了許多刀，並沒特別去注意其他細節。八月十六日，劉秉郎、莊林勳被拘捕偵辦，透過一位以前客戶轉介，他們兩人的母親和家人一起來到我的事務所，急切的希望委任我為他們辯護。她們帶來一份報紙，上面說經過汐止分局偵訊，被告均坦承不諱，現場並尋獲一把兇刀，還找到一些銅板之類的證物，全案已經宣告偵破云云。

三月二十四日命案發生後，警方在現場找到一枚指紋，經過指紋比對之後，發現來自正在海軍陸戰隊第九十九師服役的王文孝，他就是住在與死者吳銘漢、葉盈蘭夫婦位於汐止鎮長江街同一棟四層公寓的對面鄰居。八月十四日王文孝被逮補，他在軍事檢察官的初訊時，承認自己一人犯案，沒有共犯；他供認進入兇宅後，從廚房取了一把菜刀防身，起初被害人夫婦正在睡覺，他翻找財物時驚動了他們，於是拿這把菜刀殺人滅口，兩位死者身上共有七十多處刀傷。

後來外傳王文孝有吸食安非他命的習性，但是這點並未記錄在所有的卷證中，顯示從一開始，檢警單位對王文孝的犯罪性格及人格特質並沒有被深究，只是一味的追問，一個人怎麼可能殺那麼多刀，於是朝多人犯案的方向偵辦。其實，誠如後來國際知名刑事鑑識專家李昌鈺所述，行兇者因酗酒、吸毒或仇殺，一人殺一、二百多刀是常有案例的。

王文孝從軍事檢察官偵訊後交給汐止分局辦案人員接續偵訊，警詢時也堅持是一人所爲沒有共犯。台灣台北地方法院士林分院檢察處（改制前名稱，以下簡稱士林分院地檢處）檢察官崔紀鎭到汐止分局對他進行複訊，他仍堅持一人所爲沒有共犯。特別是崔檢察官命警方帶著王文孝去苦主吳宅做犯罪模擬，在現場他對被害人的媽媽跪求原諒，仍說是他一時衝動砍死兩名被害人，媒體也這麼報導。結果人一回汐止分局，警方不相信七十多刀是一人所爲，就逼問他：「說，那天晚上和你一起的，還有什麼人？」引發了後來一連串的逮捕及屈打成招。

王文孝八月十四日在汐止分局供承一人所爲的原始筆錄，至今仍下落不明；直到起訴後，士林分院合議庭受命法官湯美玉於一九九一年一月七日到高雄左營忠誠區陸戰隊軍事看守所提訊時，王文孝仍承認有這份筆錄，也說他當時告訴警方，他是一人所爲沒有共犯。奇怪的是，崔檢察官到汐止分局所做的複訊筆錄，居然沒有放在偵查卷裡頭，而是放在相驗卷中，稱之爲「勘驗筆錄」，動機不明，或許是要外人不去重視這份筆錄吧！

爲什麼警方非要朝多人犯案的方向偵辦？我個人的分析大致是：汐止分局專案小組偵查員張中政，剛從警校畢業不久，這是他辦的第一件刑案，想要大顯身手一番，可能認爲不打的話嫌疑人不會招供；在汐止分局專案小組的成員中，對王文孝、王文忠、蘇建和、劉秉郎、莊林勳下手最重的，就是張中政。張中政因爲辦這個案子捅了大樓子，在警界待不下去，早早就退下來了；我們在開啓再審程序之後，曾多次要求他出庭接受詰問，但他戶籍設在金門，經常進出大陸，一直抗傳不肯到庭。再審、矚再更一審、矚再更二審，他都沒有來，到了矚再更三審時，台灣高等法院依法發出拘票逕行拘提，他躲不過就來了。經過我們辯護律師團針對重大爭點細節進行詰問，包括對三人有利的警詢筆錄爲何他隱藏不隨案移送、二十四元硬幣如何有兩次裁贓、拘票何故塗改倒塡時間等等，都是支吾其詞，破綻一一浮現。最後我問他，願不願意接受測謊，他一口回絕說：「不要」，其中道理不言而喻，我就不再續問下去了。

或許大家會奇怪，張中政既是生手，他的長官爲何任由他非法取供？我個人的推論是，蘇案屬於社會矚目的重大刑案，破案是有績效獎金的，一人所爲或多人犯案，績效獎金大不同，該案擴大偵辦，然後強化個別犯案者的罪名，論功行賞時，獎金當然比較多；

我們調查過獎金額度，大概有二十萬元。該專案小組的刑事組長陳瑋庭，雖推說是服從檢察官之命做這做那，但眞正主導的是他，檢察官不過是依警詢筆錄附合訊問加以鞏固而已。

這個專案小組，成立之初便顯得心術不正。比方說，蘇建和明明被帶回警局的時間是八月十五日中午，他們在事後補發的拘票上記載卻是當天晚上十時，因爲檢警共用偵查時段有不得超過二十四小時的規定[1]，他這樣做可以掩人耳目，延長偵訊時間，卷附拘票上連日期及時間塗改的字跡都還在。我們曾控告他們瀆職、僞造文書、凌虐人犯等罪嫌，但原承辦檢察官雷雯華在不起訴處分書居然認定說，他們一時失察，不是故意的，然而這哪裡是不小心？警詢蘇建和的筆錄明明寫著「（警問）今天（八月十五日）十三時，我們在你的家中拘提你到案…」這種不按牌理出牌的辦案手法，後來也見諸陳瑋庭承辦的一個煙毒案，他要一名煙毒犯去找一把槍來，說是有槍就可以抵煙毒銷案，煙毒犯不疑有他，眞的弄了一把槍來想換取較輕的罪名，結果他槍械也辦、煙毒也辦，煙毒犯很不滿，檢舉他涉嫌瀆職、湮滅證據等，後來陳瑋庭東窗事發，以僞造文書成罪，被判一年六月減刑爲九個月，緩刑三年，公務懲戒休職半年。就是因爲法院不肯正視不肖員警的違法辦案，使有

1 刑事訴訟法第九十三條第一項：「被告或犯罪嫌疑人因拘提或逮捕到場者，應即時訊問。」第二項：「偵查中經檢察官訊問後，認有羈押之必要者，應自拘提或逮捕之時起二十四小時內，敘明羈押之理由，聲請該管法院羈押之。」

些警察心圖僥倖，很多嫌疑人吃盡悶虧，因而身敗名裂甚至性命不保的，大有人在。

我很注意承辦蘇案這些違法檢警的動向，想驗證古人所言：「法網恢恢，疏而不漏。」例如蘇案在再更一審判決被告三人無罪後，公訴人李進誠竟接受某慣竊的僞證，說是劉秉郎羈押看守所時，曾向他坦承三人犯案，作成任意偵查筆錄後，據以提起第三審上訴，以影響最高法院的認定，最後高院再審的無罪的判決很快被撤銷發回更審，這位檢察官後來他調擔任金檢局局長，涉及股市「禿鷹案」曾被判貪污罪刑，眞是報應。

此外在高院囑再更一審、更二審，另有一位公訴人陳玉珍檢察官，精明幹練，跟我們對抗得很厲害，很會出奇招，那些站在我們對立面過去受理過蘇案的法官們，對她的表現非常在意。可是若要人不知，除非己莫爲，二〇一三年三月，特偵組根據一位電玩商檢舉她在板橋地檢署主任檢察官任內，長期包庇賭博電玩的瀆職犯行，經過一年多的搜證，認爲她利用「後案併前案」、「扣押交付代保管」手法，向業者索賄兩千三百廿五萬元，在檢察總長黃世銘鐵面無私的督導下，承辦檢察官採取霹靂手段，聲請法院羈押獲准，並以罪證確鑿，起訴求處無期徒刑，這是國內首位涉貪遭起訴的女檢察官。很諷刺的是，她在本案囑再更審程序詰問專家證人李昌鈺博士時，還當庭質疑李博士收受被告的錢，並公然羞辱李博士的鑑定結論爲「大騙局」，令人齒冷！

王文孝被汐止警方逼問出犯案當天在一起的人，說那幾位是弟弟王文忠帶來的朋友，他不認識他們，才有所謂的綽號「長腳」、「黑仔」、「黑點」三人的指稱。警方於是找來當時已經入伍在陸軍步兵學校服役的王文忠，追問他那天和王文孝打撞球玩樂哪些人？然後他才說出蘇建和、劉秉郎、莊林勳三人。事實上，蘇是王文忠的國中同學，劉是王文忠的鄰居，但是他記錯了一個人，就是莊林勳。他跟莊林勳不熟，說那天還有一個劉秉郎的朋友一起參加，但事實上莊林勳是在另外一次聚會時，和他們在一起的，當時是有王文孝、王文忠、蘇建和、劉秉郎、莊林勳四人，王文忠把時間記錯了。

莊林勳那天的不在場證明很有力，因爲案發前一天（三月二十三日星期六）晚上剛好是他爸爸生日，全家與來訪友人郭明德、安建國在家打麻將，剛好家裡房間在趕裝潢，做到三更半夜，裝修工人李金益在場看到他們打麻將等，這是假不了的，也有照片爲證。但他們出庭結證之後，卻被認定爲事後串飾，全部不予採信。

汐止分局的專案小組也很詐，先從王文孝、王文忠那裡套出犯案當天在一起的人，然後就把蘇、劉、莊三人都當成共犯，要他們承認犯下了這個大案。本來他們不承認有參與，警方就施展辦案技巧，說什麼「你看，王文孝都承認了。」然後又跟王文忠說，你看，蘇建和也承認了…如果他們再不承認，刑求就來了，吊膀子、用電擊棒電擊下體、脫光衣服站在冰塊上用電風扇來吹搧、從鼻子灌辣椒水等，可說是非人道至極！王文孝與王文忠也曾被刑求，王文孝軍法初審被判死刑，在向國防部聲請覆判的訴狀裡[2]，也描述了他如何被刑求逼供的情節，若非親自經歷，無法描述得那樣歷歷如繪。

蘇案再審程序，檢察官崔紀鎮有一份複訊筆錄的錄音帶被我們掌握了，法院根據我們的聲請當庭拿來播放勘驗。從檢察官與被告對答過程中的語調及口吻，可以知道蘇、劉、莊三人是怎樣被誘導、脅迫供出他們根本沒有做的犯行。錄音帶顯示，蘇建和耐力最持久，卻也被打得最慘；劉秉郎、莊林勳比較禁不起威嚇，刑求程度較低。在八月十六日士林看守所收容三名被告時，入所健康檢查表中，明確記載蘇建和臉頰、兩手臂、手腕等各項傷情。二〇一二年高院矚再更三審定讞判決中，法官（審判長周政達，受命法官趙文卿）很有勇氣及擔當，認定蘇建和自白非出於任意性，這是除了二〇〇七年高院矚再更二審判決外，過去判決法官們不敢承認的事實。其實王文忠、劉秉郎、莊林勳都曾遭受刑求，只是外表看不出有顯著的傷痕。但劉秉郎曾明確指控說，他被以辣椒水灌鼻子時，感到好像整個胸膛快炸開來，這種可能造成的內傷，也是無法從外觀看出的。

蘇建和被刑求得最慘，警方還用電擊棒電他的下體，被收押以後，檢察官沒有再做什麼調查，就草率起訴了。案子到士林分院，受命法官湯美玉接押後未通知辯護人到場，直接到看守所提訊他們，在進行訊問過程中，蘇建和當場把他的褲子拉下來，告訴這位受命法官說：「我的生殖器被電擊棒電擊，現在還腫得這麼大，還在潰爛，法官請你要調查清楚，我確實是受到刑求的。」湯法官卻回應：「趕快把褲子穿起來，這個我不管，你究竟有無犯案，趕快從實招來。」並告知書記官，蘇建和訴說被刑求這段不要錄音。如今她這份調查訊問的錄音帶也不見了，事後發現存放在卷內的錄音帶，竟是個相驗車禍事件的錄音帶，顯然原件被掉包了。

蘇、劉、莊三人慘遭汐止分局警察刑求，絕不是他們杜撰的。該分局專案小組刑事組長陳瑋庭，在高院再更一審程序出庭作證時，也承認「這些筆錄我都看過，我要求他們（指製作筆錄辦案人員）好好整合一下。」意思是三份筆錄兜不攏的地方，要再做調整修正，因爲犯罪事實只有一個，三個人卻他說這樣、你說這樣，就表示他們根本不在場嘛，又怎會知道犯罪如何進行呢？我在第一審之所以不厭其詳整裡出包括王文孝、王文忠等五人的自白筆錄的對照表[3]，就是爲了說明儘管專案小組怎麼「整合」，根本無法對得起來，各個被告對犯罪情節（侵入時間、行兇手法、使用凶器、輪姦順序、得款分贓等）陳述自白充滿矛盾不一。後來當時檢察總長陳涵提起三次非常上訴，爲何會提出二十四項重大疑點，就是因爲警方的警詢及偵查筆錄漏洞百出之故。

蘇建和在警詢筆錄中沒有自白的供述，但是崔檢察官到汐止分局複訊時，竟然可以取得他自白的口供，原因何在？蘇建和的說法是：「我熬了一天一夜，他們一定要我承認，

2 1991年10月15日軍事審判辯論庭

3《無彩青春：蘇建和案十四年》，張娟芬，商周出版，2004。

我知道就是死罪。後來當時的汐止分局分局長陳如錠扮白臉來說好話，說是你這樣堅持我們結不了案，也不能放你回去，那你就根據其他的人供詞，看一看嘛，等一下長官來訊問的時候，多少承認一些，我們也有所交代，或許檢察官會給你交保回去。」旁邊又一名偵查員就手摸著配槍的槍把，兇巴巴的說：「不要再跟他囉嗦，我們帶他出去，好好解決掉！」等於是在威脅他，而且，在檢察官到達前，專案小組還要蘇建和背誦劉秉郎、王文孝的筆錄。這樣威脅利誘之下，蘇建和才在檢察官那裡承認了一些，但是零零落落的，上述錄音帶可以聽得出來那種情非得已的答詢情節；張娟芬的專著《無彩青春：蘇建和案十四年》裡面有很詳細的描述[4]。

再聽聽崔紀鎮檢察官的複訊錄音，犯罪情節根本是他一個人在舖敘「你殺二十幾刀，嗯，對不對？」「你拿的是菜刀，對嗎？」我不知道崔檢察官過去的辦案風格是怎麼樣的，單以蘇案來說，他在汐止分局對蘇建和進行複訊時，專案小組的警員守在被告旁邊戒護，之前又曾交代，要好好根據警方問他的話答覆，否則的話就走著瞧了；像劉秉郎在複訊過程中堅決否認，檢察官問不下去，中途被警員再帶出去修理，好一會兒才回來，檢察官也並未制止，任由辦案人員軟硬兼施，目的就是要取得不實口供，前開錄音帶原音重現及譯文可證明一切。

以目前的法律來講，檢察官可以上山下海，甚至到犯罪嫌疑人的家中對他進行偵訊。

照道理，要讓被告有比較自由的陳述，不受到外在環境不當的壓迫，應該要在地檢處進行偵訊。那天崔紀鎮檢察官或許是爲了方便，偵訊完王文孝後就可以要求警方帶著去現場做模擬。一般而言，法官要注意檢察官的問訊是否有威脅、欺騙、誘導的情形存在，依照刑事訴訟法規定，偵訊是要錄音、錄影的[5]，如果那些筆錄載錄的供詞不搭配，必須聽聽偵訊者與犯罪嫌疑人的對答內容、聲調、口氣、問訊用語，光從白紙黑字的筆錄，看不出眞正的問題所在。

我們辯護律師花了很大的功夫，就爲了證明蘇、劉、莊三人自白的不可信，以現在的法律及實務來講，要證明自白眞實可信、有證據能力，是檢察官的職責；也就是說，只要被告或犯罪嫌疑人抗辯被刑求，檢察官就要證明他們沒有被刑求，這樣才能符合舉證法則，否則弱勢的被告身陷密閉的拘留室或偵訊室，又如何證明自身被刑求？但在蘇案審判過程，卻倒轉過來，我們還要用力證明被告自白出於刑求、非屬任意性。事實上，後來崔檢察官偵訊錄音帶的出現，加上看守所健康檢查表記載，湊合起來，才找到本案刑求的蛛絲馬跡；還有在汐止分局那次的所謂「破案記者會」所揭露照片，被告三人頭戴安全帽，

4《無彩青春：蘇建和案十四年》，張娟芬，商周出版，2004。

5 刑事訴訟法第一百條之一規定：「訊問被告，應全程連續錄音；必要時，並應全程連續錄影。但有急迫情況且經記明筆錄者，不在此限。筆錄內所載之被告陳述與錄音或錄影之內容不符者，除有前項但書情形外，其不符之部分，不得作為證據。」

頭低低的，其中蘇建和臉頰、手臂都有紅腫，我曾多次要求法官勘驗照片。可是這些附卷垂手可得的證據，碰到那些不問眞相的法官，就連看也不看，令人憤怒。還好後來台灣高等法院矚再更三審法官終於願意勇於面對眞相，才答應勘驗，結果在判決就蘇建和部分有了比較正確的答案。

爲何有些法官比較保守畏縮不敢放手施爲呢，因爲只要法官認定某被告有被刑求，就產生責任追究的問題；有魄力的法官願意面對眞相，將刑求記載在判決書中，就等於是一個指控書，將來會告發移送偵辦，在冤獄賠償或刑事補償之後，還有向濫權羈押司法官求償的問題。我認爲，蘇案最後審判過程的法官還是有爲德不卒的地方。淺見以爲，法官要面對眞相時，必須直接、全面的面對，不能做選擇性的、含含糊糊的文字記載，有刑求就說有，不能模糊帶過，例如說，法院承認蘇建和自白非出於任意性，卻認爲劉秉郎，莊林勳沒有被不法取供，這可以用經驗法則來研判嘛，既然法院認定三人沒有在場參與，他們卻又在警詢及偵訊時承認犯罪，這不都是刑求不法取供（包括威脅、欺騙、疲勞訊問等）得來的嗎？

法官面對眞相如何判決，涉及他的責任感、使命感、專業修爲及道德勇氣，當事實呈現時，他是否有這個肩膀去扛下來。有時法官的態度難免會被自身的利害考量所左右。最令人敬佩的是，莫過於本案准予三人再審的台灣高等法院江國華法官，可說是甘冒天下大不躓，勇於面對眞相，作出擎天一搥，讓蘇案有了起死回生的機會，不過他所屬合議庭作成無罪的判決，還是漠視刑求之存在，至爲可惜。

大家或許會奇怪，蘇案一審的檢察官崔紀鎭爲何漠視三人被刑求？他的理性是什麼？我只能這麼推測：他是認同警察辦案方式的，也相信警方提供的證據，是不是故意坑害被告沒有人敢說，但他沒有進一步求證，也應該是一種重大的懈怠，有虧職責！公視製作人蔡崇隆導演的記錄片【島國殺人紀事】中[6]，記錄在一個研討會場合，他一直追著崔檢察官要問他偵辦蘇案所引發的風波有何看法，他一直閃身迴避，弄到最後有點生氣了，當面斥責說：「當事人有拒絕採訪的權利，你要請總長他們的資料，請你把它洗掉，你不洗掉我馬上請警衛出來」、「證據方面調查過程過於草率，那就請他們追究我責任嘛！」看來他好像不敢直接面對這個案子，講出當初的考量與作爲。

關於崔紀鎭檢察官的辦案態度，劉秉郎在汐止分局接受他複訊時，就領教過了。崔檢察官一再要劉「憑良心講」，劉答：「我就是憑良心講的，沒有就是沒有，再怎麼說我都沒有參與這個案子。」崔檢察官接著說：「你說你沒有，在警察局的筆錄中，你都承認了。」劉答：「筆錄裡寫的，不是出自我意願要說的，是他們要我承認所做的筆錄。」根

6 【島國殺人紀事】，蔡崇隆導演，公視，2001。

據同步作成的錄音顯示，劉秉郎對崔檢察官的一再逼問總共答了十三次「沒有」，然後跟崔檢察官說：「檢察官，我是被刑求的，筆錄所寫不是我的意願。」崔檢察官的答覆是：「我知道你們被刑求，但是這並不代表你們沒有作案。」然而被告刑求的抗辯，直到矚再更三審才被重視而且被部分證實，但被告在二〇〇三年一月十三日無保釋放，已經坐了驚悚的四千一百七十天死牢。

在我擔任檢察官期間，也不時聽到犯罪嫌疑人說刑求，我當年不免比較維護警察，沒有進一步做調查處理，但是他們的抗辯，我會加以重視。刑求逼供，在我們那個年代可說是所在多有，像柯洪玉蘭、陸正案，就很明顯。陸正案，當初有六名被告被判死罪，因爲有被告向監察院陳訴說遭到刑求，當時受理該案的監察委員是前法務部部長王清峰，她把所有在警方偵訊錄音帶都調來了勘查，發現其中一卷裡面是警方在刑求時錄下的，犯罪嫌疑人哀求說：「你不要打，不要再打了啦，你這樣打下去，我受不了……」警方送卷時沒有仔細過濾，這些痛苦哀號的錄音帶被原音重現，事證確鑿，無可抵賴。後來王委員根據這卷錄音帶，移送給檢察官偵查，涉案警員都被判了一兩年有期徒刑，其中被告之一張台雄逃亡，到現在還沒歸案執行。

在當時以自白爲中心的採證制度之下，警方當然覺得那些科學辦案方法非常迂迴廢時，用刑求的最快；檢察官雖然手上案件積壓不少，而社會矚目重大案件，也有結案的時限，但刑案攸關一個人名譽、自由甚至生死，假使在工作壓力下就輕率起訴，還是愧對職責的。

蘇案三人的草率起訴及判決，引起學界及社運界正義之士不滿與憤怒，那麼多民間團體聯合起來聲援他們，面對風起雲湧的批判與責難，一、二、三審承辦或非承辦的法官竟違反「法官不語」原則，一九九六年三月十一日舉行聯合記者會對外說明，公布所謂「蘇建和等盜匪案自白資料」，創下世界的首例，引為「司法奇譚」，主導其事就是台灣高等法院八十三年度上重更二審李相助庭長。最高法院也不落人後，於同年六月該院刑事庭全體庭長、法官四十多位集體審判公開發表蘇案的「研討結論」，用來反擊被告尋求平反的行動，形成一種官民的對抗，完全失去獨立審判的崇高地位，突顯最高司法權力的傲慢，更是貽笑國際。

特別一提的是，當時檢察總長陳涵提了三次非常上訴，一個經檢察系統起訴的案件，而這個系統的大家長願意爲定讞的被告說話，尋求救濟，要求最高法院能夠重審，這是非比尋常的事，顯示這位大家長很有魄力，對他的下屬搞出大紕漏，一肩承擔所有責難。在一次全國檢察官業務檢討會議，由陳涵總長主持，有人竟然站出來喊話說：「報告總長，蘇建和案是我們檢察官起訴的案件，你爲什麼還要站出來爲他們講話，而且一而再、再而三的提起非常上訴，要求重審救濟？你這樣作乾脆去當蘇案的辯護人好了！」這樣不顧倫常的公然揶揄他。陳涵正色的回答說：「我要告訴你們，這個案子就是因爲你們檢察官未能善盡責任，調查草率，蒐證薄弱，隨便以自白認定他們是共犯，就把人家起訴了，是你們同僚不盡責所形成的人權侵害事件。」這些最具良心的重話，我在蘇案辯論程序及相關場合中一再引述。

記得第二次非常上訴失敗，蘇建和特別寫信給陳涵總長表示謝意，希望以後檢察官辦案時，要有律師在場，並且全程錄音錄影，以防止刑求逼供情形發生。其實，在一九八二年土銀李師科搶案發生後，計程車司機王迎先被冤枉死，爲避免刑求逼供的一再發生，已經由刑事訴訟法的修訂加以規定，在偵查階段即可以選任辯護律師在場部分，因此在蘇案發生之前，已法有明文。但此項被告或犯罪嫌疑人的防禦權，一開始就被警方惡意剝奪，筆錄自始即違反被告的本意，載明被告同意不必選任律師在場，檢察官亦不予重視。至於錄音、錄影部分，陳涵檢察長回信答應他，以後會透過修法來將防範的機制設立起來。最難能可貴的是，陳總長還在回信中說：「台端所涉案件，未能平反，至感遺憾。」

其實，偵查運作系統，檢察官上面還有主任檢察官，主任檢察官上面還有檢察長（過去叫做「首席檢察官」），蘇案那麼轟動，社會矚目，假使覆核的機制可以眞正落實，大家發揮道德良知、專業精神，就可以不讓承辦檢察官那麼獨斷獨行，也不會讓這個冤案一懸二十餘年。

我個人自一九八〇年辭去法官職務，從事律師工作，對於刑事案件的辯護，除非涉有重大冤情，是不會輕易接受委任的。當初劉秉郎、莊林勳的媽媽們來找我時，泣不成聲，她們哭訴兩個小孩平常乖巧懂事，命案發生時都在家，他們是被刑求逼供才胡亂招認的。當時雖心中存疑，但我爲求愼重起見，仍表明只暫時接受委任，先去看守所接見兩位涉嫌人，若經過調查兩人確實有殺人重嫌，會立刻中止委任，結果愈辦愈覺得他們冤情深重，放不了手。

後來這個案子在一九九三年五月發回高院重上更一審時，劉、莊家屬已無資力繼續聘請辯護人，但如無辯護人力挺，他們可能是死定了，我遂決定爲他們義務辯護，直到還他們清白爲止。從此直到再審判決無罪定讞，個人只有付出，未再向他們收取分文報酬，就是因體會到生命無價，正義被凌遲，司法不能保護善良，竟然要錯殺無辜，我不能見死不救。

這條路走得艱辛，但我也從此得以思考台灣刑事制度所面臨的許多問題，爲了防制司法公權力的濫用，建立並強化保障被告基本人權的法制，進而在推動司法改革歷程中，留下不少的足跡與身影，足堪自我告慰。

高院審判長李相助面對三位被告，瞄了他們一眼以後，直接表明：「我看你們三個人的樣子，不是好人。」劉秉郎本來期待高院法官應該比地院法官好，比較廉明、公正，這句話有如晴天霹靂，把他所有的信心都擊垮了，他強忍著悲憤回應道：「報告審判長，我看你也不是什麼好法官。」

口述三／劉秉郎的悲憤

我第一次看見劉秉郎，是在一九九一年八月二十日，他和莊林勳一起被提解出來，在士林看守所和我面會，先和劉秉郎談話，再是莊林勳。他們兩人經過汐止分局的折磨，以及崔紀鎮檢察官的複訊，兩天下來回憶所謂「涉案的情節」，大致得到一些輪廓，等到同月二十九日我再去接見他們後，已理出個頭緒來了。剛被警方抓去時，劈頭就被指控殺害王文孝的對門鄰居時，他們眞的一時想不起來，命案發生的時間點自己到底身在何處、在做些什麼。

我一步一步的追問，他們便細細的回憶。從那年三月二十三日下午到第二天二十四日清晨命案發生時，他們先聚會出遊，然後在午夜回到家裡；他們的敘述很順暢，中間沒有什麼中斷或做作。劉秉郎說，三月二十三日晚上十時許，他和蘇建和約著去找王文忠，因爲王文忠再過幾天就要當兵了，三人平時感情很好，經常聚在一起，約好要給王文忠送行；當天王文忠帶著他當兵回來度假的哥哥王文孝來，四人在汐止迪斯耐遊樂場撞球，蘇、劉兩人跟他不熟，玩不起來，王文忠便請蘇建和先送他回家，到家時約十一時；他們三人後來再去基隆廟口吃宵夜，劉、蘇兩人還去鐵道街嫖妓，但是王文忠沒有參加。被告劉、蘇兩人在本案如果說有什麼值得人非議的地方，就是他們去嫖妓，針對這點，台大刑法學大師蔡墩銘寫過文章，質疑檢方認爲他們在命案現場強奸女性苦主，怎麼可能他們嫖妓過了，還有體力再去強奸人家呢？

不僅如此，蔡墩銘教授寫道：「…而被強奸之被害人年紀遠大於四名被告，被害人葉女是否可引起被告之生理需求，進而爲強奸行爲之實施，此亦與經驗法則不相符合[1]。」

在基隆廟口吃完宵夜後，劉、蘇兩人與王文忠坐上摩托車，三貼的回到汐止，已是清晨三點多了，蘇建和先讓劉秉郎在他家門口下車，碰到剛從湖口回來的鄰居彭金龍與卓鳳淑夫婦彼此打過招呼，然後蘇建和再送王文忠回家了；這對夫婦後來還曾出庭爲劉秉郎作證。王文忠回到家，看到王文孝坐在客廳，便拿了一萬元給王文孝，因爲母親交代王文孝需要錢，他特地去郵局領了一萬元；王文孝在遺書中，曾寫到他在軍中欠了一筆三萬多元

1 〈從經驗法則看三名死刑犯判決〉，蔡墩銘，自立早報1995年6月6日。

的電玩債；他在兩個月前就曾到對面鄰居吳家偷過一次，大概這一萬元還不夠還債，他食髓知味又去對面鄰居家尋找錢財，驚醒了被害人夫妻，因為害怕被認出，索性殺人滅口，於是用菜刀殺了他們兩人；命案是三、四點發生的。

其實那天晚上，莊林勳根本沒有跟蘇、劉、王文忠三人在一起，只是王文忠被警察逮捕後，記錯了時間，以為三月二十三日晚上一同出遊的還包括莊林勳，莊是另外一次聚會跟他們在一起過。在接見劉秉郎時，他說曾一再跟警察和檢察官講，他們都不相信。他回憶起二十三日是禮拜六，他家幾個兄姊一起打麻將打到很晚，因此也希望我傳他們到庭作證。

接見過二次劉秉郎之後，我能夠相信他的說法，對警方的做法他雖然很氣憤，但他的敘述還是很平和順暢。我特地問他有沒有遭受刑求，他告訴我，他們把他帶到分局樓下小房間，三、四個刑警你一拳、我一拳的，拳打他下顎、肚子、抓頭髮、用電擊棒電生殖器，硬逼他承認作案，因為他不肯承認，而且哀叫得很大聲，刑事組長就進來說：「不要用打的，用刑的比較快。」就由兩個刑警一左一右架著他，壓躺在地板上，在他胸前墊了一本很厚的電話簿，另一個刑警手裡拿著鐵槌敲打，每敲一次就問他「有沒有做？」他一直答沒有，直到吐得滿地都是，才停止敲擊。

接著刑警把他脫得全身赤裸，放了很多大冰塊在地上，叫他盤坐在冰塊上，用水淋遍他身，再以一台大型的電風扇往他身上吹，他還是不承認，全身凍發抖，拼命掙扎，直到跌倒在地上。這時，刑警就大罵三字經：「把你吊起來，看你怎麼嘴硬。」接下來吊他的膀子從他的鼻子灌辣椒水。在檢察官偵查的期間，我屢次請求針對刑求部分做調查，崔檢察官卻從未理會，在羈押他們三人之後，並沒有再度提訊劉、莊，也沒有再做任何調查，就起訴了。

經過幾次接見，我和劉秉郎彼此都信得過了。起訴後我仍擔任他的辯護律師，我將閱卷所得的警方訊問筆錄和檢察官的偵訊筆錄及相關證據資料給他看，如贓物領據記載的二十四塊錢、菜刀、毛髮的鑑定報告，還有其他被告的偵訊筆錄等。因爲劉一直不承認，檢察官偵訊筆錄中只有兩行而已，就是「職業」、「（警詢所供實在否？）答：（不實在，我並沒有參加）」，至於他在複訊中實際否認的十三次「沒有」、「沒有就是沒有」等，是再審程序中我們聲請調來現場錄音才聽到的。從他們的對話來看，劉面對崔檢察官的態度非常強硬，檢察官怎麼威脅利誘，他都不爲所動。

高院開啓再審後，律師團請求把警方的、檢方的、一審審判的錄音帶，全部調來做徹底的勘驗，警方答以「沒有錄音」，士林分院送來的湯美玉法官到士林看守所提訊錄音也是錯的，這些與刑求相關的錄音都沒有了。爲什麼我們沒有在判決確定前歷審，包括上訴、重上更一、重上更二審，就請求勘驗錄音帶，因爲我們覺得刑求證明不易取得，全案只有被告們的自白，沒有其他補強證據，應該不致於就這樣判死刑，便沒有像再審之後那麼深入去挖掘自白是來自刑求的證據，一心希望法院能以欠缺擔保眞實性的補強證據，推翻自白的證據能力。

蘇案判決確定之後，我們曾控告警方瀆職、妨害自由、凌虐人犯、僞造文書、湮滅證據及僞證等罪，希望能夠透過檢察官的公正調查，多少取得有利於被告的資料，將原始證據呈現出來，以推翻有罪的判決。但承辦警方瀆職案的也是士林地檢署的檢察官雷雯華，或許認爲瀆職罪一旦成立，豈不是他的同僚要被追究責任？其中涉及官官相護的情形，我們並沒有告成。這期間，監察院張德銘委員就本案有個四十多頁的調查報告，指出汐止分局專案小組「屢有違法濫捕、非法羈押、非法刑求、非法搜索情事，致令刑事訴訟程序規定形同具文，影響司法審判……」，提出糾正案。監察院把這報告書移交法務部，法務部發交給最高檢察署，最高檢察署再發交給士林地檢署併案辦理，最後仍以不起訴處分，我們聲請再議也是枉然。

在上訴高院二審時，莊林勳的媽媽曾主張要先行出招，舉發警察瀆職、刑求逼供等不法行爲，然而我們幾個律師還是滿相信法院的公正性，希望透過審判調查，得到被告無罪的結論，若是我們先打草驚蛇，可能法院會認爲我們橫生枝節，用控告來影響他們的裁判，對被告反而不利，所以暫時按捺下來。現在回想起來，無論早告或後告，想要在司法體系內，藉助體系來打體系，求得公正的審判，那是緣木求魚的。

一審受命法官湯美玉第一次在士林看守所的提訊被告三人，我們律師都沒有接到通知。她本來可以提訊押在高雄左營營區軍事看守所羈押待決的王文孝到台北來審理，與蘇案三被告公開對質，卻因爲怕提解過程中發生意外，竟然自己一個人前往高雄提訊共同被告王文孝與王文忠兩人，那是一九九二年年初，他們的軍事審判程序已經走完了，就在王文孝同年一月十一日執行槍決之前的一月七日，湯法官帶著書記官去高雄軍事看守所提訊王氏兄弟；她事前雖有通知辯護律師到場，但我們認爲如果沒有提解三被告到場，讓他們與王文孝有對質的機會，這種被告不在場取得的供詞，對被告是不利的，因此除了蘇建和的辯護律師傅雲卿有會同前往之外，其他律師都沒到場。

湯法官並沒實踐直接審理的原則，回來以後，將王氏兄弟的筆錄提示給蘇、劉、莊三人看過，就完成了所謂這方面的「證據調查」。王文忠本來一直強調他遭刑求逼供，在監察院調查時，也承認警方要求他協助調查配合辦案，而且在汐止分局借提訊問時，他印象最深的除了被打巴掌之外，警方還用打火機烤他的下巴，一定要他說王文孝與他及蘇、劉、莊三人共同犯下這個大案。大概警方也跟王文忠有些安排，暗示他如果兄弟兩人都被扣上強劫強奸殺人罪名，王家要斷後的，後來警方安排「王文忠在樓下把風，沒有跟他們四人同上去四樓實施作案」，因此王文忠就變成「從犯」，後來又改爲「加重竊盜未遂犯」，起訴書是說他們一夥人原來謀議上去偷竊，到了現場因被害人反抗，由偷變搶再殺人，故搶、殺、姦並不在王文忠與其他四人「謀議的範圍」，他僅承認有把風，然後「聽到上面有喊叫的聲音，他們四人衝了下來，說，我們趕快離開吧」云云。這些供詞應該是預先設計好配合把風的說法。

王文忠是在被軍事檢察官起訴後，軍法官訊問時，才改變口供說：「這案子是我哥哥幹的，沒有同夥，我也是被冤枉的。」一九九一年十月十五日，軍事審判庭進行辯論時，在審判長指揮下，王文忠與王文孝有一場對質，在整個汐止雙屍命案，無論軍法審判及司法審判過程中，這是唯一的對質。對質中他問哥哥：「這案子是你犯的，爲什麼你要咬住蘇建和他們三個人，連我也咬在內？」王文孝說：「在汐止分局時，我承認一個人犯案，他們不相信，一定要我們咬你們四個人下去，因爲他們說，如果我不這樣承認，他們也要把媽媽當做共犯來辦，說她窩藏人犯、湮滅證據（血衣褲），問我要把媽媽也拖下水嗎？」而且警方還誘引他，說這個命案判下來，是死路一條，他如果多咬幾個人下來，可以分擔他的刑責，對他是有利的。在這兩種說法的影響下，他才改變口供。

在高院上訴審，王文忠在我們聲請傳他出庭作證時，他把這些和王文孝對質的內容講了出來，並說當時法庭有錄音。由於軍事審判筆錄沒有這項對質的文字記載，我們請求法院向軍事審判庭調取錄音帶，但審判庭回函稱：「沒有進行錄音」，王文忠堅持當庭看到通譯在換卡帶進行錄音。王文孝對蘇、劉、莊三人的有利供詞，至此完全找不到，只能依據王文忠的證詞，但是在本案確定判決之前，因爲王文忠是共同被告，證詞反覆，法官並未採納他後來的說法。

依照刑事訴訟法規定，被告有權利要求與共同被告或證人對質，湯美玉法官用一種便宜行事的做法，先取得王文孝、王文忠兩人口供，不管有利不利，提示給三名被告或告以要旨，就算是完成了對質；但是直接面對的言詞對質有特別的程序，在沒有敵性的詰問之下，被告容易爲自己說好話，把責任轉嫁在其他被告身上。我們後來一再指出，湯美玉法官沒有按照法律的正當程序進行審判，做爲我們有利的攻擊點。事實上，劉秉郎在第一審也曾具狀要求與王文孝對質（見第一審卷 80/10/30 答辯狀），審判長居然忽略了被告那麼重要的憲法保障的防禦權利，後果相當可怕。

士林分院合議庭於一九九一年十月十一日由受命法官湯美玉負責移審接押被告蘇、劉、莊三人，同年十二月十二日未經通知律師到場，即逕自到士林看守所提訊被告三人，雖然他們三人極力否認犯罪，並抗辯有被毒打非法刑求的情形，蘇建和甚至拉下褲子，顯示生殖器被電擊發炎潰爛，但湯法官不予理會，也不記明筆錄，只是一味要求他們招認。翌年（一九九二年）一月二十八日上午十時十分在該院第八法庭召開第一次合議庭判（審判長兼法官王治民、陪席法官李錦樑）由於辯護律師堅持要相驗屍體制作驗斷書的檢驗員劉象縉作證，湯法官竟然於當日下午四時三十分傳訊劉檢驗員進行秘密調查，其證詞對被告有利（扣案菜刀可造成七十九處傷口，祇是砍刺方法不同而已）。然而同年二月二十一日上午合議庭再度開庭，劉檢驗員在湯法官誘導之下，證詞翻轉爲：「我是講一種兇器可以產生多種傷口，我說的銳器所傷，所謂尖刀也可能造成當時傷口。」最後合議庭作成死刑判決，即據以認定被告自白稱他們分持開山刀、菜刀、水果刀將吳姓夫婦殺害，其邏輯是多刀形成多種傷口，就是多人共犯，王文孝所供一人持菜刀殺害兩人自不足採信，這是「有罪推定」，不按正當法律程序審判，漠視被告選任辯護人實施實質有效辯護的權利，所造成的司法誤判！

湯美玉當時大約三十歲出頭，看來也很認眞，然而她朝有罪推論去辦案，她的心證使她無法對被告有利的證據做調查。她還去軍事審判單位調取王文孝、王文忠軍法判決作爲判決的依據，那一面倒的不利採證，例如將扣案所謂「二十四元贓款」送驗確認沒有血跡反應，判決書竟然不做交代；合議庭應我的請求，傳訊劉秉郎的家屬劉秉政等人作證他當天不在兇案現場，也傳訊莊林勳不在場證人郭明德、安建國到庭作證，都是對被告有利，但判決書說均不足採信，這樣東湊西湊，就湊出三個死罪判決來。

當然，本案當時很轟動，這種社會氣氛下，法官要背著民意、輿論來判他無罪，簡直是「向天借膽」。第一審的判決結果並不出人意外。

劉秉郎在一審判決死刑時，當然大失所望，而且夾雜著不敢言宣的憤怒，那種表情實在很難形容。他沒有激動喊冤，立刻透過家屬表示他要上訴。通常案件上訴的高院，依照一般實務，受命法官會調查一段時間，合議庭三位法官才會一起出現，進行審理、辯論，但是本案經最高法院兩次發回更審，在高院第二次更審，由第十五庭合議庭審理。受命法官開了兩次調查庭，並未作實質調查，只有提示筆錄及卷內證據資料。一九九四年十月十八日召開審判庭，三位法官就一字排開，審判長李相助面對三位被告，瞄了他們一眼以後，直接下了評語，當場表明：「我看你們三個人的樣子，不是好人。」劉秉郎本來期待高院法官應該比地院法官好，比較廉明、公正，然而這句話有如晴天霹靂，把他所有的信心都擊垮了，他強忍著悲憤回應道：「報告審判長，我看你也不是什麼好法官。」

此話一出，劉秉郎必須承擔相當的後果，雖然我們一再要求關鍵證據的調查，合議庭法官卻沒有作任何作爲，只採信自白筆錄，維持了原判。二審在一九九四年十月二十六日宣判，我們再提起上訴，到了最高法院輪到刑事第七庭受理（庭長黃劍青、受命法官林增福），就在一九九五年二月九日定讞，該庭雖然認定被告上訴有理由撤銷原判，卻不發回更審，竟然自爲判決，仍將三人判決死刑確定；而其中關鍵事實及採證諸多錯誤，可說是不忍卒睹。特別是判決主文也漏掛「連續犯」，我有如發現新大陸，乃據以聲請總長提出非常上訴以求撤銷原判決救濟，不料該庭竟然逕自調卷裁定更正，駁回總長之聲請，如此作爲又像什麼？本案誤判如果要究責的話，李相助、黃劍青兩位審判長，顯然難辭其咎。

判決確定後，民間救援的聲浪澎湃，甚至有人寫文章直接批判李相助，李法官便聯合一、二審法官舉行記者會之外，也接受公視蔡崇隆先生的訪問，蔡追問：「外界有人認爲本案沒有直接證據，可以證明被告參與作案。」，李不以爲然，回答：「怎麼會沒有證據？被害人的兩具屍體就是證據呀！」他的證據邏輯可見一斑。此外，他對社會民間團體聲援蘇、劉、莊三人，也非常不以爲然，曾大言不慚強調：「這個案子如果讓他們翻案，整個司法就垮了。」

這種審判人員，面對一個多條性命的案子，態度竟然如此剛愎及草率，大家便可以知道台灣過去司法裁判的品質如何不堪了。

蘇、劉、莊三人中，劉秉郎性格是比較木訥的，他畢業於成功高中，考上文化大學經濟系，因爲他的志願是讀法律系，案發時他正在補習準備重考。他家境不好，母親病體需要人照顧，他一邊補習，也一邊幫哥哥販賣雞鴨，就近照顧媽媽氣喘的毛病。高院再審二○一二年十二月九日辯論程序最後陳述，庭上問起他有何答辯？他說：「十一多年來，我認爲我唯一做錯的一件事就是我當初沒有死在警察局，如果當初我死在警察局，就不會有那份不實的筆錄，今天我就不會在這裡接受審判。」言辭痛切，聞之令人心酸。

劉秉郎在再審辯論庭的最後陳述也痛責檢察官的無能，他說：「檢察官沒有能力把案子調查清楚，他也沒有能力證明我們是有罪的。」再審判決無罪時，有媒體問劉秉郎有何感想，他說：「這是我十幾年前就該獲得的裁判，晚了十幾年才有這個結果，我沒什麼好高興的。」這些話都說得鏗鏘有力，可以讓大家明瞭他們所經歷的折磨，即使無罪定讞，不等於痛苦就解除了。

再審無罪獲釋後，劉秉郎在人本基金會的協助下，史英老師教他數學，馮賢賢女士教他英文，他在家苦讀，最後考上開南大學觀光與餐飲旅館管理學系，畢業後也曾就職但並不如意，現在暫時回到家中照顧纏病的母親，使她得以安度晚年。

希望汐止雙屍命案在劉秉郎生命中烙下的印記，不致於影響他的下半生，但是誰知道呢？

附錄二

劉秉郎口述：在看守所的日子

台北看守所經常會來一些宗教界的人，神父修女啦、牧師啦、和尚尼姑啦，他們講課介紹宗教，也和我們個別講講話。我們關在忠二舍、孝二舍，都是重刑犯或死刑犯，死刑犯最怕講話的，就是一個姓黃的牧師，據說他是個不錯的人，可是往往話沒說上幾句，就問我們要不要捐贈器官，所以大家都避著他。

我畢竟在看守所住了十一年半，也算是一種「老家」啦，現在想起像黃牧師這類無釐頭的事情，會不由得嗤嗤的笑出聲來。但當年是笑不出來的，在看守所什麼也沒辦法做，不像判刑確定發監執行，還可以計畫一下、讀讀書等，我們常常要出庭，也常常受到出庭狀況的挫折，時間瑣瑣碎碎，心情起起伏伏。莊林勳不對勁，其實是比較後來的事，在三審判決確定後到第一次非常上訴被駁回前，他是我們三人中狀況最好、最篤定的一個，大有「要錢沒有，要命一條」的氣概，我與蘇建和反而比較七上八下。

我跟建和從小學是汐止鄰居，國三時搬去七堵，才跟林勳是鄰居，有時候建和來找我，也和林勳聊幾句，他們根本不熟，沒想到會有那麼奇怪的命運，把我們三人綁在一起。看守所裡，會把同案的死刑犯分開關，因此林勳沒有和我們關在一起。事實上，看守所的生活單調而固定，早上六點第一次點名，通常翻個身就好了，讓他們知道我還在呼吸，八點正式點名，會檢查我們的腳鐐，八點半到九點間，放封三十分鐘，要打球的打球、抽菸的抽菸、聊天的聊天，回來就自由活動，等吃中飯，通常有面會就是這個時間，中午吃飯後，到下午兩點是午休時間，午休過後準備洗澡，洗完澡，四點就吃晚餐，五點再正式晚點名一次，白天班要交接給晚班的主管，又檢查一次腳鐐，然後要聊天、看書、看電視都可以，九點吹號，燈關小燈，要我們睡了，可是正常作息的人沒幾個，大部分人很晚睡，因此吃六點半早餐的人不多。

劉秉郎與幫助他重考上大學的英文老師馮賢賢，於2010年11月12日再更二審判決後。　來源／蘇案平反行動大隊

雖然在看守所日子過得閒散，我們甚至適應到可以戴著腳鐐比賽籃球了，但是失去永遠的自由，或面對無法挽回的死亡，還是令人心生畏懼。看守所裡不時有人鬧自殺，吞電池不算誇張，還聽說有吞水龍頭的，我知道一個因煙毒罪被判無期徒刑的人，把衣服綁在一百四十公分置物木板的支架上，自己硬是跪著、扯著，把自己吊死了。我在一、二

審階段，心裡還會想到復仇，一定要把那幾個害我到那麼慘的人如何如何，到了三審確定後，見到的淒慘事情多了，報復之心就慢慢淡了；我是無辜的，還有那麼多人在牢外支援我，那些大多數因環境太差而在國中就變壞，最後真的走入歧途的人，他們本性並不壞，卻必須死，或被關到死，社會上沒有人關心他們，只會唾棄他們，他們要怨誰？要向誰報復？

我們三人在再審階段，會被判無罪的信念逐漸增強，因為在移交庭裡，我們聽到江國華法官說：「只要有證據，當然會判你們罪；如果沒有證據，就一定會還你們清白。」因此在判決前夕，我們三人都心情平靜，我已打包好在看守所裡的東西，我跟兩位室友說：「來泡茶，以後就沒機會這樣聊天了。」判決當天，審判長唸判決書唸得很慢，大家都很緊張，只有我與建和都咬著牙，因為很自信會判無罪。自由當然是珍貴的，我想唯有失去過自由的人，才會真正知道自由有多麼可貴。

後來阿扁執政，前後兩次，蘇律師分別問過我們三人要不要接受特赦？我們三人都說不要，第一次還在牢裡，所有人都說我們傻，然而他們沒想到，自由固然可貴，我們出去還要做人的；我們都是家境普通人家長大的，但我們及家人還是有我們的鄰里關係，有我們的尊嚴，不希望一輩子被人指指點點，說我們其實有罪，只是靠社會運動救出來的。

現在我和母親住在哥哥家，我必須照顧時常發作氣喘的母親，以及三個侄子。媽媽今年七十六歲，在我坐牢期間吃盡苦頭，那種擔心受怕，那種心有不甘，那種愛子的、設身處地的心疼，都使她的身心備受打擊。說真的，我這輩子如何做她才會心安，我就如何做。我絕不能對不起她。

二〇一三年託台灣人權促進會、司法改革基金會與廢死聯盟之福，去了一趟西班牙參加世界反死刑大會活動，接著應我要求，安排我們三人到德國波昂，住在過去曾到過台灣，和我們見過三次的一位國際特赦組織的工作人員克勞斯的家裡。德國那種文明令我大開眼界，人民的守法、環境的美麗等，在在使我覺得，只有在我們較不文明的台灣，才可能發生像我們這種荒謬的案子。

現在，過去的都過去了，去年無罪定讞後，我開始真正的新生，開始重新去感受到一切的美好，親情、友情、愛情，都迎接著我，我不但沒有理由拒絕，而且要更用力的去擁抱他們。

藉此機會，感謝所有讓我們得以重生的人，你們是最棒的。

劉秉郎
二〇一三年七月八日於淡水
訪談整理／黃怡

蘇案中最離奇的證物，就是那「二十四元」的銅板，汐止分局的專案小組不死心，不斷對這二十四元下工夫：「沒有開山刀，這二十四元是不是你們贓款花用剩下的？」莊林勳迫於暴力，只好說：「這是我用掉贓款剩下的。」成為台灣刑事史上最荒謬的證物之一。

口述四／

莊林勳與二十四元銅板

我是一九九一年八月二十日，首次在士林看守所見到莊林勳，第二次是該月的二十九日，兩次接見，讓我決定擔任他的辯護人。在蘇、劉、莊三人中，莊林勳的遭遇是最令人同情的，因為王文忠記錯了時間，三月二十三日和蘇、劉的聚會中，根本沒有莊，這樣無端被牽連進來，鑄成十一年（四千一百七十天）的牢獄之災，還差點進了鬼門關。

最記得的是，莊林勳心中充滿了怨恨，他不明瞭為何自己會無緣無故被拉下水，成為一個死刑犯。他也是木訥型的孩子，涉事未深，且對於加諸他身上的邪惡暴力非常懼怕，心理受創極深。在汐止分局，刑警對他拳打腳踢，灌他水，以電擊棒電擊他的下體，但是崔紀鎮檢察官複訊他的時候，他恐怕講眞話會再被毒打，不敢說自己被刑求，直到起訴後，軍事檢察官杜傳榮到士林看守所來提訊他，因為態度較和善，他才敢說自己被警方打得很厲害，筆錄上所寫的，並不是他的眞話，這可以反證王文孝說是自己「一人所爲」可信。但是很可惜，後來軍事檢察官起訴書上，仍是採信了汐止分局的自白筆錄。

被汐止分局逮捕前，莊林勳是個送貨員，國中畢業。其實他只見過王文孝一次，是一九九〇年底某天的下午四點左右，在狄斯奈撞球場，和王文孝、王文忠兄弟以及蘇建和、劉秉郎一起撞球，僅此而已，他和劉是鄰居。王文忠記錯他也在場的一九九一年三月二十三日，剛好他父親生日，當天蘇建和曾打電話到他家，他媽媽接的，告訴蘇他不能外出；從二十三日到二十四日下午他都在家，有漏夜趕著裝潢的工人李金益、安建國的不在場證明。該年八月十幾日，看到電視新聞播出吳銘漢夫婦命案，王文孝從左營被借提北上做現場模擬，他母親問他，爲什麼有那麼多人要打王文孝，他還解釋給母親聽。

據莊林勳後來陳述：「同年八月十六日或十七日，記不清楚，差不多晚上十一點左右，劉秉郎在我家樓下呼喚我，和平常叫我的聲音迥然不同，當時我和我女朋友在房間，我跟我朋友講，是劉秉郎在叫我，我去看一下，我女朋友叫我不要去，但我還是到陽台由陽台往下看，並沒有看到劉秉郎的人影。因爲身上沒穿衣服，回房中拿衣服，衣服還沒穿好，就走到樓下。鐵門一開，四、五個彪形大漢衝進來捉住我，然後把我捉進一部轎車裡面。車往高速公路開，看到劉秉郎在車子裡面，我問劉秉郎到底發生何事？劉秉郎說是王文忠他哥哥的事，然後就被身份不明的人把話打斷，他以恐嚇的語氣，威脅我不准再講話，不然就要把我毒打一頓[1]。」

車子開到汐止分局，莊林勳一走進去，就看到王文忠被銬在鐵竿上，還聽到蘇建和被打的哀嚎聲。劉秉郎被帶到另一個房間，莊才知道那些人是警察，「警察開始問我一些我根本不知道的事，他們問我，但一直得不到滿意的答案，就叫王文忠說我們如何作案，我覺得非常莫名其妙，經過一陣對質，也得不到任何結果，他們把我帶到另一個辦公室，開始對我拳打腳踢，嘴裡還邊說：『王文忠說你有，你還說沒有。』我說我眞的沒有作案，什麼事我也都不知道，警察一聽到我講這樣，更加一直打我，整晚都在刑求我。」

莊林勳驚恐萬分，根本不知如何去陳述、回答、回應，警方把王文忠的筆錄給他看，叫他照著那樣寫，又問：「你們有開山刀，把開山刀藏在哪裡？」這時他靈機一動，心想他被誘捕抓到了汐止分局，包括家人、女友都不知道，一定非常著急，於是謊稱刀藏在他臥房的壁櫥與牆壁的夾縫裡，這樣警方一上門，家裡就曉得他在分局裡了。刑警果眞到他家去搜索，結果搜出所謂的「證物」二十四元來。其實他媽媽已四處在找他，不知誰通報她的，她找到分局，剛好聽見莊林勳被刑得哇哇叫，她還說：「你們不要把他打死了，我那囝仔又沒做什麼，爲什麼被你們抓到這裡刑罰？」但是不管用；她還看見警局的後院裡，蘇建和蹲踞著，刑警覺得他講的不合他們的意思，就踢他，任憑他在地上滾來滾去[2]。

警方不等聲請搜索票，半夜三、四點就到莊林勳家裡去，沒有人在家，刑警們就闖了進去，等到莊的弟弟莊國勳回到家，打開客廳大門，居然發現有兩個大漢在家中，他們告訴莊國勳：「我們是汐止分局的，今天來找開山刀！」莊國勳一臉狐疑：「哪裡有什麼開山刀？」他們說：「開山刀藏在他房間裡壁櫥的夾層。你帶我們去！」莊國勳只好帶他們去莊林勳新裝潢的房間，見到壁櫥，刑警李秉儒毫不猶豫的抬腿把夾層踢破，把木板拆開，摸摸裡面有沒有開山刀，當然沒有，但是地上有一大堆銅板硬幣，他打電話回分局報告，上司指示要他抓一把零錢回來交差，這就是「二十四元」物證的來源。莊媽媽在臨檢的刑警向上級請示時，人已回到家，過程聽得清清楚楚。

汐止分局的專案小組不死心，緊接著就對這「二十四元」下工夫：「沒有開山刀，這二十四元是不是你們贓款花用剩下的？」莊林勳迫於暴力，只好說：「這是我用掉贓款剩下的。」

這二十四元眞是太離奇了，我接受委任後，一直對這「物證」感到很奇怪，一九九六年六月五日，剛好我生日那天，帶著我內人去探望莊林勳家人，要求他家人把他房間找到二十四元的壁櫥打開，確實裡面的夾層已經被踢破了一個洞，家人說原來地上有三、四千

1 見〈莊林勳自述〉，《哀哀死囚何日見青天》合輯。
2 見【島國殺人紀事】，蔡崇隆導演，公視記錄觀點，2001。

元銅板，事後已經清理拿走了。我再摸摸看是否還有剩下的銅板，但是沒有。這個壁櫥靠牆裝設，上方就是個臥舖，在牆壁的接合處，有個壁孔可以扔銅板進去，莊林勳、莊國勳兄弟輪流睡臥舖和地板，誰工作回來口袋裡有剩錢，便朝著壁孔，像是儲蓄撲滿一樣，丟零錢下去，他們還打算將來買機車或結婚等可以拿來補貼著用。那天假使刑警抓多一點，或許還可以當做「贓款」，可是刑警偏偏只抓了二十四元，說是作案後莊林勳分得五百元，這是剩下的錢，用來印證莊自白的可信。

當場我發覺，他們兄弟丟下去的銅板，除了掉落在正面的夾層後面，還可能反彈到轉角處，假使拆除衣櫥左邊靠牆的門板，應該還有銅板在，我摸的時候，也感覺還有銅板，沒有完全清空，但是我不敢隨便動它。因爲在這之前，我們已正式控告警方辦案人員涉嫌瀆職、僞造證據，甚至有僞造文書之嫌。我後來聲請承辦檢察官雷雯華蒞臨現場，勘查警方所謂的「二十四元贓款」是怎麼取得的。他人來了，我請他務必爬到上面的臥舖去察看那個洞口，就是兩兄弟儲存銅板的入口，他上去看了一下，也記明筆錄；我認爲這樣還不夠，我說明銅板由上丟下碰擊地板或銅板反彈，有的會跳到左側角落的研判，爲了證明該牆角仍有其他銅板的存在，請他務必再進一步勘查是否屬實，他很不以爲然回說：「這個不重要，我已經看過了，裡面的地板沒有錢就是了⋯」

我說：「檢察官，如果你今天不按照我請求的，把衣櫥下方左側面板拆下來，查看是否仍有銅板存在，你的筆錄我就不簽字。」他問：「有沒有可能事後再有人把銅板丟下來呢？」我答：「那我們可以看看裡面留下的銅板，是新是舊，是否留有指紋，是事後僞造或原來就有的……」在我堅持之下，雷檢察官不得已請來木工，把這地方的面板拆卸下來，果然在那角落還藏有將近八、九十個銅板，而且都是沾滿灰塵的。很顯然的，莊林勳兄弟告訴警方的說法是事實。檢察官於是載明筆錄，我堅持光是筆錄還不夠，要拍照留在卷中，這是將來我們翻案的老本，結果在再審程序中起了很大的作用。然而控告警方僞造證據瀆職的部分，仍是不起訴處分。

從這件事看來，莊林勳有某種程度的機智，雖然後來在警方威逼下，承認這二十四元是「贓款」，不但如此，他還「承認」「搶了十多萬元，另有金飾乙批等」，可是全案中唯一獲得證實的贓款，就是王文孝承認的現金六千五百元（千元券六張、硬幣五百元）及金戒指四只[3]。汐止分局刑警沒有搜索票，以臨檢名義進行「起贓」，抓了二十四元之後，還要在家剛滿十六歲的莊國勳簽字證明，說是那天晚上警方有「帶莊林勳到現場取出贓款二十四元」，這不是僞造筆錄特意栽贓嗎？然而在審判過程中，像這樣的可以證明莊林勳清白的證據，並沒有受到法官們重視，甚至最高法院還認定這二十四元「屬於被害人

3 台灣台北地方法院士林分院刑事判決，八十年度重訴字第二三號。

所有」，在主文諭知應發還被害人家屬。爲什麼蘇案能夠被准許再審，就是這個案子的偵辦錯誤百出，經我們一一指出，具有強大的說服力。

莊林勳本性非常善良，禮貌也最爲週到，每一次我到看守所接見莊林勳，他都會很貼心的先去倒杯水給我，因爲他怕我接見三個人下來，話講得太多，嗓子吃不消。經過多年的冤枉判決，他的精神狀態每況愈下，若不是社會支援團體不斷的探望他，我也時常去接見他，給他溫暖打氣，他可能老早就崩潰了。他在羈押期間，已出現幻聽的症狀，但是對於是非善惡，什麼是好人、什麼是壞人，還分辨得很清楚。記得有一次去看他，他劈頭就問我：「蘇律師，伍澤元是壞人，你爲什麼要替他辯護呢？」他指的是伍澤元的四汴頭案，因爲接這個案子，前立委蔡明憲還曾公開質疑我，我必須向聲援的團體做比較詳細的說明。

時當一九九六年三月，社運團體在台灣高等法院舉行「蘇建和案自白公開說明會」，鬧得滿城風雨，緊接著四汴頭抽水站工程弊案爆發了。四月八日，伍澤元涉嫌圖利貪瀆被提起公訴，他就近在高雄找到我大學的同窗室友謝律師擔任辯護人，謝律師再轉而求助於我，我曾以正在營救三死囚爲由拒絕，他認爲媒體對伍澤元的惡評言過於實，仍極力希望我加以協助。若說我有私心，也是因爲念及伍澤元是李登輝總統的愛將，假使能夠爲伍洗清罪責，獲得李總統的信任，因而關注蘇案，或有利於三死囚尋求特赦。不料這麼「一念之差」，立刻惹來親友的責難。

我擔任伍澤元的辯護律師，也引起三死囚的關心人士之強烈反彈；看守所裡還有人告訴蘇建和三人：「你們的律師接了伍澤元案，等於要把你們放棄掉了。」經過深入了解，伍澤元已遭國民黨離棄，且涉弊案甚深，我遂決意退出，解除委任書與聲明均已繕就，都已帶在身上了，但伍澤元突然被合議庭黃瑞華法官當庭收押，退出該案之事只好按下，依律師法規定，當事人遭遇急難，如果驟然抽腿，是有悖於職業道德及倫理規範的，加以該案承審合議庭多項處分違反程序正義，也引發我的不滿，決心一路奉陪到底。後來伍澤元被判無期徒刑，我也不再接受委任。那年，蘇建和與劉秉郎像往常一樣，寄給我賀年卡，唯有莊林勳從缺，不免令我耿耿於懷，但是由此可得知他的耿介性格。

事後，蘇建和特別寫信安慰我，他說：「很多人總認爲律師是幫被告脫罪的共犯，但卻忽略了律師往往是平反冤案的主角；而律師若是爲了維護程序正義，防止輕罪重判，這也是律師責無旁貸的使命！」以一介死囚，竟然忘掉死亡所帶給他的恐懼，反過來安慰他受挫、受傷的辯護律師，這樣諒解我，實在教我汗顏。

莊林勳確實是把生命完全託付給我了。尤其是一九九五年二月九日死刑判決確定到二〇〇〇年五月獲准再審之間，隨著每次非常上訴的駁回，他們有可能隨時可能被押上刑場，就傳出他有自殘的行爲，是否有自殺企圖獲救，便不得而知了；二〇〇三年一月十三日，蘇、劉、莊三人再審判決無罪的記者會上，明顯看到莊臉上有一塊塊的黑色斑點，我的了解，是來自於他在所裡精神用藥越來越重，副作用反應在他的免疫系統，如果無罪來得再遲一些的話，他的性命可能不保，好在老天垂顧，能夠及早讓他無罪開釋。但是這時他已不成人形了，據他母親說，回家之後，他一度鬧自殺，家中有床舖可睡，他不睡，寧可蹲坐在牆角，問他爲何如此，他說：「我這樣坐著睡，比較安全！」

四千一百七十天的死牢日子，我相信是深深烙在莊林勳的靈魂裡。從牢裡出來後，他一直在接受精神科的藥物治療，有時也會抓狂，再審期間，矚再更一、再更二、再更三審，每次開庭前他一定睡不著覺，出庭時恍恍惚惚的，問他話，他只能說：「請辯護律師代答」。平常他精神狀況不好時，會多少找他媽媽麻煩，講一些不得體的話，他媽媽會打電話給我，要我安慰他，他也往往會接受，情緒變得和緩一些。

媒體曾報導莊林勳想自殺，我很擔心。二十一年下來，雖然他們三人是冤屈的，法院也給了他們平反，社會卻無比現實，不能放心接納他們；莊林勳教育程度不高，亦無一技之長，靠著單親媽媽從事美容業養家，心中的苦悶可想而知，雖然他偶爾也做些散工、零工，卻總感覺精神不濟，半途而廢。我打電話請他來找我，跟他說：「我知道你精神很苦，但我們好不容易打到這個狀態，距離獲得清白的宣告已不遠了，我希望你能夠撐下去，千萬不要做出傻事，傷害到那些同情你們、救助你們的親朋好友，甚至法官、辯護律師。」他承諾說：「蘇律師你放心，我不會做出讓大家傷心的事，也不會讓人家失望。」

後來每次開庭前，我總是會找他們三人來談話，希望他們好好看看卷宗，好好作答，一切據實陳述。有一次其他兩人走了，莊林勳從客廳跟著我走進辦公室，突然在我面前跪下來，很堅定的說：「蘇律師，我跟你保證，我絕對不會做傻事，希望你能夠繼續救我們，讓我們撐到底。」老實講，他對辨護律師的感情與敬重，是在蘇、劉兩人之上的，我對他的關心亦乎於此。

附錄三
莊林勳口述：即使在家裡，我仍不感到安全！

從台北看守所回到人間，已超過十年了，這段期間我多半待在家裡，除了開庭及相關活動，很少外出。我想不出有什麼地方比家裡安全，但是我常常在家時，也不覺得安全。

汐止兩條人命的兇案，我因為朋友而無辜被牽連，雖然朋友也是被刑求才扯上我，但失去十一年多的自由，不是很小的事情，從那以後，我不免常自問：「朋友是什麼？為什麼要有朋友？」為了控制情緒不明的發酵，我乾脆一個朋友也不來往。

二十二年前出事時的女友，早已為人妻母，媽媽及其他親戚特別關心我的婚事。男人四十，當然為夫為父尚不遲，可是大家有沒有想想，我是個關了多年出來的人，案件又那麼轟動，很多人覺得這個案子是社會團體救援才釋放的，我是不是「殺人犯」？還打上個問號。我本來就不愛讀書，沒唸高中，以前是做工為生，現在不時也打打零工，說到要去哪裡找個正式工作，重新朝九晚五這樣，過著一般人的所謂「正常」生活，都是奢想。這樣的一個我，有什麼資格談到娶妻生子？

在看守所那段日子，也不知怎麼熬過來的。我的牢房關過相當多重刑犯，但是由於氣味不相投，跟那些「同學」沒有交情，基本上等於孤單一人。本來劉秉郎、蘇建和是老朋友，但官司尚未終了，出來後這一大段日子，種種原因限制了我們三人的見面。所以，我的孤單日子，從汐止分局刑警抓我上車那一刻，就已經開始了，直到今天。誰能夠幫助我？孤單是否有結束的一天？我不能去多想，多想會發瘋的。

我也確實發過瘋，在三審確定後聲請非常上訴及再審的階段，天天都可能被抓去槍斃，我就在那時候瘋的。是真的瘋，像「被鬼牽走」似的，我突然一直聽到聲音，耳朵邊的聲音，從很遠的地方傳來的聲音，不斷跟我講各種事情；我的耳朵像是個接收器，可以接收到這些訊息，有時叫我去自殺，有時也講笑話給我聽，讓我捧腹大笑，別人都不知道我在幹什麼，因為他們沒聽到聲音，只有我一個人，一個人……

那段期間，看守所請了八里療養院的精神科醫生來看我，聽我講講，給我藥吃，可是這些藥只讓我昏昏沉沉，每天更沒有力氣做任何事情，我耳朵邊的聲音沒有更小聲，沒有消失……有飯菜我不想吃，放封我不想走路，見到人我不想講話，我不確定我還活著，只有我耳邊的聲音，偶爾讓我知道我還活著。我醒著的時候有聲音，睡著的時候有

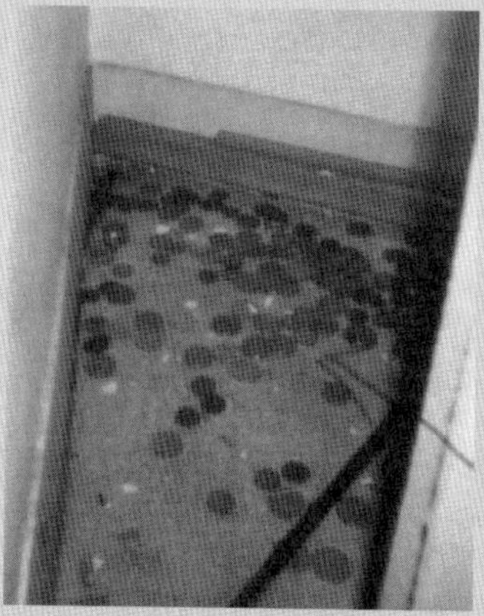

攸關莊林勳命運的「二十四元」證據取出現場：莊林勳被捕前臥房。
來源／蘇友辰

聲音，一直到現在，夜深人靜時我還聽見聲音，不過不再是從遠方來的聲音，比較像是我腦子裡的某種迴音。瘋過的人可能都知道，並不是發瘋讓一個人痛苦，而是他不願面對的現實讓他痛苦；有的人或許會說，發瘋是我逃避現實的一種方式，我不認為如此，我本來是個冷靜的人，從未想要逃避現實，的確是現實把我逼瘋的。現實逼我遠離現實，或是現實把我撕扯成碎片，我不再是我，我只是那些拼湊不起來的碎片。我是誰？我是誰？我為什麼在這裡？為什麼大家都看不到我的痛苦？為什麼現實要逼我，把我趕到這樣一個小角落？現實？現實？你是什麼？你是誰？法官們、檢察官們、刑警們，你們是什麼？你們是誰？我在這裡，赤手空拳，一無所有，一無所害，為什麼你們一定要把我撕扯成碎片？這些碎片不是我，不是我……我是個人，我不要變成任人糟踏的碎片。

莊林勳在1991年被冤枉下獄前，是個認真工作的年輕送貨員。
來源／蘇案平反行動大隊

即使在出了看守所，所謂「法治」還在騷擾我。汐止殺警案發生後，刑警還說有人密報是我殺的，要偵訊我，因為我「最憤恨警察」；我的摩托車失竊，到警察局報警，居然不被受理，要透過好幾層關係，才使警方為這樣的吃案行為道歉；有時無緣無故被攔車，交警也要對我耀武揚威一下才肯放行。我沒有保障，我哪裡有保障？我要走到哪裡才安全？

冤獄聲請補償，出庭更是羞辱有加。法官在我面前，大聲的和律師爭論，因為我學歷低，人家高中畢業一天賠多少錢、大學畢業一天賠多少錢等等，都是有慣例的，沒那些學歷，賺不了那些錢，就不能獲得那些補償云云。唉，是不是我該習慣了，這些喝人血的法官，他們不知道，他們不可能知道，自由對每個人是同等價值的，關四千多天，每個人都會一樣痛苦，一樣非常痛苦。他們不知道我失去自由等於失去一切，我在過去失去未來，現在我已整個的失去了過去，我的青春，一切……

台灣這塊土地，栽培我像栽培每個國民一樣，我是個有用的人，為什麼要以這樣殘酷的手段打擊我？為什麼要急著消滅我？為什麼不能聽聽我在講什麼？為什麼法治不是法治？為什麼刑警如此邪惡？法官不再公正？

我現在身體也不好，牢裡無法補牙，我整個口腔沒剩下幾個真牙，很長一段歲月無法咬食，只能吞稀飯，天天靠著冰紅茶給我安慰，久了糖尿病上身，最近才控制下來。可是我還是失眠，必須天天吃安眠藥。夜裡，頭腦裡的聲音會自己跑出來，反覆的問，我是誰？為什麼我在這裡？無罪是真的無罪了嗎？我安全了嗎？

莊林勳
二〇一三年七月四日於基隆家中
訪談整理／黃怡

據蘇建和回憶：「『警方先要我脫光衣服，而後把我手腳綁起來，中間穿了一根棍子把我架在椅子上，然後用一條髒毛巾把我臉部蓋住，開始灌我水，我因無法呼吸就一直喝水，其中一個警察看我受不了，就掀開毛巾問我承不承認，我告訴他我真的是被冤枉的，那警察聽了又把毛巾蓋起來繼續灌水。那時我痛苦極了，就聽到有人說：『如果想到要承認，就動動手指，不然就把你灌死。』』」

口述五／被刑求最劇的蘇建和

蘇建和在一九九五年二月九日三審確定判決之前，是委託傅雲欽等律師辯護的，我不是他的辯護律師，只有在法庭上見過面，私底下沒有接觸。開庭時，他的應對比劉秉郎、莊林勳都來得積極一些；他有滿腔的冤屈，想要透過言詞表達出來，可是法官們已經朝有罪去推定，不允許被告們多做陳述，對被告提出的問題，多是「如何如何，有沒有？」「如何如何，對不對？」「如何如何，是不是？」蘇建和比其他兩位講得多一些，但書記官也不多記，以致筆錄顯現不出這些內容。

在一九九二年二月十八日一審判決死刑後，以法官的態度、法庭的氣氛與民間肅殺的言論來說，據我研判，將來三審死刑確定的可能性非常高。我在台北地院當推事的期間，許文彬律師較早從檢察官退下來當律師，我有時會分到他當事人的案子，他在法庭論告據理力爭時的那種慷慨激昂，讓我印象很深刻。因此心裡早有盤算，萬一三被告死刑定讞，需要找一個理念相同敢拚的伙伴替三人共同辯護時，許律師是不二的人選。後來商請莊林勳的家屬追加委任許文彬律師，他也接受了委任。蘇建和在上訴審時，還沒有委任許律師，他是找了盧國勳、余枝雄兩位律師；到了一九九三年上重更一審，蘇建和的家屬才委託了許律師。許律師在整個案件的審判過程中，可說是卯足全力，讓我覺得當初沒有錯看他。

前幾章裡我曾提到，蘇建和是三人中被汐止分局打得最慘的一位，一九九五年九月十五日他在台北看守所寫給我的自述中，有以下幾段：

「一九九一年八月十五日中午十二點三十分，警察未說明原因，便從我家把我帶到警局。在警局先看到王文孝，他說我有參與作案，我來不及說話就被帶到後面房間綁在椅子上，好幾個警察對我拳打腳踢，一直要我承認作案。我告訴他們，我根本沒有作什麼案，警察說王文孝兄弟都說你有作案還不承認，就這樣警察一直輪流問我口供，我根本什麼都不知道，他們也沒問什麼，只是一直要我承認。」

「也不知道過了多久，一個警察帶王文忠進來，那警察說王文忠都說你有作案還不承認。我問王文忠，爲什麼要陷害我？警察要王文忠說話，可是他不說，就被警察帶出去，那時有一個警察說：『我看不打是不會承認』，便拿了一張椅子放在我前面，把我雙腳架起來[1]，用木刀打我腳底，邊打邊說還不承認我打死你。（我膝蓋的傷，就是警察不小心打太用力打到膝蓋）不久就看到王文忠又被帶進來，警察對我說：『看你還如何狡辯？』警察要王文忠說話，王文忠把三月二十三日晚上我們一起去玩的情形約略說了一下，說到王文忠回家時，我想了一會兒，想到確實有那一天，是爲了慶祝王文忠當兵一起去玩，我對警察說有，警察聽了要王文忠繼續說下去，誰知王文忠說我和他哥哥去作案，我聽了告訴警察王文忠說謊，警察說那你們發毒誓，說謊全家死光光。警察要我先發誓，我發誓若有作案全家死光，警察也要王文忠發誓，誰知王文忠也發誓我有作案，當時警察聽了便帶王文忠出去，其中一個警察說，不要跟他說那麼多，把他架起來灌水。」

至於王文忠爲何說蘇建和有作案，據監察院在一九九五年四月十四日對王文忠所做的調查，王文忠是因爲受到恐嚇才承認的，原文如下：

「他們說如果你不承認的話，以後你出了什麼事就救不了你了，因爲你哥說你有作而且蘇建和也這麼說，而且人就在樓下。我當時很失望，我沒有作爲何我哥說我有作，而且連蘇建和都承認他有作？我當時就想，不論我跟警察怎麼講都沒有用，只有挨打的份，所以我就想，不如先承認，到法院再翻案就好了。於是警察作完筆錄就把我帶到樓下和蘇建和對質，我看到蘇被綁在椅子上，警察正用木刀打他的腳底板，我想怎麼會這樣？警察不是說蘇已承認了嗎，爲何還打他？這時我就聽到警察問蘇建和怎麼還不承認，王文忠都已承認了云云，我當場說，我又沒有做，說完之後又被警察帶到二樓去，就來了一個什麼長官，帶到一個房間單獨約談，說你有作就有作，沒有作就沒有作，你哥都說你有作了，我說我眞的沒有作。那個長官說，爲何你哥會說你有作，難到你哥和你有仇嗎？我說我哥哥從小就不在一起了，他和我又沒仇。他說既然如此，那你哥哥不可能誣陷你，那還是早點承認吧，否則法官判刑的話會判得很重！」

根據蘇建和的自述，接下來的刑求，讓他感到生不如死，「我趁他們不注意要撞牆自殺，可是因爲被綁在椅子上行動不便沒成功，所以被戴上安全帽以防我自殺。」自述中對於警方刑求的描繪如下：

「警方先要我脫光衣服，而後把我手腳綁起來，中間穿了一根棍子把我架在椅子上，然後用一條髒毛巾把我臉部蓋住，開始灌我水，我因無法呼吸就一直喝水，其中一個警察看我受不了，就掀開毛巾問我承不承認，我告訴他我眞的是被冤枉的，那警察聽了又把毛巾蓋起來繼續灌水。那時我痛苦極了，就聽到有人說：『如果想到要承認，就動動手指，不然就把你灌死。』當時我就一直動手指，那警察又掀開毛巾，我就說我承認作案，那警察就問：『那情形經過如何？』我聽了告訴他，我眞的不知道，那警察聽了非常生氣，又

1 根據監察院調查王文忠的口供，王文忠曾目睹且示範蘇建和如何被刑求：「我記得是綁在長板凳上使其腳不能彎曲，背靠在椅背上。」1995年4月14日。

把毛巾蓋住我的臉，聽到另一個警察說：『灌水沒用，我要去拿好料來！』就這樣我一直反覆被灌些莫名的水，最後終於受不了而昏倒。」

「不知過了多久，被電擊棒給電醒，他們又把我綁在椅子上，因爲地板是濕的，警察就用電擊棒在地上導電，我受不了就一直跳，當時我還背著椅子，他們抽著菸就像在耍猴戲。而後就有一個警察說不要跟他玩了，來電他的生殖器，當時我聽了一直求饒，可是他們一口認定我有作案，說再多也沒用，警察告訴我除非陳述作案情形否則要整死我。但我確實不曉得怎回事，又怕被刑求只是一直說我承認，可是他們根本不理，他們輪流拿電擊棒電我下體，我叫得越大聲他們就越高興，玩累了就換人整我，更可惡的是我下體受傷他們還拿綠油精抹我生殖器，那時眞的生不如死。」

來完硬的，接著就來軟的：「於是就有一個自稱『副局長』的人把我帶到旁邊說：『怎麼到現在你還不承認，你的同案都已承認了！』我告訴他，我眞的是被冤枉的，請他一定要幫我，他說：『我想你是被冤枉的，可是你也要配合我們！』我說：『我沒有作案，爲什麼要我承認？』他聽了我的話，想了想，就說：『這樣好了，你先去作筆錄，我們再談。』那自稱是副局長的，就叫一個警察（事後才知道他叫黃泰華）幫我作筆錄。經過一個下午和一整夜的折騰，這時已經天快亮時分，才開始制作第一篇（也是唯一的一篇）警詢筆錄，這篇筆錄是照我的話寫了。我把吳銘漢夫婦命案發生時我不在場的行蹤，交代得很詳細、很清楚[2]。」

這篇發表於台灣日報的專文中，蘇建和說，作完筆錄後，那位副局長有找他去談話，他說：「你現在筆錄已經作好了，到了法院，法官就能還你清白，可是你現在一定要配合我們，等一下有長官會來，你要假裝承認，知道嗎？」就在那時來了個警察，跟副局長說：「跟這小子說那麼多做什麼？」就硬把他拖進房間要再刑求他，當時他實在受不了警方的酷刑，就答應那副局長要配合。後來警察就拿有作案的筆錄要他背，他越看越不對勁，就不背了，說：「我不要背，那會害死我！」那警察一聽就說：「不背？現在就打死你！」他受不了他們這樣刑求，中午檢察官到了，才不得已有些片段的自白。

八月十六日晚上，蘇建和被送往士林看守所收押禁見時，在車上，警察還一再威脅他，若是告訴別人他被刑求，警方可以隨時借提他出去打，因此，八月二十日軍事檢察官杜傳榮到看守所問筆錄時，雖是自由意志下作的筆錄，他仍然不敢提刑求的事，只是向檢察官強調：「我眞的沒有作案。」直到家人幫他請了律師，一再保證警察不會再對他刑求，他才把刑求的始末說出來。

八月二十一日下午，崔紀鎭檢察官提訊蘇建和，他開始否認作案，崔檢察官馬上要結束提訊，這時在場的辯護律師傅雲欽也要求崔檢察官訊問蘇建和被刑求的經過，書記官就

2〈檢察官初訊筆錄何以有我的自白：哀哀死囚的血淚控訴〉，蘇建和，台灣日報，1997年3月2日。

問崔檢察官是否要記錄，崔檢察官回說不用，然後問我：「那我在警局有無刑求你？」蘇說：「您沒有，但是警察刑求我，逼我在你面前作假口供！」崔檢察官聽了很不屑的說：「有作案就有作，爲何不承認？」蘇說：「我眞的沒有作案，不信你可以用測謊器證明我沒作案！」崔檢察官竟說：「你電影看太多了。」

關於蘇、劉、莊三人在看守所羈押的那一段日子，多虧了同所的槍擊要犯劉煥榮交代，才能夠毫髮無傷的走出看守所。尤其是蘇建和，跟著劉煥榮學中國畫的人物工筆畫，創作過不少讓大家驚豔的作品，分送關心他的人。

劉煥榮（1957～1993）是竹聯幫成員，出生於台中市北屯區眷村陸光八村，是家中老么，幼年因家境不好，在市場賣水果爲生，經常受流氓欺負，在高中時代便加入了「北屯圓環幫」及「小梅花幫」等組織，不久後被竹聯幫吸收。一九八〇年代，他連續犯下幾宗黑道老大的槍擊命案，被列爲十大槍擊要犯；他遭通緝後，前往菲律賓，卻又涉及一宗滅門血案，再逃往日本，最後因走私毒品遭逮捕。他被執行死刑前，在台北看守所羈押七年，蘇案三人進了看守所，經過幾次交談，他就知道他們是冤枉的，對他們的遭遇非常同情，便警告所中兄弟們，不准欺負他們。

由於劉煥榮身上背的多條人命，幾乎都是黑道火拼造成，加以他後來以擅長的馬、鍾馗、關公畫像，共三十九幅捐給婦女救援基金會義賣，以書法支援反雛妓運動，並曾有過一些劫富濟貧的事蹟，還有民意代表公開爲他爭取特赦。從蘇建和學繪畫一下子就上手，可以得知他是個聰明、有耐力的孩子；他原來也滿樂觀，甚至很會搞笑，覺得自己沒有作的案子，應該很快會得到公平的裁判，然而經過幾次上訴，他也知道不是那麼簡單；在劉煥榮被槍決之後，因爲失去一個精神支柱，他消沉過一段日子，不再輕易作畫了。

在蘇、劉、莊三人中，除了莊林勳被冤獄生活逼出精神狀況來，蘇建和的健康情形最令人擔憂。因爲刑求過度，他的肺部胸骨直到今天仍不時疼痛；在看守所多半時間是坐著，導致他脊椎受傷；他的牙週病由於沒有得到適時適度的照顧，而持續惡化。雖然這樣疾病纏身，他的意志力相當驚人，爲了實現他對父親的諾言，出獄後回饋那些對他聲援的人，他曾經去人本教育基金會及台灣人權促進會上班，他的平易近人，使大家跟他相處起來感到很愉快。

目前蘇建和仍與民間司法改革基金會合作，與當年人本基金會蘇案的專任助理蕭逸民一起，到台灣四處向有興趣的民眾及大專院校、高中、國中學生談蘇案。因爲他大難不死獻身說法，言詞又相當懇切，談起司法改革，他是最好的過來人，無論是演講或座談，大家對他印象都很深刻。

蘇建和的父親蘇春長，在蘇建和身陷冤獄之後，爲了平反這個案子，幾乎散盡家財，積勞成疾；直到二〇〇〇年四月，舉辦「走向黎明，定點繞行」活動，他已得知肝癌末期，仍抱病參加遶行。二〇〇〇年五月十九日，台灣高等法院裁定准予蘇案再審，十月十三日我向看守所要求特准，由法警戒護蘇建和到台大醫院探望他病危的爸爸，那眞是生離死別，我和許文彬律師在一旁看著不禁鼻酸。蘇春長要兒子好好活下去，希望兩位律師要幫助兒子繼續打官司，爭取三人的清白；十月二十九日，蘇爸爸就走了，那也是父子的最後一面，最後一次面對面交談，最後一次擁抱。蘇春長看不到兒子被平反，可說是他去世前的最大遺憾。

同年的十一月十七日舉行蘇春長公祭，由柏楊先生主祭，當時蘇媽媽跪倒在地，拉著我的褲腳說：「蘇律師，你一定要救救我的孩子。」我觸景傷情，不免淚如泉湧。不久後，治喪委員就做了一面「生死相許」的匾額送給我；從那天起到今天，我一直把它擺在辦公室的窗檯上，每天都看到它，惦記著蘇春長的生死交代。

現在蘇建和最煩惱的，恐怕就是母親常催促他要結婚。畢竟他是老大，他的弟弟已娶妻生子，而他還光棍一個。他並不覺得沒有一個伴侶是什麼問題，不過他說：「結婚是一輩子的事，不要因爲急著找人做伴，就毫無選擇、閉著眼睛與人撮合。」一度他還向我求助，幫著勸他媽媽不要逼他了。

看樣子，蘇建和很珍視得來不易的自由之身，在他瘦削的肩膀上似乎還扛負著太多未了的事務，讓他必須面對更多的挑戰及對社會無可逃避的回饋與奉獻。

附錄四

蘇建和口述：我從冤屈學到的事情⋯⋯

二〇〇〇年十月二十九日，我爸走了，才五十歲。蘇案在一九九五年二月九日三審確定後，我們三人隨時可能被抓去槍決，他在外面幫我奔波，以標會借了不少錢，總計印了超過兩百萬份文宣品，就是為了告訴世人，他的兒子沒有殺人；有時候他每天只睡一個小時，有時候三兩天都沒睡，除了替蘇案四處陳情請願之外，還得兼顧家計，確實是積勞成疾累死的。在看守所那段日子，我每次看到父親的照片，都非常傷心，直到現在我都還無法走出這個傷痛，我好想我的父親。

在父親去世前，百般叮嚀我，這些人權團體那麼幫助我，有朝一日平冤，必須去他們那裡做義工，報答他們。話雖如此，我在二〇〇三年當庭無罪釋放後，因為有兩個大企業家同情我的遭遇邀我去工作，我也曾猶豫何去何從；我去應徵過工作，想過要開店，慢慢把錢還清，當時媽媽就說啦，要賺錢、還錢是以後的事，人必須感恩圖報。於是我跟人本的執行長吳麗芬、董事長朱台翔阿姨提起到人本做義工，人本爽快的答應了，不但如此，還幫我安排有給職，整整一年的時間，讓我在人本學習文書處理及電腦應用，並且可以利用上班時間，為當年遭警方刑求、坐牢戴腳鐐的諸多舊傷做復健，讓我重新適應社會。

而刑求部分，再更二審陳博志法官合議庭，再更三審周政達法官合議庭在最後定讞判決的，也有認定我被刑求，我被刑求的人物證不少，都在卷證資料裡。很多人說蘇案已成為歷史，那麼歷史有它一定的軌轍，此案中那些滿口仁義道德的檢察官、警察們，終將一一現形。不好的司法人員，我根本無意去回憶，這些記憶對我沒有什麼幫助，只會讓我更覺悲哀。

相反的，我設法讓自己只記得那些好的司法人員，以及好的律師們，除了蘇友辰律師、許文彬律師兩位大菩薩，以及蘇案律師團所有的律師之外，長年投入司法改革的律師們，也都是我很尊敬且喜歡的律師。他們出錢的出錢，出力的出力，使台灣的司法改革往前推動。一個人無法做出什麼偉大的功業，任何改革，都是很多人投注心力去架構、建構，經過時間的累積與測試，才踩出一步又一步的改革。

就這樣，我在人本做了兩年六個月，後因對人權工作有興趣才轉換到比較缺乏人手的台權會工作，從二〇〇三年有空去做志工，二〇〇五年正式工作到二〇一一年，目前是兼職。這期間也因為社團或學校老師邀約會到全台灣的學校座談，講了三百多場關於蘇案及司法人權。而父親欠下的債務，在家人協助下，也一點一滴於二〇一〇年還清了。減輕負擔後，又受到許多好友的幫助，二〇一一年就重拾書本回去唸書，為了省錢去唸了二專，

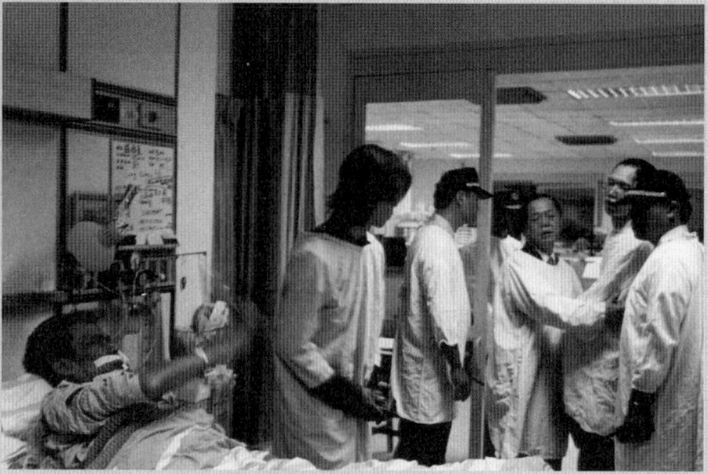

2000年10月13日，蘇建和與父親蘇春長揮淚訣別。　來源／死囚平反行動大隊

畢業三年後繼續讀研究所。

會想再唸書及開餐廳，除了自己人生規劃外一部分也因為父親的緣故。我父親是個廚師年輕時開過西餐廳、海產店及自助餐等，以前他總是跟我說，以後我們一起來開一家好吃的店吧！那時我回答他好！但這一生我再也不能與父親談笑風生，也許我能做的只是延續我們共同的記憶，在那當中記得他的笑容。

我因蘇案浪費了二十一年的生命，刑事審判部分被判無罪，民事審判方面居然要再重新調查一遍；明明沒有做的事，司法已還給我們清白，卻還有官司要求我們賠償，大家不會覺得很荒謬嗎？但這種事我要跟誰去抱怨呢？如果不是親身經歷，誰會曉得其中痛苦？對一般人而言，蘇案就是一個新聞、一個社會事件、一個故事而已。目前，我仍在學習如何使自己過得快樂一些，回歸正常生活，雖然很困難。

蘇案官司二〇一二年無罪定讞後，我開始打算，未來民事訴訟、刑事補償訴訟的官司打完，要選擇可以有較多時間陪媽媽的工作，她今年六十五歲，已經是該退休的年紀了，沒有我的父母、義務辯護律師團、社團以及社會各階層一路救援我的人，我早就絕望了。如今我說服自己，世界上所有事情，都會往好的方向去改進，因為這社會還是充滿溫暖，我自己也應該努力。

我原來是個非常悲觀的人，記得我的義父還常怕我被憂鬱吞沒，蘇案二十一年，教導我最珍貴的事，就是永遠要做正向思考，我已學會常常說：「啊，沒問題啦，只要盡力就好了！」當初假使蘇案救援失敗，我們早已成為冤獄亡魂了，可是我們仍活著，在生命中無數個黎明中醒來，還是必須愉悅的計畫將來，這是過去無數有心人士做了正向思考，鍥而不捨的力挽狂瀾的正義果實。

這一路下來要感謝的人很多，蘇案的義務律師團及蘇案平反行動大隊所有成員，那麼無私的奉獻，是我最感謝的一群人。尤其是蘇友辰大律師，奮戰二十一年，完全義務辯護，用他的青春生命在告訴大家對司法正義的堅持與價值！能做到這點，是多麼不容易的事。「問世間人權為何物？直叫人生死相許，」是蘇大律師的名言，雖然當年他說這句話時是帶著和藹的笑容說的，我每每想起，總是不禁心酸。

當年那些無盡的夜，蘇大律師無悔的付出，撼動的不只是司法的冰山一角，也為司改豎立了新的里程碑！蘇案的平反，絕不只是我們三人的平反，它的後勁一定會逐漸發酵，發酵……

蘇建和
二〇一三年七月九日於台北
訪談整理／黃怡

口述六／

生死相許：許文彬律師的義舉

我曾提到，在辦公室窗臺上擺著蘇春長先生治喪委員會贈送給我的「生死相許」匾額。記得在二〇〇〇年十一月十七日，舉行蘇春長公祭，他的兒子蘇建和在台北看守所待決，無法參加喪禮，我們兩位律師在場陪祭，蘇太太傷痛踰恒，哭倒在地。她拉著我們的手哭喊哀求說：「請你們要救救我的孩子，他確實是冤枉的。他爸爸爲了建和的案子，賠了一條性命，直到閉眼都很難接受這樣的判決。」幾天之後，治喪委員會送來這面匾額，對我有所期許與重託。

我每天上下班，都會特意和「生死相許」的匾額打個照面，以提醒自己，這事不僅不能遺忘，且務必留繫在我心頭，蘇案的平反是我未完成的使命。我和許律師都不會放棄這個案子，這就是爲何我常說，我對蘇案是以「生死相許」的。

二〇〇〇年五月，蘇案得到高等法院裁定准許再審之後，檢察官提出抗告，最高法院於同年十月二十七日也駁回檢察官抗告，全案終於重起爐灶。很可惜蘇春長只知道要再審，沒有得到確定再審的消息，就離開人世了。准予再審的消息傳到看守所，我去看看他們三人，商討如何面對再審之後的訴訟程序。看守所一如往昔，早已流傳一種口耳相傳的資訊，他們對於每個法官的性格、操守、社會脈絡，以及有些人如果要走後門，有哪一類的關係可以達到目的，彼此之間都會互通聲息；以三人的了解，高院裁准及受理再審的受命法官江國華是個辦案很公正無私的法官，他所屬刑事第二十一庭合議庭，也是全國最公正廉明的一庭。因此他們心裡非常踏實。他們向我表明，假使大家公認的全國最清明的合議庭，最後還是判他們死刑，寧可放棄上訴，不再做無謂的抗爭。

我把此一訊息向媒體公布，顯示蘇案三人的命運和這一庭是綁在一起的，他們會是生、會是死，完全繫乎這庭的裁判。他們對於這一庭的決定，也是生死相許的。

「生死相許」的決心與展現，還可以延伸到蘇案救援階段的社會運動。由台灣人權促進會、人本教育基金會、民間司法改革基金會爲主，聯合其他約三、四十個民間團體所組成的「三死囚平反行動大隊」，爲了喚醒司法的良知，引發社會大眾的關注與同情，希望司法當局能夠勇於擔當，勇於認錯，讓這個案子能夠有重審的機會。他們四處陳情、辦活動，甚至還走上街頭尋找正義，在這吶喊自由的過程中，我們曾經在大安森林公園、新公園（現名「二二八紀念公園」）舉辦大規模活動，無論是音樂會、演講會或其他定點的群眾活動，汐止命案的被害人吳姓夫婦的家屬，都會採取反制行動，爭取社會對他們的同情，突顯我們的運動對他們的傷害。方式就是在現場設一個靈台，擺上兩位被害者的頭顱骨，搭配兇案發生現場放大的血淋淋照片，在這種情況下，他們可以獲得大量的憐憫與關注；和他們悲怨的訴求相較之下，我們的活動卻常惹來冷漠、憤怒的眼光，令我們驚惶失措。

爲了宣示我們援救蘇案的決心和單純的動機，我冒著被奚落的危險，走到被害夫婦的靈台前，跟家屬要了三柱香，在大庭廣眾下對天發誓說：「我救援蘇案，因爲蘇建和等三人是無辜的，希望老天保佑他們，使吳家兩位受害者，也明白他們三人是清白的，保佑他們。如果我是看錯了人，救錯了人，那我願意遭受天譴，兩位死者在天之靈也可以懲罰我。」我等於當場以生命賭咒，這也是一種生死相許。只因爲司法當局犯了不可原諒的錯誤，一個義務辯護的律師，願意以自己的性命來擔保待決三死囚的未來，回復他們被剝奪的自由，恐怕也是相當罕見的。

「生死相許」的匾額對我而言意義重大，可以宣示我平反蘇案、不惜犧牲的願力。記得，在高院判決無罪定讞前，我受邀到大專院校演講或在律師研習所上課，甚至在法務部舉辦兩公約人權大步走的種子培訓營課程擔任講座時，每一談到蘇案，都會仿照古人描述

附錄五　人本教育基金會新聞稿（1995年3月23日）

死刑禁不起誤判

人本基金會對於三少年被判死刑案之聲明

目前最高檢察署總長陳涵為蘇建和等三名死刑犯二度提起非常上訴，由於該案成為「冤獄」繼而「誤判死刑」之可能性極大，已引起國際人權單位之密切注意，本會基於關切未成年者權益之立場，特發表以下看法與聲明，期盼各界共同關心這三位未成年人的「將來」，一如吾家子女！

一、未成年人不是次等公民，在法律之前亦應受平等之待遇。

二、未成年人是涉世未深、不諳司法程序、尚需教導之人，尤應受健全制度之保護，否則法律就會成為「毀掉孩子終身」的陷阱！

三、蘇建和等三人自一九九一年八月十五日凌晨被捕之後，時至八月二十一日日受偵訊完畢，在此長達一週的時間，三位剛滿十八歲的少年身邊竟沒有律師也沒有家屬在場（據警方筆錄稱被告說不需律師，死罪案件會有人不要律師？請自行用「常識」判斷之）竟使其間發生令檢察總長疑為刑求而得之「自白」，該「自白」如今卻成為判罪之「唯一證據」，果如總長之疑，則該案無異是「三年冤獄加上兩個死刑」還要乘以3」，也無異是台灣社會大人「欺侮」小孩最血淋淋的一面！

四、「死刑」是不能拿來開玩笑的，更是禁不起「誤判」，尤其該案不是「判幾年或要不要判死刑」的問題，而是「無罪或枉死」的問題，我們並非斷定法官就是誤判了，然而事關三條人命難道可以不慎？檢察總長舉證歷歷難道可以輕忽？司法當局若不肯重新調查，則無異於「執意殺人」，屆時台灣在國際社會將不僅是「貪婪之島」，也會成為「嗜血之地」！

來源／人本教育基金會

愛情的經典名句自況：「問世間人權爲何物，直叫人生死相許。」在場聆聽者，莫不爲之動容。

還記得一九九五年二月九日三審判決確定之後，我們一邊向法務部馬英九部長陳訴，請求延緩執行；一邊向最高法院檢察署檢察總長陳涵陳情力促其提起非常上訴救急，兩者交相用力爭取活存的機會。後來，因爲想到最後的裁判者是最高法院刑事第七庭黃劍青法官這一庭，他們沒有善盡把關之責，而且對於高院二審李相助這庭所形成的錯誤裁判沒有細察，造成草菅人命的終審判決，許文彬大律師認爲我們應該直接到最高法院去拉布條抗議討公道。當天由蘇案三人家屬及我們兩位律師，加上幾位民間團體代表，來到最高法院門口，記得是個中午時段，最高法院的法官們正要搭公車回家休息用餐，他們從台階下來時，走到停放在外的交通車，我們就乘機拉起了布條揭示：「死罪誤判、草菅人命！」斗大的黑字，在白色布條上顯得非常刺眼。

本來，「死罪誤判、草菅人命！」用語相當激烈、嚴厲，我當時心裡確實有些猶豫，怕這樣會引起更大的反彈。特別是這些法官中不但有參與蘇案三次駁回非常上訴的法官，而且包括和我一樣是司法官訓練所第八期畢業的同事，或是也有許文彬律師第十期的同事，他們放眼一看，怎麼這兩個他們的學長、學弟在這裡，以那些不堪入目的字眼在拉布條修理他們。我不是怕，而是有點不好意思，但在我一旁的許律師，有一種「雖千萬人吾往矣」的氣慨，我往旁邊閃，他就說：「怕什麼！」反而往中間一站，拉起布條，高呼口號，看來確是正義凜然！讓人覺得我們做對的事情，絕不會退縮。反觀我自己，好像就沒有那麼理直氣壯了，不免有些慚愧；然而我也有「伯樂」之喜，慶幸我當初建議追加許律師擔任莊林勳的辯護人，以備日後共同拚鬥的伙伴。

許律師應付媒體的本事也比我熟練，雖然我是學長，他曾交代：「媒體交給我，寫東西吃重的你來！」後來非常上訴理由、再審理由等書狀，大多是出自於我的琢磨與撰寫。這樣一裡一外，分工也不錯。一路走下來之後，似乎我的用心及努力，和某些場合的發言，媒體開始對我有比較大的興趣與關注；律師團運作到最後，變成我是個發言者，我出現在媒體的機會變多了。許律師這人有個優點，就是不大在乎細節，也不太計較得失。他雖然在司法官訓練所差我兩期，我由於師範出身、做過小學老師，他小我十歲，我們仍然配合得恰到好處。

我是個謹守律法的人，拉布條事件的確對我是個很大的衝擊。依據律師法，蘇案三人被判死刑是我們辯護的結果，這樣去拉布條採取激烈的動作，是否有損律師形象？是不是會構成對司法的某種程度的不敬？倒是再審判決無罪後，第二次矚再更一審又大逆轉判決死刑，我在高院法庭之外的台階上，引導那些蘇案平反行動大隊的支持者高呼口號，我大聲說：「司法有罪，蘇建和三人無罪！」、「司法改革，改個X」我就幾乎像是整個人豁出去一樣，與十二年前的我相較，氣勢眞是不可同日而語也。

其實，在羅秉成大律師建議之下，那天我們都倒穿法袍，呈現全身黑色，一字排開，坐在台階上靜坐抗議一段時間，然後大隊人馬一路繞到中山南路濟南教會教堂前面，頂著大太陽，包括史英教授、立法委員陳明眞博士也陪著我們，繼續一起靜坐抗議。我內人及女兒也在場，知道我有高血壓，擔心我會出狀況，內人趕快叫女兒去開車準備救人，一段時間之後，我氣稍消了，才坐上她們的車回家休息。總之，我是年紀越大，越豁出去了。不過，據事後得到消息，高院在前一天已經配置安排完成，一旦抗議持久，他們將採取強制驅離行動。當時我審情度勢及時刹車，將隊伍帶離，而免去一場不必要的衝突！

自從一九九五年蘇案三審確定後，我更是全付精神投入，也因爲投入甚多，很多言行都出現在媒體上，而且是針對著司法審判系統中的法官而來，時而指名道姓批判，差不多等於對司法全面宣戰了。有一句話可顯示他們對我痛恨，那就是他們說我：「他是瘋狗啦，不要理他！」關於我受理的其他案件，我也特別敏感，開庭時，那些支持蘇案有罪判決的法官，對我的態度就是怒形於色，當然會影響到他們對案件的裁判，也因爲這樣，有人要委任我辦案時，無論是刑事或民事案件，特別是刑案，我第一句要告訴他們的話就是：「我現在跟法院的關係很緊張，你委任這個案子給我，初步研究我認爲可以接受，但是我必須告訴你有此問題存在，如果未來受理的法官想打擊我，利用機會讓我難堪，可能間接會影響你案子的裁判。其中的利害關係，我必須讓你知道。」有些當事人聽了馬上打退堂鼓，有的卻覺得不會那麼嚴重，如果他們放心得過，我才接受委任。我手上的案件越來越少，這也是原因之一。

我那些是司法官訓練所第八期的同學，不管在朝或在野的，對我從事蘇案的救援行動，有褒有貶。有一位是非常讚賞的，他擔任過司法院人事處長，後來當過基隆法院院長，叫做王廷懋，他認為該案誤判的可能性很大，對於蘇案案情的起起落落，他相當關注，像是蘇案能夠裁定再審，以及再審判決無罪，或是後來無罪定讞，他碰到我就會為我打氣，或是打電話來給我恭喜。在我們的同期同學中，他的態度最為平和公正。畢竟我的行為是對抗司法的，其他同學不以為然可能居多數。尤其是有一位白姓的同期同學，本來我以為他跟我很要好，他竟然成為最高法院發表「蘇案研討結論」用來對抗我們時的一個領導者，且李相助聯合一、二、三審法官召開公布被告自白資料記者會，他也是座上賓，等於是最高法院的代表，我心裡覺得特別遺憾，也為他很不值。

我們同期同學中，還有一位滿優秀的司法官，學問很好，操守不錯，做人也滿隨和的，他對蘇案可能不全然了解，或許看我這樣極力衝刺，對司法會造成很大的傷害，有沒有受到上級或相關人員的慫恿或交代，我不明瞭，有一次我開完庭正要回事務所，剛好他也下班，在路上不期而遇，我們曾做了簡單的交談。他用一種試探的口吻說：「蘇兄呀，你的案子看來確實相當有利，不過法界內的說法，大部分都認爲判他們三個人有罪並沒有冤枉，你能不能有個退讓，不要太走極端，有個折衷的處理。」他沒有講得很清楚，但是我知道，過去例如華定國弒母案，更審十八次，最後的處理模式就是「死刑加無罪除以二等於無期徒刑」的折衷版。當時我很感謝他的關心，不過我告訴他，蘇案三被告是無辜的，不然我們不會做這麼大的付出，任何的折衷做法，我認爲都是扭曲眞相、混淆事實、顚倒黑白及沒有是非的裁判，對他們三人來說很不公平，也很難爲他們所接受。因爲正義是無法折衷妥協的。

同期同學有位蘇吉雄學長，是唸師範出身，於義務教職滿期後，保送台灣師範大學教育系深造，雖未受正科法學教育，但在一九六六年全國司法官高等考試以優等第一名錄取，我則是一九六五年高等考試榜首，兩人同時參加第八期司法官訓練合訓。受訓期滿，他先後在新竹、台南地方法院任職推事。不久因人生另有規劃，四年半之後即辭職下來執業律師，表現非常優秀，曾擔任全國律師公會聯合會第六屆第三任理事長一年，並徵求我同意出任秘書長（前此個人已擔任斯職二年）輔佐其推動會務，兩人相知相惜，建立不錯的革命感情，他在南部地區執業，我在北部地區，都有不錯的表現，故贏得「八期南北兩蘇」的雅號。他爲人正直、熱情、富正義感，法律見解不錯，訴訟成功率甚高，我才不及他，是不可道里計。

不過，爲蘇案我們有一段勃谿，弄得很不愉快；那是蘇案於二〇一二年八月三十一日宣判無罪定讞之後，我眼見社會反應並不叫好，有如前述的氣氛。因此，爲了澄清大眾的疑慮，我撰寫一篇題爲：〈蘇建和案起死回生的關鍵〉於同年九月二日投書中國時報時論廣場發表，文中提及被害人遺孤吳東諺先生在二〇〇七年矚再更二審期間（非100年矚再更三審），曾在媒體受訪時的眞情告白：「因爲他們到底有沒有罪，其實我心裡是存疑的。可是，因爲我生活的環境，大家都會認爲他們是有罪，可是我還是會希望說，換一個緩衝就是說，因爲自己是受害者家屬，我更不希望說，我這只是情緒而已。」這位蘇學長看了之後，對此他深不以爲然，在當月的高雄律師公會會訊發表《蘇建和案的省思》乙文。指出：

「蘇友辰大律師大作引述他們於再審程序在法庭上的意見，公然推測『應該是被害人家屬看到真相道出內心由衷之言，撼動法曹不忍人之心…』為蘇建和案起死回生的關鍵，是否妥適，似有爭議。蓋果係如此，也只能意會而不能言傳，否則蘇建和案再審更三判決無罪的法官豈不是有違反證據裁判主義的嫌疑？」

其中因未綜觀整個判決過程全貌（包括庭審筆錄等），僅抓取一點，即任意指摘，引起我的不滿，隨即發出郵件謝謝他的指教，並於內文指出：

「一、茲引用高院判決乙則，請參考。陳水扁高院99年度矚上重更（一）字第3號貪污案件刑事判決法律見解（P12，肆之二段）論及「證據能力」、「彈劾證據」、「傳聞證據」部分：按「證據能力」係指可供「嚴格證明」使用之資格，則此一「判斷對象」，自係指須經嚴格證明之犯罪事實之判斷而言。亦即認定犯罪事實所憑之證據，不僅須有證據能力，且須經合法之調查，否則不得作為有罪認定之依據。惟倘法院審理之結果，認被告被訴之犯罪事實不存在，而應為無罪之諭知時，因所援為被告有利之證據並非作為認定犯罪事實之基礎，而係作為彈劾檢察官或自訴人所提證據之不具憑信性，其證據能力自無須加以嚴格限制。易言之，法院諭知被告無罪之判決時，即使不具證據能力之傳聞證據，亦非不得資為彈劾證據使用，以供法院綜合研判形成心證之參考：二、若僅知「其一」，而不知「其二」，就下筆指摘原判決採證違法豈不是自陷「有罪推定」的預斷嗎？三、小弟拚蘇案惹人嫌，前有「好同學」結幫圍剿，後有「好友」為文公開批判不是，真是好嘔！」

當然蘇學長也不甘示弱，隨即回信反擊表示：

「吾兄義務辯護蘇建和案，終獲無罪定讞，不論督促刑事審判建立『國家為達成刑事審判發現事實真相之目的，並非即可不計代價而訴諸任何手段』的法治國格局之貢獻以及展現人權律師的高貴情操，均令人欽佩無比，弟豈敢批判冒犯！

法院諭知被告無罪之判決時，即使不具證據能力之傳聞證據，固仍得資為彈劾證據使用，以供法院綜合研判形成心證之參考。但蘇建和案的被害人吳銘漢胞兄吳唐接及其子吳東諺都不是命案現場的目擊證人，無論他們在法庭上的意見如何，究竟與得資為彈劾證據使用，以供法院綜合研判形成心證之參考之情形有別，蘇建和案再審更三案的法官若無道德勇氣，豈敢推翻定讞有罪判決而改判無罪定讞。詳閱其將近百頁的判決全文並未對被害人吳銘漢胞兄吳唐接及其子吳東諺在法庭上的意見有所著墨，吾兄戲劇性謂為「被害人吳銘漢胞兄吳唐接及其子吳東諺在法庭上的意見，乃壓垮駱駝的最後一根稻草」，恐有貶抑蘇建和案再審更三案法官的法律專業認知，弟撰文為其抱屈，而非指摘原判決採證違法，熟料引起吾兄誤會，痛斥弟僅知「其一」，而不知「其二」，誠屬罪過，特此致歉，尚祈見諒，絕對保證下不為例。」

其實，告訴人或被害人家屬雖未在場目擊犯罪的經過，但相關待證事實（如事後目擊犯罪現場留下的跡證等）於依法具結後所爲之陳述仍具有證據能力，至於其證明力如何，則由法院自由判斷及取捨，縱然未於判決書說明其理由，亦不能遽指爲「違反證據裁判主義」。個人投書爲文時尚未取得矚再更三審無罪判決全文，故僅引用矚再更二審同樣爲無罪判決的心證理由作爲論述依據，蘇學長以矚再更三判決相互對照之下，發現其中之差異，足見彼此認知有別。此外，本案獲得再審裁准之前，律師團尚未組成，有關三次非常上訴及再審之聲請均由本人及許文彬撰寫提出，蘇學長前文之記述，亦未見及此，致有引述疏誤之處，我一時下筆過重，指責他不知其二，良有以也。

我們兩位都是七十多歲的老頭「輸人不輸陣」，而且善緣不斷，目前現仍受任為「司法院刑事訴訟法（分流排除預斷制）研究修正委員會」委員，每個月約有二次與司法界資深大老及後起俊秀同堂論法的機會，但心結不深，已和好如初。據此一例，可知「兩蘇」在法律見解上難免有所歧異，而且各有堅持，無乃是律師本色使然，無傷也！

蘇案三審確定後，在尋求再審的中間階段，我和許律師出現在電視上談話性節目的機率很高，尤其平面媒體如自立早報與晚報，以及而後的自由時報，透過專業有良知的記者（如劉鳳琴女士）曾大幅報導蘇案，以及提供我們大幅版面讓我們發表文章。許律師的感性發言，常以下面這段話做為開場白：「他們如果有罪，我們這些律師還會吃飽換餓，替壞人辯護嗎？我們又不是閒閒沒代誌做。憑我的專業與經驗，憑我的良知道德，我百分之一百保證這個案子是判錯了，他們是冤枉無辜的。」因為他擔任過檢察官，受過司法官訓練所的訓練，對於刑法的立法原理原則，以及裁判的論理與經驗法則都很擅長，經常以此作為蘇案的論述。記得他寫文章常引用美國最高法院大法官霍姆斯（Oliver W. Holmes，1841～1935）的話：「法律的生命是經驗，不是邏輯。」另外他也喜歡提到的例子，如「電線桿的纜線上停了十隻鳥，一槍打過去，掉下來一隻鳥，請問電線桿上還剩幾隻鳥？」依照論理法則計算，應該還剩下九隻，但是經驗法則告訴我們，這一槍打出去，因為槍聲驚嚇飛走，一隻也不會剩下。假使法官遇見有疑點的案件，連經驗法則都不知如何適用，那做出的裁判就可能會有理由不備或矛盾的違法問題了。

以蘇案而言，王文孝在一九九一年八月十三日被捕後，很快就在電視新聞中出現了。他在八月十六日下午被押著去汐止被害人家中做現場犯罪模擬，還向被害人的母親下跪哀求原諒，當天晚上電視新聞有大幅的報導，莊林勳的母親在家看了，還問他那人是誰？為何要人家原諒他？莊林勳在旁還解釋給母親聽。如果他確有涉案，看到共犯被抓，豈不立刻逃之夭夭了，哪可能若無其事在家中等著被逮捕？

至於蘇、劉兩人，因為案發前一天（一九九一年三月二十三日）晚上玩得不過癮，在案發當天（三月二十四日）晚上七、八點，還曾打電話再約王文忠出來聚聚，從他家樓下的電話亭打過去，不是王文忠接的，是他媽媽接的，馬上被切斷了。第二天又聚會，他們問起此事，王文忠才說因為對面鄰居吳家發生兇殺案，他媽媽不希望他亂跑，此時他們才知道有這個命案。如果蘇、劉是共犯，他們還會在現場附近徘徊自投羅網，以及在家等候刑警上門拘捕嗎？這些都是根據經驗法則可以推知的，我們一再以此種情況證據辯護，法官就是聽不進去。

而且每一次結辯，許律師都要提到提起三次非常上訴的檢察長陳涵先生，並語帶教訓的口吻對公訴檢察官說：「你們檢察系統的大家長陳涵總長都說你們起訴錯誤了，他還提列出原確定判決二十四點疑問，提起非常上訴三次救濟，要求最高法院撤銷更審，你們這些後輩，還敢違抗你們大家長的決定，有沒有倫理呀？」然而這些檢察系統的檢察官包括蒞庭公訴人，還是多方設法找些莫須有的證據，拼命維護原判到底，以免被人家說是「草率起訴，草菅人命」。司法人的良知在哪裡？從這裡可以看得出來後起之秀的修爲了。

或許很多人會問，如果台灣採行陪審團制度，是否會比法官自行調查證據、決定有罪無罪的制度要來得公正一些？至少可防止像蘇案的法官這樣擅斷的情形？有一本書叫做《雖然他們是無辜的》[1]，書中有個統計，自一九〇〇年到一九九一年之間，採用陪審團審判之下竟然還有四百一十六件死刑誤判，經過救援，有的已平反，有的已執行。因此，說是哪種審判制度可以做到無冤的裁判，似乎是沒有的；當然陪審團成員畢竟也會受到律師辯護策略的影響，或是錯誤的鑑定誤導他們做出錯誤的判斷等，但是陪審制基於多人判斷而且要達到一致的同意，是比較令人放心一些。台灣早期司法制度中的合議庭，看似三人或五人在做判斷，合議庭的評議書要三人或五人簽字以示負責，但過去往往受命法官一人或包括審判長二人就可以決定案子的命運，陪席法官僅是聊備一格，合議的效果怎可能彰顯呢？

國立中正大學犯罪研究中心於二〇一〇年一月的調查報告，發現二〇〇九年受訪民眾對法院審理案件抱持質疑態度的，占百分之六十五點八；二〇一一年一月間的調查報告，顯示二〇一〇年受訪民眾對法院審理抱持懷疑態度的，占百分之七十七點九；二〇一一年七月的調查，發現該年上半年的受訪民眾，對法院審理案件抱持質疑態度的，占百分之八十一[2]。這些調查數據，我想司法當局應知所警惕。

事實上，根據眞理大學吳景欽副教授所寫的《法官應該我來當：各國人民參與審判制度》，指出目前對於「司法民主化」推行得最熱烈採用改良型的陪審制的日本，在二十世紀初的大正時代開始，到二次世界大戰的一九四三年四月，象徵民主思想的陪審制度曾曇花一現，施行期間總共有四百八十四件歷經陪審，除一件爲形式駁回之外，有八十一件爲無罪判決，相較於陪審制度實施的前與後，無罪比例明顯偏高，尤其是歷經陪審的案件多屬於重罪，其無罪率又比一般案件低，尤其值得關注的是，殺人的無罪率竟高達百分之六，放火罪更高達百分之三十一，這與日本戰後此類案件不到百分之一的無罪率，形成非常強烈的對比[3]。

日本國會在二〇〇四年五月通過「裁判員參與與刑事裁判法」，並於二〇〇九年五月開始施行裁判員制度，將之納入法官的合議庭內，使刑事訴訟制度有了根本的變化，不但

1《雖然他們是無辜的》，林淑貞譯，商周出版社，2000年。
2〈迎接國民參與審判時代來臨〉，吳火川，《法官應該我來當：各國人民參與審判制度》序，法治時報社，2012年3月。
3〈日本裁判員制度的緣起〉，見前引書，吳景欽，法治時報社，2012年3月。

如此，它還設立有檢察審查會，由十一位審查員組成，其成員出自該管轄區有選舉眾議員資格的選民，採隨機選出，目的就是爲了抑制檢察權的濫用。兩個制度，藉著民眾的參與，在起訴前與起訴後分別守護司法正義，是二十一世紀人民參與刑事審判的二大支柱[4]。

我雖曾被司法院延攬，參與「人民觀審制度」的研修委員會，但對於觀審制仍抱持懷疑的態度，曾經在中國時報發表題爲：〈國民參與審判，實踐司法民主化〉文章，表明我比較贊同日本的裁判員制。研修委員會本來說是要研究幾個國家的法制，再決定仿照哪一個制度去立法，但是主事者一直引導我們朝向人民觀審制靠攏，幾個委員認爲不妥中途決定退出，還希望我們共同連署批評原有設計是個騙局。當局的說法是，司法體制的改變，不能一步到位，先就觀審制試行看看，然後再決定是否做進一步改革。

台灣的律師界似乎較偏向英美的陪審團制，但是美國最偉大的律師之一丹諾（Clarence S. Darrow，1857～1938）在他的自傳中說：「法院的陪審員常常出錯，是眾所皆知的事情，人民也經常對他們的判斷抱以輕蔑和懷疑的態度，法庭上最常出現的言論可以說是：『我不信任陪審團，寧願交由一、二位法官判決！』當判決誤將某人處死，法院陪審團總是矢口否認做出錯誤的裁判，唯有他們認爲已被謀殺的人竟然還活在世上，他們才會承認誤判，勞司（Lewis Lawes，1883～1947）在他的《星星監獄生死錄》（Twenty

Thousand Years in Sing Sing）這本書寫道：「事實上，法官與陪審團判定的一級謀殺犯中，也有百分之十三屬於誤判，其中有百分之五十一，經再審後無罪獲釋，如此看來，可能誤判的比例不是太高了嗎？」

美國最偉大律師之一的丹諾先生，他畢生在法庭上為弱勢者發聲辯護長達半個世紀之久，有這樣的強烈批評與質疑，此種陪審團制度是不是值得我們東施效顰而全盤引進，值得大家深思。

許文彬律師（左）與蘇友辰律師一九九〇年代後期接受綠色和平電台專訪

來源／蘇友辰

4 〈日本設立檢察審查會，限縮檢察官權力〉見前引書，吳景欽，法治時報社，2012年3月。

2007年6月27日再見蘇案活動，前法務部長、台北市長馬英九趨前與莊林勳握手。　　來源／蘇案平反行動大隊

第二部分

調查草率・蒐證薄弱

口述七／

陳涵提起三次非常上訴

民間團體及馬英九介入蘇案救援經過

就蘇案而言，如同當時的檢察總長陳涵所說的，是「調查草率，蒐證薄弱」，是一個典型的侵犯人權的事件。在崔紀鎮檢察官起訴之後，受命法官湯美玉雖然也做了一些調查，壞就壞在她一開始就不是本於無罪推定的原則，來處理本案。

前檢察總長陳涵在蘇案的平反過程中，扮演極關鍵的角色。
來源／死囚平反行動大隊

談到蘇案，我們不妨順便爲讀者介紹一下台灣的刑事審判制度。

台灣現行的刑事訴訟制度採三級三審制及三級二審制，審級制度的目的，就是避免一審定江山，特別是事實審的部分，包括一、二審，法律審就是最高法院第三審；事實審之前就是偵查階段，檢察官經過蒐證調查，認爲有犯罪嫌疑的話，就提起公訴，由地方法院刑事庭來受理進行審判；地方法院的法官，針對事實的確認與證據的調查，適用法律條文之後，決定如何量刑。一般輕微簡易的案件都是採法官一人審判的獨任制，如果重大的案件，是採合議制，由三人合議庭來審理。合議庭在第一、二審裡面是包括審判長法官一人，陪席、受命法官各一人。經過分案，無論是抽籤或輪分，通常是由受命法官先進行準備程序，進行一些事實及證據調查的處理，等證據調查告一段落，雙方的爭點已獲得確認，最後就是由三人一起出庭進行審理。一般的程序是這樣，但如果案件內容不是很繁雜，當然還有簡易程序、簡易判決處刑，都是由獨任一人的法官來處理裁判。

三個法官來審理的案件，是由審判長負責主導。不過，案件是不是可以在合議庭一次把程序走完，進行結辯，就要看審判程序是不是還有一些未竟調查之事，雙方包括檢察官、被告及辯護律師，對於準備程序中沒

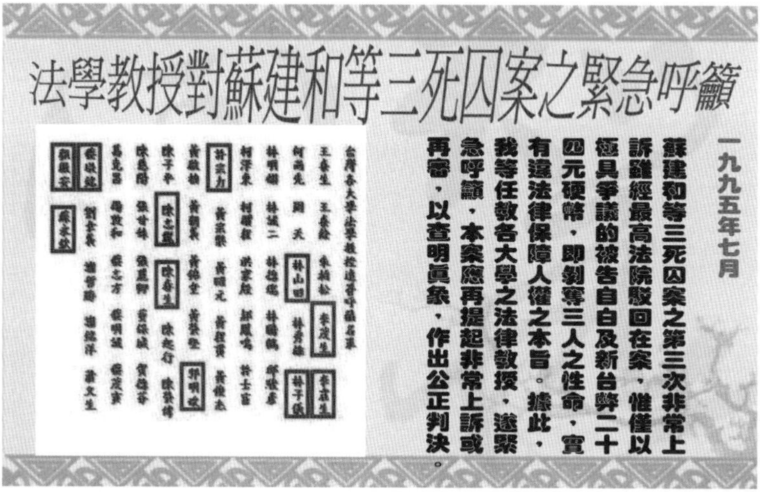
法學教授對蘇建和等三死囚案之緊急呼籲

一九九五年七月

蘇建和等三死囚案之第三次非常上訴雖經最高法院駁回在案，惟僅以極具爭議的被告自白及新台幣二十四元硬幣，即剝奪三人之性命，實有違法律保障人權之本旨。據此，我等任教各大學之法律教授，遂緊急呼籲，本案應再提起非常上訴或再審，以查明真象，作出公正判決。

台灣各大學法學教授連署呼籲名單

一九九五年法學教授緊急呼籲　　來源／蘇友辰

有釐清的，或是新發現的證據，需要在審理庭裡進行調查的，通常很少開一次合議庭就終結的，當然不得上訴三審刑法第六十一條所列的輕微案件，則屬例外。

一審判決無罪的，檢察官不服上訴，或是有罪的被告認為無法接受判決，或是量刑過重，被告也可以提出上訴。案件上訴後就到了二審，由高等法院來受理，因為法律採覆審制，高等法院的法官可以重新審理該案，再進行辯論；對被告來說，假使一審調查草率，採證不當或違法，在高院還是可以要求再調查。二審這樣的覆審制，會被認為是浪費程序，但是對被告來說，因此還有一次再爭執證據能力及證明力的機會，或許可以獲得到法官的採信，往往被告會希望藉此翻案。這是事實審的最後一審。

對於二審的判決不服，可以上訴到最高法院，但是刑法第六十一條規定的輕微案件，例如普通竊盜、詐欺、傷害等罪名，不能再上訴，二審就確定了。可以上訴三審的案件，當事人雙方都可以提起上訴，然而必須是判決違背法令，依據刑事訴訟法第378條「判決不適用法則或適用不當者」，就是違背法令。第379條規定了十四款違背法令的情形：

一、法院之組織不合法者。
二、依法律或裁判應迴避之法官參與審判者。
三、禁止審判公開非依法律之規定者。

四、法院所認管轄之有無係不當者。
五、法院受理訴訟或不受理訴訟係不當者。
六、除有特別規定外，被告未於審判期日到庭而逕行審判者。
七、依本法應用辯護人之案件或已經指定辯護人之案件，辯護人未經到庭辯 護而逕行審判者。
八、除有特別規定外，未經檢察官或自訴人到庭陳述而為審判者。
九、依本法應停止或更新審判而未經停止或更新者。
一〇、依本法應於審判期日調查之證據而未予調查者。
一一、未與被告以最後陳述之機會者。
一二、除本法有特別規定外，已受請求之事項未予判決，或未受請求之事項予以判決者。
一三、未經參與審理之法官參與判決者。
一四、判決不載理由或所載理由矛盾者。

其中有三種是比較普遍用來上訴第三審理由的，就是第378條「判決不適用法則或適用不當者」、第379條第十款「依本法應於審判期日調查之證據而未予調查者。」以及第十四款「判決不載理由或所載理由矛盾者。」被告可以上訴要求撤銷原判，發回更審。如果三審程序都走完了，案件就是確定了，確定之後假使還要尋求救濟，如適用法律錯誤，就必須以刑事訴訟法第441條「判決確定後，發見該案件之審判係違背法令者，最高法院檢察署檢察總長得向最高法院提起非常上訴。」希望能夠撤銷原判更爲審判。如是事實認定錯誤問題，那必須是「因發現確實之新證據，足認受有罪判決之人應受無罪、免訴、免刑或輕於原判決所認罪名之判決者。」（刑事訴訟法第420條第一項第六款）聲請再審，只要最高法院准予再審確定，案件就回到未確定的狀態，依照原有審級重新審判。

就蘇案而言，如同當時的檢察總長陳涵所說的，是原承辦檢察官「調查草率，蒐證薄弱」[1]，是一個典型的侵犯人權的事件。在崔紀鎮檢察官起訴之後，受命法官湯美玉雖然也做了一些調查，壞就壞在她一開始就不是本於「無罪推定」的基本原則來處理本案。她調查之後對有利於被告的，都找理由把它們摒除不予採信，包括三人的不在場證明，包括莊林勳臥床壁櫥後面的二十四元硬幣鑑識後無血跡，包括在犯罪現場浴室搜集到十一根毛髮經鑑識不是被告所有，其他如檢驗員出庭所做的證詞，對被告也是有利的，都可以證明七十九刀可能來自王文孝一人持一把菜刀行兇所爲。然而，合議庭雖還有一位審判長王治民和陪席法官李錦樑，其實並沒有發揮合議的功能，受命法官怎麼調查、怎麼取證，合議庭並沒有認真去評估每項調查所得的證據，到底是否合法取得，有無證據能力，以及其證明力在哪裡，最後合議庭祇有依照軍事審判機關認定王文孝夥同其他被告犯下的滔天大罪，從一九九一年十月十一日收案，到第二年二月十八日宣判，對蘇案三人每人各判兩個死刑的判決，種下冤案之禍根。

審判程序中，共犯之一王文孝本可以提解到士林地院與蘇建和三人對質，三人的委任律師及被告也都曾具狀要求提訊王文孝到庭詰問，結果湯法官自己帶同書記官跑到高雄左營海軍陸戰隊軍事看守所就地訊問，以致雙方沒有當面對質，錯過了這個可以釐清事實、判別責任的寶貴機會，而且剝奪了他們法定的對質權。這是一個很嚴重違反憲法保障法律正當程序的典型案例。

後來蘇案上訴高院二審維持原判，上訴到三審由最高法院總共發回兩次，兩次高院更審雖然有做一些調查，調查出來的證據對被告都是有利的，例如汐止分局員警到庭應訊，證詞破綻甚多，假使法官仔細審查衡量其他相關物證的話，包括三人自白中的三把刀器，只找一把菜刀[2]；包括強奸女性被害人而沒有任何檢體出現[3]，包括只查到王文孝去當鋪典

1 見檢察總長八十四年度非字第五一號非常上訴書；檢察總長八十四年度非字第七二號非常上訴書；檢察總長八十四年非字第二三四號非常上訴書。
2 見本書第十章
3 見本書第十章

當的四枚戒子[4]，還有莫名奇妙的二十四元硬幣[5]，只要認定被告自白欠缺補強證據，無法確認爲眞實，而不予採信，就不致於認定四人共犯強劫、殺人、連續殺人的重大罪名，然後就維持第一審的死刑裁判。

特別是，到了高院重上更二審（審判長李相助）判決之後，我們再提起上訴，最高法院合議庭（審判長黃劍青、受命法官林增福）雖然認定上訴有理由，而且撤銷原判，居然不發回更審，而自爲裁判，在一九九五年二月九日，全案確定。

最高法院黃劍青所屬刑事第七庭所作成的本案確定判決弄錯了好多地方，例如蘇建和自白以筆錄爲準的話，他根本沒有承認有強奸行爲，合議庭居然說蘇建和對整個事實供認不諱。判決主文中就四人「共同連續殺人」，也寫成「共同殺人」，漏掉「連續」兩字，已無可補救。本來適用法律最高法院是最拿手的，哪曉得在判決理由有提到「以概括犯意連續殺害二人」，據上論結欄亦適用刑法第五十六條，但在判決主文中居然漏了「連續」二字，這就形成主文與事實、理由的矛盾，屬於違背法令的判決，可據以聲請總長提出非常上訴。我發現了如獲至寶，因爲在那之前不久有類似的個案，也是因主文漏掛連續犯被撤銷更審；我趕快具狀聲請最高檢察總長，提起第三次非常上訴，成爲上訴理由其中重要一點。當我告訴媒體將以這點爲主要理由聲請非常上訴後，那一庭受命法官知道有這麼回事後，居然急忙把卷抱回去，任意援引大法官釋字第43號解釋，硬說這是「誤寫」而非遺漏，自行裁定更正，杜絕檢察總長第三次非常上訴，扼殺被告尋求法律正當程序救濟之機會，可以說是欠缺職業道德及良心。

由於原確定判決仍有太多事實認定及證據採用錯誤，時任法務部長馬英九先生本著「與其殺無辜，寧失不經」的立場，堅持不批准執行令；當時的最高法院檢察總長陳涵對我們的陳情，也非常重視。此外，監所教誨師淨耀法師也向總長進言，以他的觀察了解，蘇案三人不像是判決書中寫的那種殺人犯、強劫犯、強奸犯，希望總長再仔細檢閱卷宗了解。總長閱卷後發現原判決確是疑問重重，冒然執行會良心不安，因此一而再，再而三，爲被告三人提起三次非常上訴[6]，共臚列原確定判決二十四項違背法令之事由[7]，尋求最高法院自我反省，將確定判決撤銷更爲裁判，但最高法院不敢認錯，寧可犧牲三條生命，以維持最高權力的傲慢與司法可怕的尊嚴。

後來我在台北律師公會會訊發表一篇題爲：〈壹宗命案鑄成三個死罪冤獄〉的長文[8]，揭露確定判決的重大錯誤，將全案的前因後果，以及法官們認定事實、適用法律、證

4 見本案一審判決書，八十年度重訴第二三號。
5 見本書第四章
6 第一次非常上訴是一九九五年二月二十日提出的，第三次非常上訴被最高法院駁回時間為同年八月十七日。
7 見附錄五
8 蘇友辰，〈壹宗命案鑄成三個死罪冤獄〉，台北律師公會會訊 191 期，1995 年 8 月。

據取捨的種種，認爲這是個要剝奪三條無辜生命的錯誤裁判，呼籲各界重視三人正面臨生死交關的時刻，勇於站出來講話。這篇文章引起很大迴響，政治大學郭明政教授了解之後發動聯合國內憲法、刑事法、刑事訴訟法學者教授共五十二位刊登啓事，發表〈法學教授對蘇建和等三死囚案之緊急呼籲〉，強調不能僅以被告自白及有爭議的二十四元硬幣草率判決被告死刑，呼籲法院重審釐清疑點，以尊重生命保障人權[9]。

而監察院在一九九五年六月十四日也通過由張德銘委員負責調查所撰述的四十多頁調查報告，直斥辦案員警及檢察官多項違法濫權的行徑，包括非法逮捕、羈押、搜索、凌虐人犯刑求取供、僞造公文書、藏匿證據及僞證等罪行，視法律爲無物，要求法務部及警政署追究違失行政及刑事責任[10]。

台灣大學法律系刑法學權威蔡墩銘教授，也本著學術良心挺身而出，先後在平面媒體發表了〈勿使我國司法陷於不義〉[11]、〈莫再讓刑法史上增添憾事〉[12]、〈從經驗法則看三名死刑犯判決〉[13]、〈違法搜索所得證據應予排除〉[14]、〈從監察院報告調查看共同被告自白〉[15]、〈待決兇犯臨死前口供可信性〉[16]、〈無罪的罪人〉[17]等七篇文章，強烈批判原確定判決採證的違情悖理，最高法院駁回檢察總長非常上訴作爲欠缺擔當，呼應我與許律師對蘇案的看法與作爲。

面對外界輿論與民情的壓力，在審理蘇案的前高院重上更二審審判長李相助與第一審受命法官湯美玉主導之下，摘取被告部分自白口供，整理成一份二萬七千多字的〈蘇建和等盜匪案被告相關自白資料〉，聯合過去未曾參與審判的五、六位庭長、同僚，於一九九六年三月十一日在高本院舉行記者會，大聲斥責馬英九部長延不執行三人死刑，是破壞體制，在場有一位王錫寶庭長發言表示，這三、四十名歷審的法官都非常優秀，而且他個人普考或高考都是拿第一名，可以用來背書保證這個死案沒有弄錯云云，引起採訪媒體記者一陣譁然。

最高法院也不甘寂寞，經由原終局判決承審庭長黃劍青和受命法官林增福策劃撰寫四萬多字的蘇建和等盜匪案「研討結論」，尋求當時刑事庭法官不管有無實質參與過審判的共同背書確認，直指被告三人共犯罪證明確，罪無可逭，作出集體審判。該結論於同年六月十八日對外公布，用以抵制民間的抗爭聲浪，並對陳涵總長研究提出第四次非常上訴

9 見頁一三九
10 一九九五年二月二十四日，監察院開始對蘇案進行調查。同年七月十二日，監察院提案糾正法務部、警政署對蘇案被告遭刑求案，未盡監督及保障人權之責。
11 聯合報，1995/4/28。
12 中國時報，1995/5/29。
13 自立早報，1995/6/6。
14 自由時報，1995/6/8。
15 自立晚報，1995/6/23。
16 自立晚報，1995/6/28。
17 自立晚報，1995/11/26。

進行施壓，成為司法史上最著名「四十多位法官審過的案件絕對不會有錯的」最有力的宣示。

當時我曾要求公布共同背書所有法官名單，以示負責，卻遭拒絕，可見他們同仇敵愾，構成一道以公權力為武器的反制堡壘，牢不可破，這就是蘇案救援平反過程最大的橫逆與阻力。

一九九六年，民間司法改革基金會甫行成立不久，即聘請四位學者教授（包括許志雄、許玉秀、蔡墩銘、李茂生）及一位資深律師莊柏林道長研閱本案相關案卷資料，在一九九六年六月一日舉行記者會，公開發表〈蘇建和等三名死刑犯判決評鑑意見〉。該項評鑑係根據憲法人權，刑事實體法及程序法原理原則進行檢視，指出原確定判決違反「公平審判」、「依法審判」及「證據裁判原則」，如同國際特赦組織倫敦總部發表救援聲明所批評的「非文明國家的裁判」。最後結論即義正詞嚴痛切表示：

一、總結而言，法院所認定的事實，有諸多疑點，並無法說服任何有良知的民間法律人；其所掌握的證據，根本無法證明其所認定的事實為真。

二、由整個調查及審判過程來看，警察、檢察官、法官可謂是沒有盡到調查事實的機能。與其獨立地調查證據，認定事實，司法人員毋寧是將精力集中在駁斥律師及被告所提反證之上。可謂是警、檢、院三方國家司法權力機關，合力打擊訴訟的一造——被告及其辯護律師。造成類此不公平現象的被隱藏起來的意識型態，亦即所謂的「有罪推定原則」。於有罪推定原則之下，被告必須獨力對抗國家權力，並竭盡所有力量尋求得證明自己不是犯罪人的證據，提交給國家權力機關，而國家權力機關是不會積極替被告搜尋得證明不是犯罪人的證據。不僅如此，其甚至極力駁斥以上的反證，以維護司法權力的「尊嚴（我們不可能判錯）」。

三、大學刑事訴訟法的課程中，通常於第一堂課即會授及刑事訴訟法的基本原理一無罪推定原則。其後，亦會提及刑事訴訟法第二條（有利不利被告情形的注意）的規定。就強制處分方面，通常都會提及國權的謙抑。此外，就僅有數條的證據法則，教育單位都會儘可能地闡明條文的意義。然而，這些都是白費苦心。不論本案會不會造成冤案，三條人命會不會在不正常司法實態下，如露水般地消失。吾人深信，蘇建和、莊林勳、劉秉郎三人的姓名、事蹟，將會和參與本案的所有司法人員的姓名，同留在我國刑事訴訟史上，並成爲刑事訴訟法的教學上的基本教材。其效力應是遠高於王迎先命案。王迎先命案使得我國修正了刑事訴訟法第二十七條的規定，然而這個修正並無法避免本案的發生。本案所涉及的不僅是刑求等問題，其效力應擴及整體的刑事訴訟制度，觸及我國刑事訴訟的根本精神。可謂本案讓我們法律人理解：徒有良好的法律制度並無法實現人權，司法倫理的淪喪，司法正義的消失，才是我國刑事訴訟制度的致命傷。

四、總而言之，地檢、地院的檢察官以及法官過於不負責任，而法醫的程度又是那麼地令人嘆息，再加上令人寒心的高院以及最高法院法官的鄉愿態度、警察的黑箱作業，剝奪三個人的生命等於是警檢院一體的國家司法權力的謀殺。若本案最後會引起或加深國民對司法的不信，進而使得公權力不彰或社會動盪，則本案的相關司法人員應負起絕大部分的責任[18]。」

前述檢察總長非常上訴理由及監察院調查報告，已明確傳達出司法不公不義草菅人命的訊息。一股民間社會追求公義、捍衛弱勢的力量也應運而生，積極展開救援行動。一九九六年五月二十五日，由台灣人權促進會、民間司改會、人本教育基金會及其他婦女、勞動、身障、綠黨等三、四十多單位的民間團體開始集結運作，由黃文雄、史英、陳傳岳、邱晃泉等多位社運精英、人權工作者於一九九六年五月二十五日共同領導策劃創立「死囚平反行動大隊」，揭櫫三大訴求「反刑求，救無辜，重建司法正義」，各路人馬也紛紛加入，各自出錢出力。最令人感動的是，人本教育基金會更傾囊相助，舉辦街頭巡迴演講、音樂會、繫掛黃絲帶及遊行抗議行動，開始衝撞整個司法體制，希望撼動頑固保守的心態，「讓無罪的孩子早日回家」。

二〇〇〇年三月二十九日，詩人路寒袖（民進黨競選歌曲的創作人）婉拒新任總統的慶功宴邀請，抱著炙熱的病體，趕到台權會等民間團體為救援「蘇案」所舉辦的【無辜的青年要回家——點燈祈願晚會】，親自朗讀他為三名死囚所做的詩歌「發光的靈魂」。他說：「尊重生命是一個進步、文明社會的表徵。我們不要忘了尚被關在獄中的蘇建和、莊林勳、劉秉郎，他們已喪失十年的自由與尊嚴。」

後來該詩文經詹宏達先生譜曲完成，於二〇〇〇年五月七日下午四時，在濟南教會大隊活動現場發表，傳達每個參與者的共同心聲，希望人與人相互關照，彼此疼惜，讓受苦的人得到溫暖，靈魂得安慰。歌詞內容如下：

一枝草含一點露，每一蕊會開的花
攏是經過風佮雨，生命著愛甲照顧
芳味益佇咧的時，表示天地無袂記
毋管隨也未黑攏共前途，袂駛強迫伊落土
血是河，血是江，血是上溫馴的歌
拖磨的生命流落佇暗巷，汝我作伙伸手來甲牽
血是河，血是江，血是上溫馴的歌
拖磨的生命靈魂咧發光，發光的靈魂未來看上遠

18 見民間司法改革基金會第一次刑事案件評鑑報告書第37、38頁，1995。

附錄六

辯護律師蘇友辰律師聲請
最高法院檢察總長陳涵三次非常上訴理由內容整理

製表人／蘇友辰

（甲）、一九九五年二月十三日提起具狀聲請

一、檢察總長於同年二月二十日第一次非常上訴理由（八十四年度非字第五十一號）

1 本案判決所採用之物證（包括小皮包、伸縮警棍、鑰匙乙串及典當之金飾）均係根據已槍決的軍事犯王文孝供述所起出者，祇能用以證明王文孝一人犯罪，無從證明被告蘇建和、劉秉郎、莊林勳等三人共同參與。

2 台北縣警察局汐止分局承辦刑警以臨檢名義在莊林勳家中所搜取的廿四元硬幣無從證明是贓款（經化驗並無血跡反應），其他亦無相關的物證（如兇刀、血衣褲、血指紋、血腳印、精液等）證明被告所作之自白與事實相符。

3 被告蘇建和等在警訊雖有自白筆錄，但各人所供犯罪時間、地點，犯罪所使用兇器的種類、來源與各人持用何種兇器行兇，參與輪暴被害人之行為先後順序，分贓地點及贓物起出地點，以及犯罪後的滅跡行為與行動等情節之陳述甚多紛歧，且與事實不符。

4 （真兇）王文孝原始初供兩度承認本案為其一人所為，其後偵審當中多次翻異前供。其臨執行槍決時亦否認有強姦葉盈蘭之犯行，而法醫劉象縉亦證實未發現葉女有被輪暴之情形，足證警訊自白稱數人輪暴葉女，顯非出於其本意。

5 現場僅查獲乙把菜刀，其他被告自白所稱開山刀、水果刀既未查獲，則原判決認定被害人兩人身中七十九刀係多人所為，顯出於臆斷。

6 真兇王文孝在海軍陸戰隊第九十九師八十年十月十五日軍事審判時，曾自承其捏造事實陷害蘇建和等三人，目的為了避免

刑警將其母親拖下水。且依其胞弟王文忠所供，王文孝平時有吸食安非他命之習慣，而安毒足以亂性，王文孝服毒成習，對被害人之反抗產生加害的幻覺而有過激反覆之行為出現，故其持菜刀乙把亂砍而造成七十九處傷口，至有可能，被告要求向榮總毒物研究中心函查，以供參酌，但事實審法院拒絕深入調查，從而武斷七十九刀為多人所為，非王文孝一人所為。

7 被告蘇建和等三死刑犯於案發時均有不在場證明，其中證人九人均依法結證在卷，原判決竟以事後勾串為由，一概不予採信，而其中證人安建國的證言是否可採信，理由竟忘記交代。

8 被告請求法院履勘現場，以查明現場狹小房間不可能同時容留六人在場實施輪暴行為；廿四元硬幣是否警方故意栽贓，請求傳訊臨檢時在場之莊國勳（死刑犯莊林勳之胞弟）作證；王文孝一人犯罪之現場表演錄影帶是否被警方湮滅，請求追查；安毒反應是否可以造成七十九處刀傷結果，請求專家鑑定，但法院均認為不重要而無理拒絕。

（乙）、一九九五年三月七日具狀聲請

二、檢察總長於同年三月十一日提起第二次非常上訴理由（八十四年度非字第七二號）

1 判決主文宣告沒收二十四元硬幣，其發還對象之諭知竟遺漏一人。

2 二十四元硬幣係汐止分局辦案人員假臨檢之名非法搜索取得，將莊林勳平時儲存之零用錢栽植為贓款，並偽造臨檢記錄表偽稱帶同莊林勳前往查贓，當事人要求調查，法院無理拒絕。

3 被害人兩人身中七十九刀（吳銘漢三十七刀，葉盈蘭四十二刀），是否由三種刀器所造成，法醫並未驗斷清楚，而開山刀、水果刀即未起獲（被告自白筆錄載稱，開山刀、水果刀犯罪後丟到基隆河，菜刀放回現場廚房原處），且法醫作證指出七十九處刀傷出自同一種大型刀器，現場即查獲乙把菜刀，且沾有被害人毛髮，顯見兇刀祇有一種，當然一人所為，不可能由四人共持一把菜刀「輪流」砍殺被害人七十九刀。

4 王文孝之胞弟王文忠曾出庭作證，指明王文孝受到刑警脅迫，為保護其母而故意咬定蘇建和等三人共同參與，在軍事審判辯論兄弟對質時，王文孝亦當庭坦承其情，但軍事審判筆錄未據實登載，且軍事審判機關又故意隱藏法庭錄音，致使真相無法澄清，被告要求傳訊該審判庭書記官、公設辯護人作證，法院亦拒絕調查。

5 本件案發之後，王文孝於一九九一年八月十四日被逮捕拘訊，並作現場表演，當晚電視新聞報導，及第二天各大報紙騰載，蘇建和等三人均看到此項消息，但並未走避，事後都均在家中被逮捕。且在案發當日（一九九一年三月二十四日）下午六、七時蘇建和與劉秉郎尚且到兇宅對面邀請王文孝之弟王文忠話敘（王文忠要入伍服役，三月廿三日晚間曾相偕出遊，王文孝亦曾作陪，但中途先行離去），可見他們根本不知王宅對面鄰居發生兇殺案，似此情況證據足以證明被告並非共犯，但本判決對此均未予重視，理由亦未交代。

(丙)、一九九五年四月十七日具狀聲請

三、檢察總長於同年七月五日提起第三次非常上訴理由（八十四年度非字第一三四號）

1 被告蘇建和在偵查中並無參與輪姦之自白供述，但原確定判決竟謂蘇建和對輪姦事實亦「供承不諱」，如此糊塗到家。

2 被告劉秉郎警訊自白謂他們姦殺葉女之後，再為其換穿衣褲，然依葉女被害照片顯示，其上衣背後有明顯刀痕存在，可見被告自白與事實不符，亦即被告並無輪姦及換穿衣服之情形。

3 吳銘漢夫婦被害之前必有一番反抗與哭叫，何故睡在隔壁小孩未曾聞見，因攸關共犯存在與否之認定問題，原判決未對被害人兩位子女進行調查瞭解，顯未盡職責。

4 王文孝於第一審法官湯美玉在軍中提訊時，否認有輪姦葉女之事實，原判決竟謂被告蘇建和等承認輪姦事實，與王文孝所供情節相符，理由尤屬矛盾。

5 被告蘇建和等於一九九一年八月十六日羈押士林看守所時，該所派人檢驗其身體，制有健康檢查表，其內並有傷情之記載，被告在法院審判時抗辯被刑求，事實審未予重視調查，亦屬違法。

6 被告蘇建和一九九一年八月十五日十三時許被抓，汐止分局辦案人員竟在拘票偽載逮捕時間為一九九一年八月十五日下午二十二時，檢察官訊問時間為八月十六日十二時四十分，訊畢時間為十三時四十分，顯有違法羈押之情形，事實審未調查認定，即將其自白採為證據，亦屬違法。

7 被告王文忠非現行犯，且具軍人身分，其何時因何故被拘提到案，事實審未予調查，即將其自白採為證據，同屬違法。

8 本案認定之犯罪證據即女用小皮包乙只，為王文孝另次潛入兇宅行竊所得之物，已據王文孝供明，原判決竟認定為本案共同強劫所得之財物，顯有應調查之證據而未予調查之違法。

9 扣案二十四元硬幣，辦案人員假臨檢之名遂行非法搜索，應屬非循法定程序所取得之證據，原判決採為證據，違反證據法則。

10 對照被告王文孝、王文忠、蘇建和、劉秉郎、莊林勳在警訊偵查所供犯罪情節，彼此差異甚大，矛盾百出，且欠缺佐證，原判決未究明清楚，竟謂共同被告所供情節彼此相符，並作為斷罪之依據，嚴重違反證據法則。

11 原判決所引用之輔助證據亦有下列之瑕疵：①本案現場僅有共犯王文孝之血指紋，而未發見其他共同被告涉案之證物。②所用兇器僅有王文孝初供之菜刀沾有毛髮，其他兇器及血衣等均未查獲，獲案之警棍經鑑定亦無染有血跡，均難證明被告等之自白與事實相符。③典當之金飾及劫取之鑰匙、女用皮包等均係由王文孝之供述而查獲，無從證明其他被告之涉案。④法醫之驗斷已證明被害人葉盈蘭下體無故，輪姦之自白亦難謂與事實相符。

孩
和
秉

1996年6月18日，「讓無罪的孩子早日回家」大遊行。　來源／死囚平反行動大隊

2007年6月29日矚再更一審又判死刑，法庭外守候人群中的人本教育基金會兩位創會人朱台翔（中）與史英。該基金會歷年來，為蘇案投注了可觀的人力與物力。　　　來源／人本教育基金會

冤獄
反
編號:

平反蘇案
終結司法專斷
連署人：
有罪
蘇案

蘇建和案引起各界注意，於2007年7月4日
舉辦「平反蘇案．終結司法專斷」記者會。
來源／蘇案平反行動大隊

2011年蘇案二十年，百人響應無罪拼圖活動，為蘇案無罪釋放祝禱。
來源／蘇案平反行動大隊

信義房屋

- 「死囚平反，讓無辜的孩子早日回家」大遊行：呼籲李登輝總統行使特赦，並組特別司法委員會重新審判。超過二千名群衆及二百部車隊參與遊行；蕭靜舞蹈團並以行動劇演出三死囚遭刑求不公的司法折磨。
- 出版《讓他們活著回家》一書

2000 年：走向黎明，訴求再審

「走向黎明」是死囚平反行動大隊二〇〇〇年為蘇案救援展開的新行動，從二〇〇〇年四月十五日起每一天的下午五點半到六點半，風雨無阻的，死囚平反大隊定點在濟南教會的庭院為蘇案展開繞行行動，行動採用 Vigi（守夜）的精神，以「靜默肅行」的方式呈現救援的意志。行動持續到蘇案終於得以再審為止，共持續兩百一十四天。

2000 年底～ 2012 年 8 月：再審開始～無罪定讞

二〇〇〇年年底蘇案再審，整個案子重新進入司法審理中，除了長期奔走的蘇友辰律師及許文彬律師外，台權及司改會都推薦了人權律師加入辯護行列，組成了義務辯護的「蘇案律師團」，人本則聘請了一位蘇案專案秘書，作為律師團的行政中心，協助律師團訴訟。「死囚平反行動大隊」也更名為「蘇案平反行動大隊」，各團體繼續協力為蘇案的救援努力。

- 法庭觀察：每一次蘇案開庭，都會有法庭觀察活動，邀請老師帶領國高中同學或大專、社會人士報名參加！用直接的參與，監督並見證蘇案的再審。
- 高院第一次無罪判決，協助三人重建社會連結：二〇〇三年第一次無罪判決，三人終於重獲自由，但因檢察官上訴，三人仍處於未定讞的狀態，前方的路未明，過去苦難的陰影還在，三人仍然需要社群的支持；為協助他們重新適應生活，人本邀請他們到基金會工作，蘇建和成為人本的工作伙伴，直到二〇〇五年轉往台權會工作。而當時莊林勳的身心狀態還需要調整、秉郎想考大學，因此沒有到基金會就職，而是由基金會每月支出一筆款項，讓他們能維持基本生活開銷，以作為過渡的協助。
- 「平反蘇案 ‧ 終結司法專斷」連署：二〇〇七年六月二十九日高等法院矚再更一審又宣判蘇案三人死刑，雖未收押三人，但歷時十六年，蘇案又回到原點，為此平反行動大隊展開連署，抗議司法不正義，號召社會大衆繼續陪蘇案走下去。

（二）

附錄七

蘇案：人本基金會社會動員大事記

整理撰述／謝淑美

一切，都從良心不安開始

一九九六年，人本教育基金會加入蘇案救援，當時擔任人本董事長的朱台翔（朱朱）說：「我們做教育的，不是要教孩子艱澀的文字，而是培養出有思想、有能力、並能愛的人。若是眼睜睜看到不義的事我們還視而不見，那我們又做什麼教育？」

在看過蘇案救援的相關報導後，朱朱和當時擔任人本執行董事的史英老師商議，決定帶頭動用人本的所有資源，投入蘇案救援。那時蘇案已是三審死刑定讞，命在槍下的危急狀態，亟需社會的強力關注，，以確保不會被貿然槍決。

為了使人本的同仁們了解蘇案，理解為何救援？人本內部開了許多次全會工作會議，朱朱跟史老師帶著大家研讀蘇案判決書、相關卷宗及資料、思考並研討「無罪推定」等法律與人權理念。

當有人問起：「人本不是做教育的嗎？為什麼要救援蘇案？」人本工作人員的回答通常就是：「良心不安」，我們努力為孩子謀求好的教育環境，但孩子如果連平安長大，不受國家強權冤枉迫害的權利都沒有，那徒有好的教育又有什麼意義呢？

1996～2000年：社會動員，死囚平反行動大隊成立

投入人力物力，設法讓蘇案的冤屈被社會看見

- 成立「死囚平反行動大隊」，展開街頭肥皂箱連署。

一九九六年五月人本教育基金會、台權會..邀請相關人權團體組成「死囚平反行動大隊」，發起「反刑求，救無辜，重建司法正義」活動：為搶救於一九九一年因刑求逼供、無辜入獄死刑定讞的蘇案三人，人本增聘了一位專案工作人員，負責規劃統籌相關活動，二十八天中進行了二十一項活動，從公車廣告到於各鬧區街頭展開肥皂箱連署行動，讓民眾了解、關注蘇案的冤屈，使當局不敢輕率執行死刑。

- 「希望的路，希望的黃絲帶」——全民認捐繫綁黃絲帶活動：以「一日一段路，救命不耽誤」的精神，號召民眾將仁愛路、敦化南北路、二二八公園等地都繫滿黃絲帶，要求平反冤獄，讓無辜的孩子早日回家。

（一）

- 【島國殺人紀事】影像巡迴座談：二〇〇七年七月開始，以公視所拍攝的蘇案紀錄片【島國殺人紀事】，我們到各個地方去巡迴放映並座談，不斷累積民眾對蘇案的了解跟關切，讓社會關注力能持續下去。
- 蘇案律師團義務助理實習生計劃：由於蘇案律師團上訴，最高法院在二〇〇七年十一月一日將蘇案發回高院更審，面對未來法院的纏訟，辯護工作需要更多新血的投入。因此，行動大隊召募實習生，儲訓律師團義務助理，期待青年朋友能為蘇案平反帶來更多力量。
- 蘇案志工大會：二〇〇七年十二月，召開蘇案志工大會，尋求更多人的長期參與，以活化及擴大蘇案平反行動！
- 李昌鈺博士蘇案現場重建鑑定報告出爐：二〇〇七年六月二十九日矚再更一審判決死刑後，蘇案律師團便積極請託李昌鈺博士為蘇案進行現場重建，並獲得法院允准。二〇〇八年六月二十日，李昌鈺博士到事發當時的命案現場進行重建。二〇〇九年七月三十日，鑑定報告出爐。二〇一〇年八月十三日，蘇案矚再二更審法官請李昌鈺博士以鑑定證人身分出庭，說明鑑定報告的要點，以釐清檢方及法院的疑惑。李博士的鑑定報告及證言，對於蘇案平反的審判，提供了關鍵的科學依據。
- 蘇案二十年「無罪」人體拼字：蘇案二十年，百人力挺平反，以人體拼字活動拼出「無罪」二字，呼籲還蘇案無罪。
- 纏訟二十一年，蘇案再更三審無罪定讞：二〇一二年八月三十一日，真正的自由人回家了！

（三）

1990年代後期，當時的法務部長城仲模不但暫緩執行蘇案三被告死刑，還贊成修訂赦免法。
來源／死囚平反行動大隊

王文忠的出面，雖然不是決定性的一擊，但起碼會讓所有參與本案的救援者更堅定信心，凝聚更多力量。更可貴的是，在王文忠出面公開當年被刑求自白的經過之前，有人問蘇建和，如果王文忠有所顧慮沒有出面，他會不會恨王文忠，蘇建和答道：「我們不會恨他，他同樣也是被逼的。」

口述八/

從死將臨頭到敗部復活

歷屆法務部長的態度及再審開始

前章提及監察院的調查，調查報告中最引人注意的，就是王文忠的證詞。蘇案是一九九五年二月九日三審確定，二月二十四日監察院便展開調查，王文忠在接受監察院調查之前，最高檢察總長陳涵爲三死囚提起兩次非常上訴失敗[1]，最高法院在同年四月十二日第二次將非常上訴駁回。接著的四月十四日，王文忠在監察院調查記錄中，已對該案是「二人所爲」，做出相當明確的敘述，令各方譁然。

其實，王文忠不只一次出庭作證，在死刑判決確定前，士林分院有一次，高院上重訴審也有兩次，獲准再審之後他也曾出庭作證[2]四次。他尚未判刑確定之前，羈押在高雄的海軍第一軍區司令部軍事看守所，當時蘇案一審的受命推事湯美玉，曾遠赴高雄訊問他，那次也是個關鍵，王文孝在同一天被提訊，那天是一九九二年一月七日。以這次提訊的筆錄來看，王文忠完全推翻了他在汐止分局警詢、崔紀鎮檢察官的複訊，以及在軍事檢察官面前所做的供詞，這是他第一次翻供，重點是講到他爲什麼承認在場把風及三人出遊後犯下這個大案，他是爲了保護媽媽，而且他在軍事審判庭審理辯論期日和王文孝對質過[3]，王文孝對他表明，確實是汐止分局的辦案人員要他承認除了兩兄弟之外，還有其他三個人，不這樣承認，將來可能對他們的母親不利。

根據監察院調查記錄，王文忠說：「當時刑警一定要我咬出名單，我搞錯了，把（民國）七十九年（一九九〇）的事當做（民國）八十年（一九九一）聚餐的事，案發的事，因刑警刑求我一定要交出名單，我只好亂說。」調查記錄中還問到一名叫做「林福春」的同房羈押軍人，說：「該軍中同事見義勇爲，刑滿自

汐止命案真兇王文孝在1991年8月的破案記者會上　來源／死囚平反行動大隊

1 兩次非常上訴提起日期分別為：1995/2/20、3/16。
2 （一）台灣高等法院（80年上重訴字第10號）　1. 81/7/13日（審理卷第一宗，第281頁）；2. 81/12/11（審理卷第二宗，第445-450頁）
（二）台灣高等法院（82年度上重更一字第16號）　1. 83/1/27（傳錯人）；2. 83/3/25（人未到）。
3 見王文忠軍法判決上訴狀，1992/1/18；王文忠再審狀，1992/1/28。士林地院（80年度重訴字第23號）。

王文忠服刑後，於1995年9月18日由前立委蔡明憲陪同之下，在立法院舉行記者會，坦承自己與蘇案三被告，都是刑求下做了承認犯罪的自白。

來源／死囚平反行動大隊

己跑過去（到蘇建和家），因他和我同住，彼此說到被害的情形，是他自己跑去的，我沒有委託……」

王文忠這些證詞，對照王文孝的說法，應該十分可信，卻無法撼動湯美玉法官的心證，因爲軍事審判中已認定蘇建和等三人爲共犯，王文忠祇是把風，既然初供已這麼說了，王文忠後來再翻轉證詞，湯美玉就不予理會。在一審判決書中，僅提到「被告王文忠於前開司令部偵查庭亦自承做案[4]」，

以及「共犯王文忠一再肯定被告莊林勳當晚確實有與另四人一同至狄斯耐撞球場[5]」，這是因爲之前汐止分局警方一直要王文忠交出他們四人與王文孝聚會的其他三人名單，王文忠依記憶說出一九九〇年初的另一次聚會名單，接受湯美玉法官偵訊時，他可能還未發現錯誤，莊林勳就這樣無端牽扯在內，冤沉二十一年之久。

但是據我研判，也有可能當初王文忠在警方遊說安排下，承認自己去把風，警方可能是告訴他們，若兄弟兩人是共犯，以軍人身分犯下強劫、強奸及殺人重罪，兩人都要判死刑的，怕王家絕後，因此王文忠願意承認刑罰較輕的罪名，但事後他良心發現，才開始講眞話。汐止分局是以「結夥竊盜」罪名，把王文忠移送軍事檢察官偵查起訴，最後經國防

部高等覆判庭於一九九一年十二月二十四日，以「結夥三人以上攜帶兇器於夜間侵入住宅竊盜未遂」的罪名，判處他有期徒刑二年八個月確定。

蘇案到了台灣高等法院上訴審以後，我就向法院聲請傳訊王文忠到庭作證，高院於一九九二年十二月十一日高院傳訊王文忠到庭（審判長陳國樑、受命法官林鄉誠），他還特地寫了一份「刑事答辯狀」呈案，狀中自述說：「汐止分局之警員卻利用恐嚇刑求之方法（如電擊、拳打、打火機燒下巴等），使得自述人於不得已之下承認。

然事實上，八十年（一九九一）三月二十日（二十三日之誤），我們並非有五個人在一起撞球，事實上只有四個人（蘇建和、劉秉郎、王文孝

4 判決理由，台灣台北地方法院士林分院刑事判決，八十年度重訴字第二三號。
5 王文忠訊問筆錄，湯美玉，高雄左營軍事看守所，1992/1/7。

附錄八

王文忠在偵審中的出庭與作證記錄

（一）士林地院（80年度重訴字第23號）1992年1月7日第一審湯美玉受命法官在高雄海軍第一軍區司令部軍事看守所提訊（訊問筆錄第187-192頁；同上高雄左營陸戰隊軍事看守所提訊王文孝）

（二）台灣高等法院（80年度上重訴字第10號）
1. 1992年7月13日（審理卷第一宗第281頁）
2. 1992年12月11日（審理卷第二宗第445-450頁）

（三）台灣高等法院（82年度上重更一字第16號）
1. 1994年1月27日（傳錯人）
2. 1994年3月25日（人未到）

製表／蘇友辰

及自述人）[6]。」

從上述的答辯狀可以清楚的看出王文忠爲何會做出警詢的自白，他還強調：「劉秉郎、蘇建和只是和家兄見過兩次面，尤其莊林勳更是只在七十九年（一九九〇）二月份見過家兄一面，如此之薄的交情，怎可能與家兄參與此案而犯下此滔天大罪，尤其他當天並未與我們在一起。于此再次懇請庭上鈞察，以免冤抑。」

關於王文孝一人犯案殺害吳姓夫婦兩人，造成七十九處刀傷，引發是否一人或多人共犯的疑慮。若非從行爲人的人格特質加以解析，那就要看行兇當時所受的刺激及生理狀態來研判，例如仇殺、情殺都有出現殺數拾幾刀或一百刀的案例出現。當然如果有酒物、藥毒的助力亦可發生殺紅眼的殘酷兇殘狀況。本案眞兇王文孝犯案之前早已有吸食安非他命的情形，雖然沒有明確官方或軍方的記錄，但他的胞弟王文忠在台灣高等法院八十年度上重訴第十號盜匪等件審理時，於八十一年七月十三日出庭作證即明確供稱，在一九九〇年間（即本案發生前）就曾看到他在家中吸食有一、二次。（註：前開案件審理卷第一宗第二八一頁反面），而且依照榮總毒物中心蔡維楨醫師於再審程序作證指出，長期服用安毒者會產生幻聽、幻覺的精神症狀，具有攻擊性，一遇到外來的侵害，會有重度反覆的動作出現。因此，基於以上兩種證詞加以研判，王文孝持一把扣案的菜刀砍殺吳姓夫婦兩人，何以會造成七十九處刀傷，應可得到合理的答案。李昌鈺博士最後的鑑定結論也以此推論，是王文忠的證詞應可以破解多人共犯的迷思。

王文忠服完刑之後，補回軍役，於一九九五年七月十四日退伍，當時各路人馬都在尋找他，有人還擔心這個「活口」會不會被滅口[7]。而早在退伍前夕，具有正義感且深知本案冤情的連姓輔導長特別鼓勵他，退伍後就是他應該站出來的時候了，他必須讓社會大眾了解三死囚的冤屈，勇敢對媒體說明一切；他恢復平民身份後，來辦公室看我，我也督促他必須出面為三死囚伸冤，所以他在九月初到看守所探視蘇建和與劉秉郎。當他看到蘇建和疏疏落落的頭髮，劉秉郎蒼白的面孔，終於決心鼓起了勇氣站出來。我幫他聯絡了非常關心本案的前立委蔡明憲，九月十八日在蔡委員陪同下舉行記者會，公開事實眞相，指出本案為王文孝一人所為，其他都是刑求逼供下的被冤判的無辜受害者。

王文忠的出面，雖然不是決定性的一擊，但起碼會讓所有參與本案的救援者更堅定信心，凝聚更多力量。更可貴的是，在王文忠出面公開當年被刑求自白的經過之前，有人問蘇建和，如果王文忠有所顧慮沒有出面，他會不會恨王文忠，蘇建和答道：「我們不會恨他，他同樣也是被逼的！[8]」

6 見前引合集〈活口與死亡見證：王文忠口供真相大公開〉，王文忠刑事答辯狀。
7 〈活口與死亡見證：王文忠口供真相大公開〉，蘇友辰序，死囚平反行動大隊印行，1995。
8 〈王文忠的勇氣從哪來？〉，蘇友辰，《讓他們活著回家》，人本教育基金會出版部，1997。原以「站出來為司法誤判做見證」發表於自由時報，1996/9/20。

監察院是因爲我和許文彬律師代理蘇案三被告去陳情，開始調查這個案子，照理說當時本案已三審確定，除了約詢王文忠之外，他們還可以約詢汐止分局的專案小組成員如陳瑋廷、李秉儒、張中政、嚴戊坤四人，因爲那是我們刑事控告涉嫌瀆職等罪的對象，甚至監察院也可以約詢一審的檢察官崔紀鎭，但是都沒有。這可能是因爲負責調查的監察委員張德銘本身當過司法官，又曾執業律師，對法律是內行的，閱讀過所有的案卷，就心中有數了。本案的重點他抓得住，寫出四十頁的報告，列舉十二項檢警機關失職之處[9]，經由司法、內政委員會聯席會議於一九九五年七月十二日討論後通過糾正案，正式向法務部、內政部警政署提出糾正[10]。

王文忠與蘇案三人首次面對面的對質，其實是發生在改制前台灣台北地方法院士林分院民事庭，因爲被害人家屬提起侵權行爲損害賠償訴訟，王文忠也是共同被告。蘇案一審判決後，刑事庭就把附帶民事訴訟裁定移到士林地院民事庭審理。民事合議庭於二〇〇〇年五月十二日開庭進行調查時，王文忠一直強調蘇建和等三人是冤枉的，是他記錯了時間，在汐止分局等偵訊時講錯了，才牽扯到莊林勳，對他很抱歉，至於蘇、劉兩人問王文忠爲何要拉他們進來？他們又沒有犯案？王文忠就說：「那是警察要我們這麼講的，我有什麼辦法呢[11]？我很對不起你們⋯⋯」

附帶民事訴訟原則上是根據刑事判決去認定，以其證據調查所得做爲民事判決的依據，但是移到民事庭之後，就變成一個獨立的民事訴訟，可以獨立認定事實、調查證據。由於這個案子牽扯太大，如果以同一個裁判基礎，刑事判無罪，民事訴訟卻認定有侵權行爲成立要賠償，就也很難跟社會交代，所以在刑事三審判決確定之前，民事審判有開過幾次庭，【島國殺人紀事】中的場景，是三人被提訊到民事庭，當時已退伍的王文忠也被傳喚到庭接受訊問。

這樁民事訴訟很有意思，前後十幾年了，換了好幾個法官，審判期間有時會傳一下，了解一下狀況，然後巴望刑事部分可以確定下來，讓民事審判能夠繼續，有時就用裁定停止審判。二〇一二年刑事定讞了，民事庭又啓動審理程序，因爲涉及當事人有變動，死者吳銘漢的媽媽吳唐糖已過世了，共同被告這邊的蘇建和父親蘇春長也往生[12]，依法有承受訴訟的問題，兩造都在這期間要補件等。民事庭幾度向高等法院函調全案卷宗以進行審理，做爲參考認定的依據，本來已調到案卷，後來最高法院檢察署又把案卷調回去，據說法務部還希望檢察總長再研究提起非常上訴尋求翻案，所以民事訴訟這邊一直無法告一段

9 〈對蘇建和等三死刑犯調查報告之調查意見〉，監察院，1995/6/14。
10 〈蘇建和案監察院糾正案文〉，提案委員張德銘，1995/7/12。
11 見【島國殺人紀事】，蔡崇隆，2001。
12 蘇案民事案有多名被告，因當時他們都是未成年人，被告還包括了他們的法定代理人連帶負責，例如蘇春長去世，他的法定繼承人便全部被追列為被告。

落。

蘇案三次非常上訴都被駁回之後，我們很擔心蘇建和等三人會交付執行死刑，當時死囚平反行動大隊已運作了一段時間，社會各界集結呼籲提起第四次非常上訴的聲音很強大，這就是爲何在一九九六年三月十一日，蘇案二審法官李相助庭長會召集一、二、三審法官開聯合記者會，發表斷簡殘篇的「蘇建和等盜匪案相關自白資料」，以及在六月十五日，最高法院會發表四萬多字的「對蘇建和等盜匪等案『研討結論』」，尋求當時刑事庭法官不管有無參與過審判的共同背書確認，直指被告三人共犯罪證明確，罪無可逭[13]。因爲社會對法院判決正確性多次提出質疑，是史無前例的，蘇案的法官們產生了強烈危機感，顧不得「法官不語」法則，最後傾巢而出大打防禦戰，成爲司法奇譚。

另外，台灣人權促進會也聯絡上國際特赦組織，發動全球連署五千名要求李登輝總統特赦蘇案三人。國際特赦組織一向反對死刑，對於酷刑也極力聲討[14]。當時第三屆國民大會代表陳秀惠、侯水盛以及社運界沈楠女士配合努力之下，已有二百零五位同意連署建議總統特赦蘇建和等三人[15]，其中民進黨一百人全部連署、新黨三十七人（80%）、國民黨六十七人（36%），但是據報載，李總統在國民大會休會之前接見三黨代表，對於蘇案特赦一事，表明他雖然有正義感，卻有「不介入的苦衷」，認爲本案仍應循司法途徑解決，其實所謂「苦衷」，就是擔心法官反彈[16]。

馬英九卸任法務部長後，廖正豪上台，延續馬英九的作法，暫不執行蘇案三被告死刑；他是我司法官訓練所八期的同學，也做過律師、調查局長等，對本案應該也了解一些，知道是有問題的案件，雖然在他的任內沒有再提起非常上訴，但擱置執刑讓我們有時間運作，可以一而再、再而三的提起再審的聲請，但都失敗了[17]。等城仲模接任廖正豪之後，我正在推動赦免法第六條的修正及增訂第六條之一的立法工作，我的建議是，類似蘇案的案子，檢察總長提出兩次非常上訴被駁回之後，應由總統自司法院、法務部、監察院、全國律師公會、法學團體及社會公正人士遴選組成赦免審議委員會，由總統擔任召集人，進行調查審議，如果審議後認爲死刑或無期徒刑確定判決有疑慮不應執刑，可以向總統建議予以特赦。城部長對於我們推動的赦免法修正案，在立法院答詢時，曾表示樂觀其成；在謝啓大、蔡明憲幾個委員的協助下，一路推到三讀，已排入優先第十一法案，結果李登輝當天晚上十點打電話給立法院挑燈夜審主持會議的饒穎奇副院長，告訴他赦免法這一條的修正要慎重呀，結果就被擱置了，可說是功敗垂成，令人扼腕。

13 詳見本書第七章
14 1995/3/24
15 〈我從山中來〉，蘇友辰，《讓他們活著回家》，人本教育基金會出版部，1997。原發表於自由時報，1996/8/30。
16 〈總統的苦衷有解〉，蘇友辰，《讓他們活著回家》，人本教育基金會出版部，1997。原文發表於自由時報，1996/9/1。
17 提請過再審的律師包括蘇友辰、許文彬、徐南城。

接任城仲模的葉金鳳，上任就處決了八名死刑犯。在還沒有執行之前，我非常擔心蘇案三人也會在她執行的名單中，曾想去見她把案情說明清楚，以免她犯下不可回復的錯誤。我們是大學的同班同學，也是司法官訓練所同期同學，依她的行事風格以及辦案的各種表現來看，她一向一絲不苟，而且認眞負責，也很有正義感，應該不致對蘇案採取什麼不利行動，後來就沒去見她，我對她有信心。

葉金鳳之後就是政黨輪替了，陳定南接任法務部長，因爲他雅號「陳青天」，應該是有如宋代的包公「公正廉明」。他就任不久，我當時擔任律師公會全聯會的秘書長，我陪著理事長朱勝群（也是司法官訓練所第八期同學）去跟陳部長道賀，一開始我看他的表情就有點怪異，我們一坐下來，他就突然發問：「你們知道我爲何不去內政部而到法務部來嗎？老實說，陳水扁總統希望我去當內政部長，我不去的原因，就是內政部的行政裁量權太大，容易出問題。法務部在我看來，只要依法行政，一切都會沒事。」他指著我說：「像你那個蘇案，我就是依法要執行，這個案子拖了太久了，以前幾任法務部長不執行，在我看來不能接受。」這簡直是晴天霹靂，好不容易從馬英九時代拖延到葉金鳳時代，躲過了劫難，現在換了部長，好像三人已死到臨頭。我覺得陳部長的態度很不友善也很不負責任，看來很想創造業績，立刻嚴正表明說：「你知道馬英九爲何看了七天七夜的卷，認爲這個案子有問題，如果貿然執行，他會良心不安，晚上睡不著覺的。我不知道陳部長有沒有看過案卷，如果你今天看過案卷，你認為還是有罪，要依法執行，我沒有話說，如果你沒有看過案卷，只是人云亦云，接受審判結果，就這樣決定了，我要嚴肅告訴你，你這是違法執行，三條人命被你錯殺之後，要向你討命，你還得來嗎？」

陳部長聽了我的話說：「我是法務部長，就有執行死刑的權力，既然判決都已經確定了，有錯沒錯，你們也尋求過三次非常上訴了，司法救濟的路都斷了，還有什麼可以不執行的理由呢？」當時好在台灣高等法院刑事第二十一庭審判長葉騰瑞、受命法官江國華，已在幾天之前（五月十九日）裁定准許蘇案再審了，三個被告的死刑執行應即停止，雖然高院檢察官就這裁定提出抗告，最高法院是否駁回抗告尚在未定之天，但至少高等法院的裁予再審，發揮了某種程度阻止的作用，法務部部長不應該未等最高法院的最後決定，就決定「依法」執行。由於我提醒陳部長有這個可以停止執行裁定，他愣了一下，好像還不知有此訊息，如果檢察官抗告被駁回全案准許再審，但人都死了怎麼再審。被我搶白幾句之後，他的氣燄就小了些，出現自覺理屈的表情，後來我給他做了蘇案冤情的簡報，讓他有個了解。之後，有幾次在公共場合碰到，陳部長對我都和顏悅色，我才確信蘇案三人暫時免除被執行的恐懼了。

二〇〇〇年十月二十七日，最高法院駁回高院檢察官的抗告，蘇案終於重啓再審的程序，我們的堅持並沒有白費。

擔任法官審案，秉持無罪推定的原則非常重要，如果法官把台下的被告當壞人來看待，裁判的心就不公正了，法官的天平就偏斜了，所有的調查就會往有罪的方向去處理，最後結果就可以預見了。記得在司法官訓練所受訓期間，我們的分組導師前台灣高等法院首席檢察官周旋冠曾告戒我們，開庭時絕不能把我們的喜怒哀樂顯現出來，這樣會得罪人家，讓被告胡亂猜測，甚至會被有心人利用，所以要保持心平氣和。如果你萬一動了怒，非罵人不可，他說：「我建議你這一方罵了之後，也要找個藉口罵一罵另一方，讓他弄不清你的心思。」

高院裁定准予再審確定之後，由第二十一庭原裁定合議庭承審。開始由受命法官江國華進行準備程序，等控辯雙方要求調查的證據整理告一段落後，合議庭三人一起出庭開庭審理，凡是我們過去要求調查而沒有調查的，或是過去有調查但很草率的、筆錄上是三言兩語的，合議庭就重新來過，這畢竟是一個案情的總整理，過去存在的疑點，必須在這一審能夠交代清楚，因此也由合議庭一一傳訊究明。當時刑事訴訟法已朝向改良式的當事人進行主義操作，合議庭每一個程序的進行都是按部就班的，同時也很重視公訴人的請求，顯現出來的態度公正不阿，一如外面的傳言，令人放心。這一庭也史無前例的，傳了五、六位汐止分局的警員，本來他們都屬於被告的敵性證人，他們不能承認自己有刑求，照刑事辯護的策略，本來不應輕易去碰敵性證人，怕他的證詞更不利本案的平反，但是律師團研究後，決定還是要面對，透過我們的詰問與有力的反證資料，讓他們能夠原形畢露。他們的證詞一如我們所料，但是證詞漏洞百出，甚至我們有問他們敢不敢接受測謊，有的說：「沒有必要！」有的說：「我又不是被告！」總之迴避的居多。王文忠也傳了，證詞與過去相同，細節還講得更多，我方律師與公訴人輪番上陣盤問，如果他講的不是眞實，無法這樣對答如流。

再審合議庭的審理，在受命法官有條不紊的整理之下，調查證據及詰問程序密集順利進行。當然，辯護人也掌握機會提出各項攻擊防禦方法，目的就在打破被告在警詢及檢察官偵訊自白的迷思，反證非出於任意性及欠缺眞實性。由於汐止分局警詢的錄音帶已被藏匿或湮滅，警方始終拒絕提供，法院拿他也沒有辦法。好在皇天不負苦心人，崔紀鎭檢察官在一九九一年八月十六日中午前往汐止分局對被告進行複訊同步製作的錄音帶有四卷被法院所掌握，經當庭勘驗結果，可以確證檢察官也有不當誘導及脅迫取供情形，而且經譯文對照，與文字筆錄的記載可以說有多處不符及故意缺漏的地方，在某程度上對合議庭產生證據能力是否存在的疑問，這項重要原始證據的發現，對我們起了很大的鼓舞。

再審程序從二〇〇〇年十一月十六日第一次開庭審理起，直到二〇〇二年十二月九日辯論終結，一共開了三十五次庭，歷時二年二個月，雖然其間從合議庭一再作出延長羈押的裁定，而且針對我們一些證據調查也以中間的裁定駁回我們的請求（一般都在判決書中交代）特別是，在兇刀未起獲之前，不理會律師團強烈的反對，准許公訴人聲請，指定法務部法醫研究所就被害人骨骸上刀痕進行兇器的型態種類及數量之鑑識，用以證明有多人共犯之情形存在，強化自白的可信度。在官官相護、檢鑑一體的運作下，其結果不利被告似可預見。若此種種不利被告的處理，讓我們心中甚感不安，因爲一旦自白有了科學鑑定的支持，我方如無強而有力的反證，那裁判下來的又是另一次死刑的宣告，平反的路就走到盡頭了。

在此危疑重重的程序中，唯一讓我們比較寬心的是，受命法官謙卑有禮的態度，可以見微知著。個人感受最深的是江法官的態度；在庭訊期間，我在台下若有書證要呈交給合議庭核閱存證，他一定雙手來接，而合議庭如有卷證資料要提示，也一樣雙手遞給我，可以說禮遇有加，令人刮目相看。依我片面的解讀，或許是他對於這個案子已經有某個程度的了解，覺得三名被告不應受如此折磨，我這個不要報酬的「鐵齒」律師，如此耗盡心血鍥而不捨的努力，在律師界是不可多得的異數，讓他覺得可受尊敬。若此在公開法庭上對辯護人謙卑有禮的動作，讓我們想像到本案最終會有公平判決出現的可能了。

果然，合議庭終於二〇〇三年一月十三日石破天驚作出無罪宣判。「一雷破九颱」，那份法醫研究所處心積慮套合自白隔空抓刀的鑑定報告完全被摒棄不採，一切作白工了。

2003年蘇案三人獲釋後與律師合影　　來源／蘇友辰

（二十三）第二十三次 91 年 7 月 4 日下午 2：30 分
（二十四）第二十四次 91 年 7 月 18 日下午 2：30 分
（二十五）第二十五次 91 年 8 月 1 日下午 2：30 分
（二十六）第二十六次 91 年 8 月 15 日下午 2：30 分
（二十七）第二十七次 91 年 8 月 29 日下午 2：30 分
（二十八）第二十八次 91 年 9 月 12 日下午 2：30 分
（二十九）第二十九次 91 年 9 月 26 日下午 2：30 分
（三十）第三十次 91 年 10 月 11 日下午 2：30 分
（三十一）第三十一次 91 年 10 月 24 日下午 2：30 分
（三十二）第三十二次 91 年 11 月 7 日下午 2：30 分
（三十三）第三十三次 91 年 11 月 21 日下午 2：30 分
（三十四）第三十四～三十六次 91 年 12 月 5、6、9 日結辯
二○○三年一月十三日上午宣判

（二）

附錄九

製表／蘇友辰

再審程序合議庭（高等法院刑事第21庭）開庭次數及時間

（一） 第一次89年11月3日下午3時詢問
（二） 第二次89年11月16日上午11時
（三） 第三次89年11月23日上午9：30分（傳王文忠）
（四） 第四次89年12月2日上午9：30分
（五） 第五次89年12月16日上午9：30分
（六） 第六次89年12月28日下午2：30分
（七） 第七次90年1月11日上午9：30分
（八） 第八次90年1月20日上午9：30分
（九） 第九次90年2月15日下午2時（傳王文忠）
（十） 第十次90年2月22日下午2時（傳王文忠）
（十一） 第十一次90年3月8日下午2時（傳王文忠）
（十二） 第十二次90年3月22日下午2：30分
（十三） 第十三次90年3月29日下午2：30分
（十四） 第十四次90年4月12日下午2：30分
（十五） 第十五次90年4月26日下午2：30分
（十六） 第十六次90年5月10日下午2：30分
（十七） 第十七次90年5月24日下午2：30分
（十八） 第十八次90年6月7日下午2：30分
（十九） 第十九次90年6月21日下午2：30分
（二十） 第二十次90年7月5日下午2：30分
（二十一）第二十一次90年7月12日下午2：30分
（二十二）第二十二次90年7月19日下午2時勘驗

（一）

2003年1月13日蘇建和案再審無罪記者會，後排左起為許文彬、蘇友辰、顧立雄、羅秉成、古嘉諄五位律師。
提供／TVBS週刊

人權促進會

律師團開會，都是針對每次開庭應對、相關證據的提出、被告答辯的重點內容等進行沙盤推演，如果要傳訊證人、鑑定人，我們就要決定如何分工，選擇詰問的對象。至於題庫，我們也必須事先提擬，給律師們參考以免重覆，或是覺得哪些不該問的，就事先刪除，若進入辯論，辯論的重點我們也要會議協商如何重點分工，根據他們所辯護的被告，整理辯論內容。

口述九／律師團的強大火力

蘇案開啓再審之後，最爲社會矚目的事情之一，就是組成了辯護律師團。台灣過去固然也曾有些重大冤案，但律師團的成員都是一時之選，大家傾全力義務爲一個案件做辯護，可說是史無前例。

二〇〇〇年五月，台灣高等法院刑事第二十一庭（審判長法官葉騰瑞、法官江國華、法官陳憲裕）對蘇案裁定准予再審，消息傳出後，我認爲接下來的辯護工作應該加強火力，遂在許文彬律師的默許下，由我一一物色辯護律師人選，敦請他們加入蘇案的辯護行列，並由我負責召集開會及作相關規劃。在此之前，民間已有「三死囚平反行動大隊」的組成，顧立雄、羅秉成兩位律師以他們的法律長才，已在爲蘇案積極發聲，特別是顧立雄律師，在蘇案兩次非常上訴失敗後，民間司法改革基金會剛好成立不久[1]，他當時擔任該基金會董事長，便拿蘇案做爲他們判決評鑑的第一個個案，有了檢察總長的三次非常上訴、監察院的調查報告，加上司改會的判決評鑑，蘇案的論述基礎可謂非常雄厚，也因爲如此，在一九九六年三月十一日，蘇案二審法官李相助才會召集一、二、三審法官以公開蘇案被告的自白資料召開聯合記者會，以及在六月十八日，最高法院刑事庭全體法官們也匆忙發表四萬多字的蘇建和等盜匪案「研討結論」，以茲對抗。因此，考慮成立辯護律師團的名單時，顧、羅兩位律師應是首選。

二〇〇〇年十月二十七日，最高法院刑事第九庭（審判長曾有田、法官陳宗鎮、劉介民、魏新和、孫增同）駁回檢察官的抗告，當天下午三點半，我到最高法院七樓聽取簡報，心中的欣喜自不在話下，當時馬上想到高院重新審理蘇案在即，便更積極的在律師界物色有特殊表現律師團人選。當時我考慮的人選包括擔任台北律師公會理事長古嘉諄律師，在全國律師公會部分，我挑選了監事召集人陳鄭權律師。就這樣，我、許文彬、陳鄭權、古嘉諄、顧立雄、羅秉成，共六人成爲蘇案律師團初期的成員。最後還到台北看守所徵求蘇案三被告同意後，出具了這幾位律師的委任狀，再提交高院合議庭許可爲選任辯護人。

1 司法改革基金會成立於一九九四年秋天。

同年十一月十日，蘇案律師團在台北律師公會第一會議室舉行第一次會議，正式開始運作。十一月十六日，蘇案再審第一次調查庭，提訊三名被告，進行蘇案審理的準備工作。自此以往，再審程序進行時，律師團成員很少開庭不到，直到二〇一二年八月二十日，律師團舉行第一〇〇次會議，八月三十一日宣判無罪定讞，大家始終保持向心力，除了陳鄭權律師因事務忙碌而中途退出之外，另加入法官退下來的葉建廷律師，以及論述能力很強的尤伯祥律師，兩位都學有專精，相當同情弱勢，與我們理念相同，對蘇案不離不棄，戰到最後。

記得蘇案開始再審時，媒體蜂擁而來，被害者家屬那邊的代理律師陣容也很堅強，有陳適庸、楊思勤、劉緒倫、石宜琳、林憲同等律師，兩軍對壘，雙方都強調是義務辯護或代理訴訟，相當轟動。可是從媒體的角度看來，我們無論如何都屈居下方，因為社會大眾當然還是比較同情被害人的遭遇，媒體對於高院准予再審，也有覺得不符合社會的觀感，而做了頗多負面報導，但無論如何，我們的律師團認為被告確實是無辜的，所有證據都無法證明三人在場參與作案，道德勇氣遂油然而生，沛然莫之能禦。故律師團奮勇向前，也是為了尊重生命，保護無辜，如同死囚平反行動大隊所宣示的三個訴求：反刑求、救無辜、重建司法正義[2]。

或有讀者會問，一般公訴案件不是只有公訴人（檢察官）代表國家起訴被告，為何還出現被害人或其家屬委任的代理訴訟律師？在一九九○年代，台灣的刑事司法實景是，檢察官將案件起訴後就丟給了地方法院，輪值的檢察官依照法定程序應在審判中蒞庭實行公訴，監督案件進行，必要時還可以和辯護律師互爲舉證辯論，但是在那個年代，檢察官的存在幾乎是個形式而已，有的甚至不蒞庭，判決書還照樣寫著「本案經檢察官蒞庭執行職務」作假，或檢察官眞的有蒞庭，但眞正去「實行公訴」與辯護律師進行攻防的並不多。當時的審判採取職權進行主義，大部分均以有罪推定的態度去審理案件，司法的天平自然便偏斜了，審判結果也難期公正。因此，被告這方的律師當然要卯足全力，爲被告的權益進行辯護，如果檢察官只是聊備一格，緊抱「八字箴言」，此時司法的天平又可能朝另一方向偏斜。檢方既沒有認眞維護起訴的事實，甚至輪值的檢察官對案件根本不了解，要他陳述起訴要旨，他就說：「如起訴書」，經調查審理進入辯論，他們通常也只有說：「依法論科」一語帶過，已是公知的事實。

像這種應付式的公訴程序，在被害人或其家屬看來，難免覺得不足以維護被害一方的權利，如果他還有資力，可以增聘律師做爲他的告訴代理人；代理律師可以出庭陳述意見，也可以促請法院調查證據，爲告訴人主張權利，以補公訴檢察官的怠慢不足。另外，

2 見〈反刑求、救無辜、重建司法正義：蘇建和案「死囚平反」行動宣言〉，死囚平反行動大隊，1996。

若該案判決有罪，要進行民事侵權行為損害賠償訴訟程序，他也可以出庭擔任附帶民事訴訟的代理人。就蘇案而言，因為案件三審有罪判決確定前，已將被害人家屬所提附帶民訴訟部分分離移送士林分院的民事庭審理，所以刑事部分獲得再審時，被害人家屬的律師單純是以刑事部分的告訴代理人身分出庭協助陳述意見。

既然蘇案那麼受到公眾注視，又有六位律師義務幫三位被告辯護，在宣傳方面來講，如果律師想藉此出名，是個很好的機會。記得蘇案在有罪判決確定前，只有石宜琳一位告訴代理人，為被害人家屬提出附帶民事訴訟，開始再審之後，才有好幾位律師挺身而出，聲稱要為家屬爭權利。兩相比較之下，我們律師團六位成員對蘇案始終如一，對方則起初看似軍容壯盛，但是審判過程中，出庭代理訴訟的律師稀稀落落，能撐到十二年後全案定讞的律師，只剩下楊思勤和石宜琳兩位律師，值得尊敬。

再審之初，我擔任全國律師公會聯合會的秘書長，和律師團的成員多少有接觸，因為大家彼此尊重，合作進行得很順利。二〇〇〇年我們初次聚會，距離再審開庭只有一週的時間，立即分工為三組人馬：我、許文彬、顧立雄（為蘇建和辯護）；我、許文彬、古嘉諄（為劉秉郎辯護）；我、陳鄭權、羅秉成（為莊林勳辯護）。依刑事訴訟法規定，一個被告最多只能委任三位律師，我為了代表這個律師團運作，必須每個被告都委任我做為辯護律師，在聯絡處理上，在接見被告時，這樣安排比較方便些；當時他們也公推我為律師團發言人，並負責擬定新聞稿或聲明等工作，當時人本教育基金會的蕭逸民還沒進來律師團工作，行政助理由張凱絜擔任，他是萬國律師事務所的工作人員。

律師團開會，都是針對每次開庭應對、相關證據的提出、被告答辯的重點內容等進行沙盤推演，如果要傳訊證人、鑑定人，我們就要決定如何分工，選擇詰問的對象。至於題庫，我們也必須事先提擬，給律師們參考以免重覆，或是覺得哪些不該問的，就事先刪除，若進入辯論，辯論的重點我們也要會議協商如何重點分工，根據他們所辯護的被告，整理辯論內容。每次宣判前，我都必須撰寫正反兩面的聲明稿，一份是應付有罪判決，另一份是應付無罪判決，經過大家字斟句酌認可，在宣判後對外發表。

這裡必須一提的是，高院開啓再審程序之後，律師團甫經組成，蕭逸民因在司改會擔任志工，有機會參與平反的活動，體會到蘇案由街頭回歸到法庭運作的迫切性，於二〇〇〇年十一月十日正式投入救援行列，擔任蘇案律師團專案助理。他的職缺是掛在人本教育基金會，由該基金會負擔薪資，任務是協助律師團進行訴訟，因而大小事情一手包辦。逸民是東吳大學法律系畢業，富正義感，極具路見不平的個性，加上思慮縝密，很多死囚平反大隊的救援行動，在他琢磨之下，能夠更週詳的實踐出來，所以深得我信賴。進入律師團之後，無論律師們開會的召集連絡、議題設定、案情討論、訴訟辯論、交互詰問、準備題庫，以及新聞發表記者會操作等等，他都能接受律師的指導，一一使工作就緒，他有如百寶箱及智庫，一切訴訟資料都在他掌握之中。我們延攬李昌鈺博士回台之前，逸民對於極具爭議且致命的法醫研究所的鑑識報告，花了相當時間研究，有些我們對法醫研究所的反駁，他曾提出很多寶貴的意見，在律師指導下所撰寫的書狀，也頗具功力。李博士回台之後，逸民掌握機會就近向他請教，李博士在台做演講等活動時，他也都到場聆聽，並針對蘇案和李博士交換意見。特別是在矚再更二審做現場重建時的一些準備工作，例如傢俱的採購及訂做，可以說都是他一手包辦，在人本的一群義工協助下進行。

記得二〇〇八年六月二十日李博士獲得高院合議庭矚託，親自到汐止市犯罪現場執行現場重建及血跡噴濺鑑定工作之前，那些仿造的傢俱，原放在東吳大學城中區我們租用的場所，透過合議庭確認重建的現場與案發現場擺設一致，尺寸大小也差不多，然後搬到重建現場的場地，那些粗重的傢俱必須由義工一一從樓下搬到四樓，安置好之後，還要按照兇案現場搜證錄影帶及照片所顯示的規格，以一：一比例，製作或大或小的血跡，一點一點的貼在現場傢俱或牆壁上。這些細緻的任務，都是由逸民在指揮進行。最難能可貴的是，他對三個被告的呵護照料，就如同自己親兄弟一般親切，而且無微不致，任勞任怨，也十分得到律師團的肯定。蘇案的平反，逸民絕對可以說是律師團的靈魂人物，而且功不可沒。

在法醫研究所不利被告的鑑識報告出來後，我們爲了對應該所臨時湊合八位專家的詰問，也找了過去曾在法醫鑑識界服務的一些專家朋友，來爲我們解讀分析，使我們能夠尋找可攻擊之點，我們爲增加相關知識打場硬戰，也曾聘請專人來給我們上課。因爲我們是義務辯護，大家都各自掏腰包湊合，有時候二、三個月，每人一、二萬元甚至更多，拿出來做爲律師團開銷。記得囑再更一審，從原來的無罪又判成死罪，那震撼力強大無比，如果我們上訴最高法院被駁回，全案便告定讞，再要來尋求反轉判決，根本是不可能的；律師團基於強烈的危機意識，判決後不久，就在台大校友會館仿照犯罪現場，搬取了一些類似現場傢俱來，做一些自白中所謂「行凶過程」的解說，最主要還是強調房間太小，如果像被告所謂「自白」中所述的那樣四人進行輪流砍殺，在那麼狹小的房間，連同被害人共計六人，要如何砍殺互動遂行？希望讓社會大眾了解實際狀況，以突顯這樣一個死刑判決，是建構在一個不確實的空間所形成的錯誤心證。

那次記者會是由史英教授主持的，本來我向其他律師建議，是否可模擬自白中所述的砍殺過程，使在場媒體記者可以更確知現場的確太小，卻遭到史英、許文彬及其他律師反對，認爲被告們沒有犯罪，若這樣模擬，是否會更誤導民眾的視聽。他們的反對可能有些道理，不過後來我們在囑再更一審時聲請傳喚李昌鈺做爲專家證人，發現他開始研究蘇案後，也曾經在美國紐約的實驗室裡，請他的助手們進行類似空間的砍殺模擬，想確定假使如自白所述的那樣「刀棍齊下」的行動，會不會打傷到兇手們自己人，答案是肯定的；這段模擬的記錄片，我們也曾在矚再更三審時，當庭播放出來給合議庭看過，以加深法官的實景印象。我擔任多屆全國律師公會律師研習所講座，於職前基礎訓練課程，和吳木榮醫師共同講授「法醫、刑事鑑識實務與辯護」，也曾把這影帶放給學員觀看參考。從這段模擬，可以證明被告共犯的自白是非常不符實際的。

前台北市政府警察局刑事鑑識科中心主任謝松善，在本案出庭作證也自己承認，汐止犯案的空間那麼小，四個人拿著四把刀器行兇，完全會打殺到自己人，所以他後來修正對於現場的狀況推論，說他們四人應該不是同時在場打殺，而是依序輪流進房間之後，砍殺兩位被害人；可是他這麼講，豈不是在改變蘇案被告的自白？因爲起訴書引述自白筆錄的說法是「我們四人刀棍齊下」的。

由於蘇案三位被告唯我是賴，律師團順理成章的由我擔任召集及服務工作，然而從律師團成員的學經歷背景及法庭實戰經驗來看，我除了有司法官偵查、審判經驗，年紀最長，以及本案自偵查伊始即受任辯護人較具優勢之外，要領導群倫，談何容易。特別是蘇案所有成員都是頭角崢嶸、各據一方的菁英，且是司法改革的健將，所以相當有趣的是，他們在言談舉止之間，有時也不免存在較勁之意；雖說我是律師團的「班長」，仍時而會受到他們的挑戰。

我的檔案裡還收藏著一封當時對顧立雄律師「抗議」的電子郵件，抄錄於下，望能博讀者一哂：

顧大律師立雄閣下：

一、昨天（8月11日）晚上律師團臨時會議，您又在眾人面前強烈質疑本人詰問設題的適格性，並以99年8月2日對謝松善的詰問不知利害，任意開啓「法醫研究所鑑定報告」問題大門，讓公訴人有可乘之機，留下敗筆。本人當場提出反駁，並表明本人當檢送如下筆錄記載，用以證明此項開啓並非自始來自本人。貴大律師不實指責，讓本人甚為難堪，特此表示遺憾。

二、證明如下：

（一）99.7.30檢察官主詰問

檢問：你是否於本案前審89年再字第4號任本案的鑑定人（P5）

謝答：（省略）

檢問：所以法醫研究所的鑑定報告，你係鑑定團隊之一（P5）

謝答：是的

檢問：當時（指矚再更一審）是辯護人聲請你出庭作證嗎？

謝答：（省略）

（二）99.8.2羅秉成大律師反詰問（第一版）

依當日筆錄第5、11、12頁記載，羅大律師多次引「法醫研究所報告」鑑定內容作為反詰問的引據。

三、幾度被大律師莫名教訓，本人隱忍者再，最近心境惡劣，幾至無法自制。如所言有不遜，尚請見諒。

蘇友辰敬啓

這個事件發生於矚再更二審，律師團開會討論詰問的內容時。顧律師倒也立刻來信道歉如下——

蘇前輩：

晚輩言行有不是之處，謹向您致歉。但我實在沒有任何對您指責之意，這點務請您體察。

顧立雄

現在想想，當時大家都是求好心切，可能就比較顧不到對彼此的體貼了。我一時氣憤，也沒想想律師團幾乎每次會議都是在萬國律師事務所舉行的，完全是免費提供。顧律師每次都安排一個很氣派、設備新穎的會議室供我們使用，開會前都會交代李維君秘書幫我們買好不錯的便當，讓我們可以塡飽肚子有精神充分地進行討論。他聰敏機智過人，難免覺得會議冗長，我的種種思慮不盡然切合案件審理需要，因此，他有時會顯現漫不經心的樣子，但他爲了表示尊重，每次也都出席了。

其實，顧律師最關切我的健康狀況，看了我拚老命的樣子，於心不忍，幾度問我何時退休。當然我已很久沒有接新案子，正處於寅吃卯糧的狀態，除了蘇案老早就不務正業。猶記得，高院矚再更二審辯論期日，我的內人到庭旁聽，因爲合議庭早已顯露出有罪裁判的徵象，我們雖全力以赴，似情勢已定，無可挽回。辯論終結之後下庭，顧律師看我沮喪的樣子，特別交代我內人勸我保重，不要過勞弄壞了自己身子，那種由衷關懷之情，溢於言表，令我感動不已。

可是若說律師之間完全沒有心結，也是騙人的，例如羅秉成大律師在法庭上辯才無礙，論述能力首屈一指，每審在他壓軸結辯之下，大家會覺得平反有望，信心滿滿。記得有一次，我對證人的證詞陳述意見做出個人的表白之後，輪到羅大律師陳述，他竟公然表示他不同意我的意見，令人傻眼，因爲兩軍對壘，自亂陣腳是兵家大忌，羅律師雖言之有理，也不能當場給我難堪，讓人家看笑話。當時我是忍住了，倒是葉建廷律師看不過去，事後還曾教訓他幾句，而後他那種不服輸的傲氣，才似乎有所節制。

當然我也記得，羅大律師對我挖掘眞相鍥而不捨的功夫，曾不吝在律師團會議中有所讚賞，他引用〈長恨歌〉一段詞「上窮碧落下黃泉」來形容，這種出自內心的肯定，讓我覺得很受用。

再說，刑事辯護多人組合運作，一般俗稱爲律師團，對外做律師團代表的人，稱做「團長」順理成章，也是一種尊崇的表現。然而本人第一次被稱爲「班長」，就是出自羅大律師的尊口，從此就改不了。其實回頭一想，人家叫我班長是好玩的，是種暱稱，在軍中班長是帶著大家衝鋒陷陣的人，一個班，就是一個最基層、最實際的戰鬥單位，班長的一舉一動，班長的決定，在在關係著每個人的安危，以及團體的成敗，所以我也不以爲意，只希望將來有朝一日蘇案能夠平反成功，大家有志一同爲我升階爲「團長」。

蘇案是個指標性的案件，再審合議庭幾經斟酌之下，才會裁准由高檢署主導下的法醫研究所（前身爲高檢署法醫中心）的機關鑑定。惟按照魏區博士（美國賓州匹茲堡法醫學教授）及李昌鈺博士的說法，必須至少要有一位法醫病理學家、一位X光學家、一位法醫人類考古學家、一位法醫犯罪學家以及一位工具痕跡專家，才能完成像蘇案這類十幾年前骨骸工具痕跡的刑事鑑定，但是法醫研究所除了本所正職三個人之外，其他都是外聘進來的，後來我們檢視結果，欠缺人類考古學家，因爲鑑定對象是骨頭，不是一般人的觀察就可以做成解釋的。此外，還少了一個工具痕跡專家，也就是骨頭被刀砍下來，有什麼紋路可供採取比對等，法醫研究所只找來一個台大應力學的教授，他承認是第一次參加刑事案件鑑定，並表明說：「我是來學習的，以前沒有看過開山刀…」，因此這樣硬撮合之下所做的鑑識結論，當然問題很多，經過律師團找來專家解讀，我們才了解問題之所在，包括法醫研究所鑑定人的適格性及專業領域的欠缺，都被我們掌握了。法醫研究所本案鑑定總召集人方中民教授於再審程序庭訊也承認（他是我在司法官訓練所第八期受訓期間教法醫課的老師），以刀痕角度來研判兇器型態及種類數量，是國內外首次的試驗，沒有不可告人的。而該鑑識的主要操盤者蕭開平，在律師團詰問下來他竟然腦羞成怒，當庭駁斥說：「你們不是專家，你們敢挑戰我們的權威嗎？」據說開庭中的休息時間，他們還竊竊私語說爲何我們律師團那麼厲害，能夠一一擊中他們的要害。老實講，律師團爲了反擊法醫研究所的欠缺客觀、公正及反科學的鑑識報告，已進入專業研習的程度，才能夠應付那個大場面，對於我們日後處理類似案件，應該大有幫助。

二〇〇三年九月，刑事審判交互詰問制度剛實施，詰問規則也尚在試驗階段，大家在實務上都沒什麼經驗，雖然我當司法官十一年（檢察官三年多、法官八年），對法庭上的訊問有相當經驗，但擔任辯護人進行交互詰問證人、鑑定人等，是另外一套操作模式，顧、羅律師比較有經驗，才會引起上述的那個磨擦，也使我體會到個人有所不足。不過後來有人評論，說是律師團中擅於詰問的律師，年輕一輩中有誰有誰，老一輩能夠實戰表現不錯的，就是蘇友辰，讓我稍感欣慰。

記得在矚再更一審時，公訴人還曾找來兩位所謂「證人」，一位是慣竊陳家分、一位退役軍人陳德彬，這兩位的出現，使我們極度困擾，經過我們一番窮詰之下，才確認他們是公訴人以任意偵查方式作成的秘密訊問，後來調取錄音帶逐一比對，證人之一陳家分除僞稱：「我與劉秉郎關在同一囚房，他跟我說他們一起作案」之外，下面還有一句沒有同時記錄在偵訊筆錄上的，就是「他們將來會有一筆補償金，到時候我還要敲他們一筆」之類的說詞，可見是被公訴人故意掩飾了。此外，所謂聽到的時間，也與事實兜不起來，顯然是一種虛僞陳述，動機不善，公訴人求勝的技倆，洞若觀火。

其實，律師團運作期間，彼此之間不愉快的事情很少，大家都是隨著案情的發展起起落落，判無罪時就辦慶功宴等呀，開心的講個不停，接著被撤銷發回更審，大家的心情又掉到谷底。最高興的事情，莫過於二〇一二年八月三十一日，蘇案無罪定讞以後，律師團在杭州南路北海漁村舉辦慶功宴，由顧律師請客，有人奉獻美酒，大家敞開心胸，開懷暢飲（當晚相約不開車），因爲事情終於告一段落，每位律師心情好的不得了。我還一時高興也唱了一首歌，那是我國小時台灣光復唱的「台灣光復紀念歌」，好像蘇案的結局已經光復了司法一樣，並請大家跟我一起擊拍齊唱，歌詞是：（歌詞片斷略有修改，以符蘇案平反的歡欣與感念）

張燈結綵喜洋洋　勝利歌兒大家唱
唱遍城市和村莊　蘇案平反不能忘
不能忘　常思量　不能忘　常思量
國家恩惠情如天長　不能忘

有錢難買真情義　有錢難買真爹娘
今朝重見天和日　蘇案平反不能忘
不能忘　常思量　不能忘　常思量
國家恩惠情如天長　不能忘

附錄十

汐止雙屍命案 再審被害人家屬委任告訴代理人名單		
1. 陳適庸律師	2. 楊思勤律師	3. 劉緒倫律師
4. 石宜琳律師	5. 林憲同律師	
被告委任辯護律師		
1. 蘇友辰律師	2. 許文彬律師	3. 古嘉諄律師
4. 顧立雄律師	5. 羅秉成律師	6. 陳鄭權律師

製表／蘇友辰

2012年8月31日蘇案無罪定讞法
院外的三名被告
來源／蘇案平反行動大隊

被不願面對真相的人多方刁難，令人氣憤與無奈交加，不料到了二〇〇七年二月二日庭審，審判長聽了法醫師石台平等觸及真相核心的專家證詞，似改變了排斥的心態，當庭宣布歡迎李博士在五月四日如期到庭作證，令人驚奇莫名！

口述十／李昌鈺博士vs.法醫研究所

血衣與強奸被害女性的謎團

王文孝軍法審判判決王文孝與被告三人共同強劫1而殺人、共同強奸婦女兩罪，對於蘇案三人，士林地方分院未再深入調查，雖然改變適用法條，依共同強劫而強奸、共同連續殺人兩罪，仍各判兩個死刑，但是我們在地院調查審訊時，曾提出不在場證據，現場蒐證也顯示他們根本不在現場，因爲本章涉及現場鑑識的專業問題，先來談談蘇案的強奸罪部分。

說來說去，蘇案三人會犯下所謂「強奸罪」，就是因爲刑求逼供，讓王文孝、蘇建和、劉秉郎、莊林勳四位所謂「共同犯罪」的人，都犯下了強奸罪。警詢部分，原來蘇建和完全沒有承認到過現場，更遑論強奸被害人葉女，到崔紀鎭檢察官來複訊誘導他時，他才吞吞吐吐的承認了一些，但是十年後再審時，聽該筆錄的同步錄音，就知道他不是自由意志的供述，對於殺人與強劫，只是以「是」「有」這類模稜兩可的簡答來應對，只有強奸部分他矢口否認；至於劉秉郎在崔檢察官複訊時，一口否認警詢時的口供，包括強奸罪在內；莊林勳因爲被警方刑求的恐懼依舊在，崔檢察官根據筆錄來問他，他就多少像在警詢中那樣講講，說自己也有強奸葉女。

由於蘇案三人的自白零零落落，法院必須有相關的資料證明自白可信，才可確證自白的任意性。例如說，莊林勳「承認」他們搶了十幾萬元，但爲何最後只剩下二十四元的銅板[2]？起訴書說他們還搶了這個那個，但什麼也沒發現，倒是警方帶王文孝到當鋪查贓，找出了四個戒指，而典當的錢，王文孝也沒分給蘇案三人呀。王文孝在高雄軍事檢察官杜傳榮初訊時，並沒有提到他犯下強奸罪，於一九八一年八月十九日被借提，去了一次台北汐止分局複訊回來，就多了強奸罪供詞，杜軍事檢察官曾問他爲什麼，王文孝便回答：「怕在警局被修理，因此承認，現在我感覺比較安全，因此才說實話，眞的沒有強奸被害

1 舊刑法221條：「對於婦女以強暴、脅迫、藥劑、催眠術或他法，至始不能抗拒而奸淫之者，為強奸罪，處五年以上有期徒刑。」新刑法將這條改為強制性交罪，並規定有普通強制性加罪與加重強制性交罪。

2 詳見第四章，〈莊林勳與二十四元〉。

人[3]。

蘇案一審法受命法官湯美玉於一九九二年一月七日到高雄軍事看守所提訊王文孝時[4]，王文孝也告訴她：「我沒有強奸呀，是其他被告他們自己杜撰出來的。」他直到被執行死刑前的遺言都還在強調說，搶劫殺人他有做，強奸沒有做。可是因爲王文孝軍法判決裡有共同強奸、共同搶劫而殺人兩個罪名，合議庭就把軍事判決的認定，照錄在蘇案三人的一審判決書中。對於汐止殺害兩夫婦的現場，當時地檢處指派的檢驗員劉象縉也說[5]，他從被害人外觀，看不出下體有受到傷害的情形，也沒有聞到腥臭的味道，便沒有取陰部的檢體去做化驗，但合議庭認定，既然三人自白有強奸，檢察官沒有命令檢驗員採取被害人陰部檢體，是工作上的「疏忽」，不能做爲有利於三人的判斷。總之，合議庭還是以三人的自白，做爲判決依據。

案子到了台灣高等法院同樣爲死刑判決後，最高法院認爲被告上訴有理由，將案子撤銷發回，高院上重更一審黃金富主審第十七庭[6]，於一九九四年三月十六日做出判決，曾把強奸罪拿掉，只判他們三人共同搶劫而故意殺人乙罪，認爲所有資料不足以證明他們有強奸的犯行。後來高院上重更二審李相助主審的這一庭[7]，卻又以共同連續殺人乙罪判他們一個死刑，共同強劫而強奸乙罪另判一個死刑，回到一審判決的六個死刑。我們當然不服上訴，到了最高法院黃劍青那一庭，認爲我們上訴有理由，卻自爲裁判，以致全案確定，還是六個死刑。等到我們獲得再審改判無罪之後，媒體去訪問黃劍青庭長，他就衝口而出說：「司法死啦！」似乎他認爲，蘇案三被告的生死與司法的生死，已經處於一種誓不兩立對決的狀態。

因爲劉秉郎曾在自白中說，他們輪流強奸被害人之後，爲了掩滅痕跡，曾經在房間衣櫥中找了一套衣服，幫她換過，我們認爲，假使葉女受害時穿的衣服有刀傷造成的裂痕，即可反證「換過衣服」的自白不實在，那麼他們強奸罪是否可以成立，便必須質疑。特別是葉女右後肩胛骨有一道長五公分、深三公分的傷口，在裂傷後形成小血槽，最高法院在蘇案尋求第四次非常上訴時，由於外界嚴重質疑蘇案的判決，還自己拿放大鏡，用肉眼去檢視現場照片上這道衣服上的血痕，然後如發現新大陸一樣，在照片批註說：「是血漬，不是破裂痕！仔細觀察，即可明瞭。」也就是說蘇案三人確實爲被害人換過衣服，要大家睜大眼睛，以說服社會大眾認同他們沒有判錯。他們在蘇案判決確定後，四十多位法官集體審判，還額外寫了一本四萬多言的蘇案判決「研討結論[8]」，附上前述放大照片作爲證

3 詳見王文孝1991年8月20日軍事檢察官杜傳榮借提還押偵查筆錄
4 審判長王治民，法官湯美玉、李錦樑。詳見第二、三章。
5 當時劉象縉還不是法醫，但十年後再審傳他作證時，他已是法醫。
6 審判長法官黃金富，法官游明仁、陳貽男。82年度上重更（一）字第16號。
7 審判長法官李相助，法官張連財、龔永昆。83年度上重更（二）字第37號。
8 一九九六年六月十五日

明。就過去歷審不曾調查過的證據資料，重新放大檢視，認定葉女的衣服被換過的，這是台灣司法史上前所未見，雖未違法，卻有濫用權威、操縱民意之嫌。

被最高法院這樣一鬧，再審中，高院對法務部法醫研究所囑託鑑定的事項中，便包括針對強奸部分的鑑定：「女性被害人右肩胛骨刀傷處，其所穿著之衣服有無破裂？」法醫研究所的鑑定報告出來後，於（三）綜合研判及（四）鑑定結果清楚寫道：「依女性被害人衣服（上衣）之噴濺血點及跡暈染分佈情形，研判該女在頭部遭兇器砍殺時所著上衣，於死亡後未遭更換，至該女所著褲子於死亡後是否曾遭更換，及該女右肩胛骨刀傷處，其所穿著之衣服（上衣）有無破裂等節，因送鑑時既存之資料有限，尚屬無從鑑定[9]。」所以，法醫研究所對於女性被害人的褲子換過沒有，雖語作保留，但起碼上衣的疑問已獲得解決，沒有辦法證明是換過的。

對於最高法院強調的這個右肩胛骨刀傷處，該報告的鑑定說明寫的更清楚：「女性被害人衣服（上衣）右背部暈染血跡中有一顏色較深之條線（如照片編號7），其位置恰於被害人右背肩胛骨部傷口部位，但檢視被害人右背部傷口爲生前傷且呈橢圓型之魚嘴狀及帶有收尾之銳器切割傷（如照片編號8），而傷口附近無大量血跡，有關女性被害人陳屍所著褲子是否遭更換及該女右肩胛骨刀傷處，其所穿著之衣服（上衣）有無破裂等節，因送鑑時既存之資料有限，尚屬無從鑑定。」

報告上所謂「送鑑時既存之資料有限」，用白話文講，就是根本衣褲都已不存在了，鑑定時距案發已超過十一年，由於當年對證物保存的觀念不足，兇案現場葉女穿著的衣褲，早就不知哪裡去了。也就是說，最高法院的判決「研討結論」，也跟法醫研究所一樣，是看照片下的結論，看圖說話，根本不是勘驗證物的結論。

再審判決無罪後，檢察官提起上訴被最高法院撤銷發回，然而很有趣的是，高院矚再更一審的公訴檢察官解釋法醫研究所的鑑定報告時卻改變自白情節自作主張說，被告三人是換過衣服後，另行起意，又從肩胛骨刺了被害人一刀，才離開的，而不是沒有換過衣服，足以證明三人有強奸被害人；這位檢察官所根據的，自然還是那同一批蒐證現場二十一張照片，但是這一庭完全採信檢察官的上述主張[10]，又一次判了三人六個死罪。檢察官這個說法，等於是在對被告們的「自白」加油添醋，增添故事，而法院居然還採信他的主張，這種審判的品質確是令人笑話！

記得蘇案一審時，我還當庭詰問檢驗員劉象縉，葉女右肩胛的傷口是否可能來自菜刀，他給我的答覆是肯定的。而後來矚上更一審時，李昌鈺以專家證人的身份出庭，他也認爲「女被害人內褲沒有被撕破，內褲的陰道口和臀部附近，都乾淨沒有染血，亦無精液

9 法醫研究所鑑定報告（2002年7月）第11頁，台灣高等法院89年再字第4號刑事卷。
10 2007/6/29，92年度矚再更一第1號。

及纖物發現，並沒有被性侵害的痕跡。葉女右肩胛骨的傷口爲砍切傷，扣案菜刀亦可能造成類似形狀之傷口。葉女上衣的背後似有割裂痕，衣褲血跡清晰，並無拉擦形狀的血跡，證明葉女的衣褲沒有被換過[11]。」

以上是關於蘇案三人犯下所謂「強奸罪」的法庭上攻防。直到二〇一二年蘇案三人被判決無罪確定，被告自白的證據能力全部被否定。

小皮包的傳奇故事

除了第四章曾提過的二十四元銅板之外，警方在現場蒐證得到的所謂「證物」，就是一枚王文孝右手食指的血指紋，以及來自同一個人的血腳印，然而血腳印無法證實是王文孝的。後來依據李昌鈺博士根據現場照片觀察指出：「地上發現有二種可疑血腳印，但排除了一種現場人員留下的鞋印，只有一種圓點型的血腳印，這種鞋印可能是兇手遺留的，而現場並無其他種類腳印[12]。」

關於王文孝的血指紋，蘇案的一審判決書寫得很明白：「共犯王文孝遺留現場之帶血指紋，已經內政部警政署刑事警察局比對，核與王文孝右手食指指紋相同，有該局八十年

（1991）八月十三日局紋字第一五八號指紋鑑定書影本一份附卷可考[13]。」原本現場有採到三枚指紋，只鑑定出王文孝的這一枚，然而高院上訴審（未確定前第二審）傳訊汐止分局當初辦案刑警張中政證實，汐止分局事後正式行文給合議庭，即說三枚指紋都屬於王文孝的。這份證詞及公文書雖然對蘇案被告有利，但是警員不忠於事、蓄意隱藏有利被告的證據的大膽行徑，實在令人感到心驚。

另外，王文孝也曾被汐止分局員警帶去案發現場做模擬並起贓，在現場公寓四樓屋頂水塔下，起出伸縮警棍一支和小皮包一只（內有現金及鑰匙一串），據王文孝當時說，那是本件血案發生前兩個月，他一人就曾到吳家偷過一次，小皮包裡有些現款，他把錢拿走了，小皮包丟在水塔下；警棍與蘇案無關，但小皮包居然被移花接木當成蘇案的證物。後來我找到王文孝到案後汐止分局製作的刑案報告書，有一份送軍事檢察處，其內清楚記載這個小皮包是他兩個月前去吳家偷的，而不是本件強劫所取得的贓證物，我就是拿這份刑案報告書，證明將小皮包當做蘇案扣案證物是錯誤的，以這份刑事報告書當做新證據，用來聲請再審，並獲得准許再審，可謂小兵立大功。

11 李昌鈺博士鑑定報告，台灣高等法院96年度矚再更（二）字第一號刑事卷，外放證物。
12 〈犯罪現場重建鑑定報告〉，鑑定人李昌鈺，2011/07/30。
13 八十年度重訴字第23號，台灣台北地方法院士林分院刑事判決。

法醫研究所的刀器鑑定

至於扣案的菜刀，原是被害人吳家廚房裡的菜刀，當日（一九九一年三月二十四日凌晨三、四時許，）王文孝從公寓四樓頂加蓋的違建潛入犯罪現場，在廚房拿了這把菜刀做防身之用，因爲驚醒被害夫婦兩人發生打鬥，他就拿起這把菜刀亂砍，造成七十幾刀的傷害，這把菜刀當初被扣案，且已經確認上面有被害人的血跡與毛髮，是本案的兇器沒錯。因爲王文孝現役軍人交由軍方審判，他的軍法程序比其他被告在普通刑事法院走得快，這把菜刀就連同上述的刑案報告書，移送到海軍陸戰隊第九十九師司令部軍法處去做扣案的證物，案件五個月不到就判決確定，等他執行死刑之後，這把菜刀應該移送到普通法院士林地院來當做證物才對，然而士林地院湯美玉這一庭，並沒有向軍事法院要這把菜刀，只因爲軍事審判的判決書既然記載這把菜刀爲兇刀，他們就拿來當做蘇案三人犯罪的證物，所以這把菜刀一直到一九九五年二月九日判決確定之前，歷經地院、高院三次判決，都不曾在法庭調查程序中出現，但判決書上也都寫著：「扣案之菜刀雖係犯罪工具，然爲被害人所有，故不宣告沒收。」。這項重要證物就這樣輕易被忽視了。

到了再審程序我們開始追索這把菜刀之後，軍事法院答說已經銷毀了，但是要做刀紋比對，就必須要有這把菜刀，除非是用「隔空抓藥」式的鑑定。既然公訴人也要求做「骨骸工具痕跡」鑑定，大家對這把刀就追追追，後來一度說找到了，軍方又說是不是原來那把，他們沒把握，再審合議庭就沒有再追下去了。

法醫研究所的鑑定工作做了一年多，報告終於在二〇〇二年七月出爐，我們請李昌鈺博士對該報告寫點意見，他同意了，意見書上說：

「一、本人對於法醫研究所就蘇建和案之最後鑑定結果，並沒有直接參與。於該所受法院囑託鑑定之初，本人固曾協同作被害人吳姓夫婦頭顱骨之初步檢視，唯認爲除非將此頭顱進行特殊鑑測，否則實難得得到正確的鑑定結果。

二、這種根據頭顱骨所遺留刀痕欲決定加害刀器之形狀及類別，實際上可能有困難。由於此種鑑定方法在國內外法醫界甚爲特殊（在國內外是否首次，因無相關資料，本人不敢斷言），所以，實施態度更應盡量求其嚴謹。

三、本人建議承審法官：本件宜再委請國際級權威法醫及刑事鑑識專家，比照昔日余登發案、陳文成案模式，聘請美國賓州匹茲堡法醫學教授魏區（Wetch）等，組成專案小組再作進一步鑑定。本人願意從旁協助促成其事[14]。」

14〈李昌鈺對於蘇案法醫鑑定的看法〉，2002年9月11日於台灣旅次。

辯方律師認爲，法醫研究所首席鑑定人方中民在法庭作證自承：「…像這個案子做的鑑定方式，我們過去沒做過，也沒有經驗，這沒什麼不可以講的[15]…」以及負責骨骸工具痕跡鑑定的鑑定人邵耀華（台大應力學教授）也自承，參與本件鑑定之前，從來沒有看過開山刀，他是受聘前來學習的，另鑑定人蕭開平雖自稱受過刀器鑑定訓練，竟然對菜刀的刀刃角度屢屢顯示認識不足[16]等情，主張這份鑑定報告「鑑定人不適格，鑑定報告不具證據能力。」

我爲了解該項鑑定破綻，特別找到國內知名法醫師吳木榮出具諮詢意見書，指出法醫研究所的鑑定人組合中「並沒有法醫人類學者或是有刀器比對經驗的刑事鑑識專家（如刑事局鑑識科）參與認定。因此，其鑑定結果的正確性有可議之處。雖說一般法醫病理醫師均具有刀傷及工具痕跡之一般知識，但有關特殊凶器痕跡之鑑定，國內外的法醫同仁，本於尊重專業的態度，仍應由相關之專家鑑定爲宜[17]。」以及台灣特殊兇器鑑定權威前刑事警察局法醫室主任石開平法醫師出具的〈對於蘇建和案法醫研究所鑑定書意見[18]〉亦持相同的看法。

雖然再審判決蘇案三人無罪，但是由於檢、辯雙方爭執的很嚴重，判決書必須對法醫研究所的鑑定報告有所交代，關於刀器鑑識這一部分，判決書中說：「…初毋論其鑑定之方法及結果是否可議，其有利於被告等之部分，如（2）、1『推定造成吳男、甲○○頭骨刀痕角度約二十度爲較重型刀刃類銳器，研判爲菜刀類等。』等語，指造成被害人吳男刀傷，僅爲菜刀。其推論顯與被告等及同案被告王文孝之自白均不符而有利於被告等，終與被告無所牽連[19]。」

既然刀器未能起獲，無從做比對紋路是否相符，而法醫研究所採用的鑑識方法，並非公認合格有效之鑑識方法，鑑識報告的結論，無法形成可信的心證。再審合議庭還是從自白欠缺補強證據、眞實性有問題來著墨，做出無罪判決。

一直到最高法院撤銷再審判決、發回更審後，這把菜刀居然出現了，原因是被害人家屬的代理人林憲同律師向監察院檢舉，說這把菜刀不應就此銷毀，軍事審判庭對此應負責任，大概當時的海軍司令部也覺得事態嚴重，趕快發動官兵去開挖出來，原來他們的銷毀不是熔毀，而是連同其他案件宣告沒收的刀械器物綁在一起，挖個土坑全部埋在土裡，因此這把菜刀才重回人間。

15 詳見 2002/8/29 審理筆錄第36頁
16 詳見 2002/9/12 庭訊筆錄第11、16頁
17 詳見再審卷，蘇友辰律師 2002/11/6 陳報狀附件一〈法醫學資詢意見書〉。
18 2002/8/29 庭訊筆錄
19 台灣高等法院89年度再字第4號判決書

菜刀既出土，我們律師團就開始強烈質疑法醫研究所的鑑識結果，認爲他們沒有菜刀，沒有工具痕跡的比對，就可以鑑定出是多種刀具、多種角度等，如何如何砍殺出七十九刀嗎？假使有了刀器，是否可做進一步的刀痕紋路比對，證明這些砍殺是一把菜刀造成的。

在我追問之下，法醫研究所才承認，他們在那次鑑定中確實也採了被害人頭顱骨的刀痕紋路，只是沒有送到法院來；我前此曾當庭或具狀要求他們把相關資料送到法院來進一步調查，有一天如果刀器出現，我們再採刀器的紋路加以比對，假使相符，就是這把菜刀造成的。奇特的是，他們採取骨骸上的工具痕跡的角度，來判定多處傷口由不同刀器造成，其實使用一把刀揮砍，因方向、力道、加害人與被害者當時互動的情形，會形成不同的傷口，菜刀可以切，也可以刺、劈、削等動作，自然會形成不同角度的傷口。易言之，不同角度的傷口，不能即認定由不同刀器造成。

李昌鈺博士就很反對法醫研究所這種鑑定法，在高等法院囑再更一審以專家證人身分作證，遭遇公訴人陳玉珍詰問：「您認爲法醫研究所這樣新的方式，將來不會獲得承認嗎？」時，他說：「我剛才已經講過不願置評，你假如說現在一定要我置評，假如這個文獻送來我這審查，我會拒絕[20]。」他在再審程序即曾出具上述的書面鑑定意見，建議由國際級的權威鑑識專家主持重新鑑定，因爲兩副頭顱骨入土十多年再挖出，水浸、蟲咬、風化，骨頭會剝離、角度會加大、紋路也可能破壞，愼重起見，就是要做「特殊鑑測」，我曾請教李博士所稱「特殊鑑測」如何施作？他表示說：頭顱骨和菜刀上的紋路也就是工具痕跡必須採到，才可能進行比對確認。

我們請求法院命令法醫研究所對於骨骸的紋路鑑測結果資料一定拿出來，但他們不願意，說是事隔多年，把經過各種破壞的骨骸刀紋拿來做鑑測，其結果恐不正確，不宜拿到法庭做爲證據。法院幾度要求他們提供，而他們拖詞不願意，似乎也就沒轍了，我甚至曾要求法院前往法醫研究所進行搜索保全證據，他們還是拒絕提供。我們對法醫研究所的公正立場信不過，並提出強烈質疑，原因在此。

不過後來這把菜刀出土之後，經過刑事警察局鑑識中心鑑定，確認刀刃兩邊紋路都破壞掉了，無從採樣，法醫研究所掌握有骨骸的刀紋樣本，也無從施行。所以進一步刀紋比對的採證工作便宣告放棄，辯方爲發覺最後眞相的努力似乎也到窮途末路了。

20 高等法院92矚再更一字第1號，審理卷八宗37頁。

法醫研究所的主體工作及可議的表現

講到這裡，我們必須跟大家介紹一下法醫研究所這個公家單位。法醫研究所前身原來爲高檢署法醫中心，是隸屬於高等法院檢察署的鑑識單位，專爲檢察機關等從事官方的鑑識工作，包括相驗、解剖屍體，或要做死因或死亡方式的鑑定，通常會囑託這個單位來進行；後來這個單位的人員編制及業務一再擴張，爲使該中心的法律地位有所提升，最後改隸法務部所直屬的一個鑑識專業機構。

法醫研究所的所長，過去都是由法務部長任命，歷任首長多是來自檢察系統的檢察長，對於刑事鑑識是否內行，便不得而知了，但外界直批爲外行領導內行。該所業務包括：身體、病理及死因之勘驗、檢驗、鑑定及研究；藥毒物之勘驗、檢驗、鑑定及研究；刑事證物之勘驗、檢驗、鑑定及研究；法醫學上鑑定檢驗之解釋及研究；各地方法院檢察署法醫業務指導及監督與法醫人員之培訓等[21]。

科學鑑識的工作有法醫鑑識及刑事鑑識（如指紋、DNA、車禍、筆跡等）兩種，若涉及法醫的鑑定，就是法醫研究所的職責，刑事鑑識則歸刑事局的鑑識中心負責。目前全台的命案都歸法醫研究所鑑定，假使檢察官認爲有必要，就由法醫研究所指派，或就近由地檢署聘任的專業醫師或法醫師進行解剖。解剖一具屍體目前約二萬元，均由該所決定人選，所以也有人說它是「屍體解剖發配中心」。解剖工作非常重要，如果一開始死因或死亡方式無法判定，該案就可能變成懸案。國家每年編列預算支付解剖的經費相當龐大，法醫研究所掌握了所有解剖的資源，如應用不得宜，是否衍生流弊，值得檢討。

在蘇案發生時，台灣的法醫相驗工作經常由檢驗員充任，法醫研究所聘任的顧問，有的是軍醫轉任，還有只要是對醫學、醫事上有專業經驗，或是具有醫師資格者都可以遴任，依照刑事訴訟法的規定，他就具有相驗、檢驗屍體的資格，也可以進行囑託的解剖工作。通常各地檢署所承接的死亡相驗案件，如果不是他殺或可疑非病死，會出具相驗屍體證明書，交給家屬進行殯殮事宜，如果需要進一步解剖，就報給法醫研究所再委請法醫顧問或專業法醫師配合來執行。

蘇案發生後，汐止分局報給士林檢察處檢察官崔紀鎮負責相驗。在檢察官命令指揮之下，由該地檢處檢驗員劉象縉驗明是他殺，也做了七十九處的刀傷驗斷記錄，但當初的相驗工作相當草率，檢察官既未循家屬的要求進行解剖，而檢驗員也只檢視了死者葉女身體的外觀，下體沒有採取檢體，以致後來她是否遭強奸，變成歷審爭論不休的疑點之一。至於除了刀傷之外是否有其他死亡原因，現場血跡斑斑，他即認爲並無死亡加工的情形。

21 法務部法醫研究中心組織法，1011年6月。

後來有人檢討，認爲蘇案涉及兩條人命，本來應該解剖，因爲由外觀來看，只能做表面粗淺的鑑識。檢察官開具相驗屍體證明書給吳姓夫妻的家屬後，遺體還好是土葬，不然多年後要再取出骨骸作刀痕的比對鑑定，根本毫無可能，法院後來可以發掘部分眞相而獲得平反，似乎冥冥之中另有安排留此一手，也算是幸運！

兩份鑑定書的證據能力爭奪戰

但是按照魏區博士以專家證人作證時說[22]，就算是有了骨骸，蘇案被害人的頭顱骨埋在土裡十多年再出土，必須有人類考古學家及工具痕跡專家參與鑑識，還有法醫病理學家、法醫X光學家及犯罪偵查學家，由這五種專家組合，才夠資格做鑑定，然而法醫研究所的鑑定，並沒有人類考古學家及工具痕跡專家參與，無怪辯護人羅秉成具狀強烈抨擊指出：

「鑑定書以量取被害人頭顱骨上部分「刀痕角度」的差異，據以推斷造成如此刀痕的刀器有『開山刀類』、『菜刀類』之分，欠缺理論依據，失諸客觀，且所爲實驗及分類不夠嚴謹、完整。a、以刀痕角度「推定」刀刃角度不正確也不合理。b、以統計學——

檢測法「推定」吳、葉二人頭顱之刀痕角度有顯著性差異，不正確也不合理。c、鑑定人量取所謂刀痕角度之方法不盡正確，有失眞之虞。d、鑑定人引用參考外國文獻未正確解讀，有誤導之嫌。…鑑定書與鑑定人的陳述，及鑑定人相互間的陳述，亦有自相矛盾情形。…法醫師吳木榮證稱：死者的刀傷是二種以上的凶器造成，欠缺根據，且前後矛盾。…結論：1、鑑定意見可採部分有證據能力，且可證明被告無罪。2、鑑定意見不可採部分欠缺證據能力，且證明力極爲薄弱，非可據爲不利於被告的認定基礎。四、總結語：本案的眞相：一個眞凶，兩條冤魂，三名無辜的被告。」

我在辯論中也指出，法醫研究所的鑑定報告，是根據蘇案三名被告在警方逼供下的自白，所做出來的「套合式鑑定」，幸好再審合議庭的法官明鑑，才能夠否定它的證明力。

在矚再更一審，我們曾提出要求，希望法醫研究所參與鑑定的八位專家，能夠提出學經歷，以及過去有作過類似骨骸鑑識的經驗記錄，用以證明他們夠資格做本案骨骸鑑定，但他們始終提不出來。然而矚再更一審對於我們要求李昌鈺這位國際級的鑑識專家，到庭以專家證人作證，則設定障礙阻撓再三，例如原受命法官（後兼審判長）官有明不顧我們一再請求，硬是指定二〇〇七年一月二十六日要李昌鈺出庭作證，可是他的既定行程已排

22 92年矚再更一審第1號，2004年3月30日筆錄。

到二〇一〇年之後，他要求是否可以在二〇〇七年五月四日乘回國講學之便出庭作證，審判長最後雖勉強同意，卻要求我們請李博士出具確認書，才准該日期讓他作證。

眼見一件具有建立法制歷史意義的專家證人作證的規劃，被不願面對眞相的人多方刁難，我眞是氣憤與無奈交加，不料到了二〇〇七年二月二日庭審，審判長官有明聽了法醫師石台平等觸及眞相核心的專家證詞，似改變了排斥的心態，當庭宣布歡迎李博士在五月四日如期到庭作證，令人驚奇莫名！

不過，由於公訴人以危機處理，具狀要求合議庭屆期也通知法醫研究所推派原鑑定人代表到庭作證，以爲對抗。很有意思的是，審判長亦准如所請，但卻於高檢署二〇〇七年四月四日來函中批示：「俾就李昌鈺的作證能立即就鑑定人立場提出補充說明，以免扭曲眞象。」或許自覺不妥，而後將「以免扭曲眞象」幾個字刪除，但已洩漏審判長有罪的心證。

李昌鈺博士嚴正的警告

李博士於二〇〇七年五月四日，首次以「專家證人」的身分在台灣法庭作證，消息傳出，馬上全國矚目。李博士在法庭上本於專業與良心，指出本案為已槍決的被告王文孝一人犯罪之可能性，顛覆了眾口爍金、多人多刀的說法，有如撥雲見日，不但讓一般民眾如大夢初醒，更震撼了整個司法大廈，特別對號稱審過本案的四十多位法官、法務部法醫研究所鑑定人及檢察系統相關成員，有如晴天霹靂！

其實，早在二〇〇一年六月十八日，李博士偕同專案小組在法醫研究所舉辦記者會，就他檢視汐止吳姓夫婦骨骸上的刀痕有所說明時，我與許文彬律師也同時在場觀察，並發言請教。其間，李博士在與許律師還有一段現場比劃的動作，透過電子與平面媒體的報導，令國人印象深刻。當時李博士已直言，被害人遇害的情狀與被告自白不符。因此，他基於專業使命感，還鄭重宣布他要協助本案鑑定，並希望將兩個頭顱骨送到美國實驗室，藉助精密的儀器進行檢測，以尋求正確的答案。

令人不解的是，三死囚坐等鑑定結果長達一年，在高院再審合議庭三催四喚之後，法醫研究所才姍姍來遲，提交法院一份「鑑定函」，但是紙頭紙尾，竟沒有李博士的著墨或簽字認可。該所的說法，是他沒有時間參與鑑定，然而我們確知，在那一年之內，李博士有來台的記錄。再審合議庭要求該所提供六次專案會議記錄，他們也是推三阻四。李博士在記者會上曾那麼信誓旦旦、捨我其誰的承諾，如今竟以沒有時間參與，其中到底有何隱情存在？值得推敲。

猶記得，在二〇〇二年八月一日，法務部法醫研究所以豬頭當人頭試驗所作的鑑定報告出爐，以刀痕角度推定有二個以上兇手，而且兇器有三把，有如神準一般的，與自白完全相符。消息一出，過去承審過蘇案的法官如獲至寶，雀躍歡呼是遲來的正義，並自稱「還我公道」。爲了探究眞相，我與許律師先後寫信到美國向李博士請教，並希望他能夠乘回國講學之便，出庭說明，或接受辯護律師委託，以專家證人身份作證。

其間，李博士亦曾打過越洋電話給我們，表明他雖然沒有直接參與鑑定，但他檢視過死者的骨骸，並提出相關鑑定方法的建議，而且要求法醫研究所將兩個頭顱骨送到美國進一步作精密的採樣檢測，所以應該也算是有「間接鑑定」。那麼，爲何最後鑑定結論作出之前，未能與李博士討論，而且八大專家出庭作證時又當場否認李博士參與呢？

前述以豬頭所做的鑑定報告發表不久，剛好李博士來台講學，就在二〇〇二年九月十日中午，我與許律師前往桃園縣龜山鄉李博士下榻的飯店拜訪請教，並將上次庭審經過，當面給他做簡報。李博士除重申他曾經檢視並提供建議的過程之外，對於法醫研究所未依照他的要求將兩個頭顱骨送到美國檢驗，表示遺憾。他特別強調，經過十年的風化侵蝕，骨骸上的刀痕會變形走樣，與原貌不同，以此取角度推定兇器的形態及數量，將發生不正確的鑑定結果。

李博士嚴肅的表示，這宗中外矚目的案件，涉及多條人命，法院應容許再鑑定。我說，法院有結案的壓力，似不可能接受，但他認爲，這在美國法庭簡直是一件不可思議之事。他雖然拒絕出庭作證，但表示可以負責安排美國國際級法醫學權威魏區教授組成二至三人專案小組共同受託鑑定，所需費用，他可以說服他們減半收取，他的理由是：蘇案再鑑定是「作公德的事」！

翌日，李博士循許律師的要求，出具一份「對蘇案法醫鑑定的看法」書面意見，希望提交高院再審合議庭審酌參考，重作決定。這份書面意見的內容，詳見本章「法醫研究所的刀器鑑定」一節。雖然高院再審合議庭未接受該項建議，但於二〇〇三年一月十三日石破天驚的宣告被告無罪開釋，其判決理由則排除法醫研究所的鑑定結論。可悲的是，無罪的判決不爲同仇敵愾的最高法院所接受，案件上訴後不久，很快被撤銷發回更審，又回到高院更審，被告生死仍在正邪拔河之中。

要特別一提的是，二〇〇六年十一月二十五日台灣法醫學會改選理監事所舉辦研討會，我在聆聽大師精彩的專題演講後，與他同車前往萬芳醫院走下個行程，這時他還沒看過卷證現場照片資料，但是因爲有鑑於我們長年的救援奔走，爲義務辯護作正義的付出，而且情詞懇切，終於應允出庭作證。然而他也對我很鄭重的表示說：「我是鑑識科學家，完全看證據說話，不要以爲接受辯方的邀請，未來出庭時就會站在辯方一邊說話。」當時我也嚴肅的表明：「我對大師爲人處事所堅持的原則有充分了解，只要您憑專業與良心說話，被告眞金不怕火煉，絕對經得起考驗，大師儘可據實陳述，好壞我們都會坦然面對。」此情此景，當可了解我們爲了追求眞相，大有不到黃河心不死的決心。

既然李博士有言在先，我就特別向蘇案義務辯護律師團提出報告，大家有點不放心，認爲萬一有所閃失，前功盡棄，因此決定暫時保留。可是我並不死心，次日即邀集被告三人到我事務所，探詢他們的心意，並告知其可能的風險，他們三人也坦蕩蕩的，決定承擔任何不利的後果。身心受創最深的莊林勳，當時竟然說了重話：「我寧願死在李博士專業的證詞中，而不願枉死在法醫研究所憑空抓刀烏龍鑑定的陷阱裡！」可見李博士願意出庭作證，對我們來說，已是孤注一擲、絕地反攻的最後選擇。

專家證人忍辱負責

律師團聲請高院矚再更一審合議庭准許李博士以專家證人身分到庭作證，可以說是一波三折，若非李博士忍辱負重委屈求全，換作他人恐怕早已敬謝不敏了。

什麼是「專家證人」呢？他不是「證人」，也不是刑事訴訟法第210條的「鑑定證人」，新修正刑事訴訟法改制採行「改良型當事人進行主義」，但在檢方掌控公設鑑定機關與法醫鑑定資源失衡的情況下，如果法官看不懂專業鑑定，抑且又強烈排斥第二或第三種鑑定，不僅會造成「一鑑定終身」的結果，而且容易被錯誤的鑑定拖著鼻子走，這對無辜的被告將造成無可回復的傷害。因此，法院能夠引進「專家證人」制度以爲制衡，這對發現眞實的功能、司法審判與國際接軌及提升裁判品質，是絕對必要的配套機制。

爲補偏救弊，司法院雖訂定有行政指導性質的「專家諮詢要點」可供運用，但既非正式納編常設法制，且專業證詞如不經法庭攻防進行檢視，法官片面或私下諮詢所獲得的專業心證，不但有私相收受之嫌，如遽以引用成爲判決理由，將違反「裁判證據主義」原則，而發生理由不備或不適用法則之違法。以是，現行刑事訴訟法雖無「專家證人」的規定，但實務上，在踐行鑑定人具結及經由交互詰問程序之後認定其有證據能力而採爲判決基礎，已有多件案例可循[23]，但是依照最高法院相關判決所示，專家證人必須先行通過法院的審查，還要以鑑定人身分依法具結，其證言始具有證據能力。

蘇案矚再更一審合議庭在二〇〇四年三月三十日召開臨時庭准許應邀來台實施319槍擊案現場鑑定的美國賓州匹茲堡法醫實驗室魏區教授以「鑑定證人」身分出庭作證，就本

23 參見最高法院95年台上字第6963號、台中高分院93年交上訴字第1280號、台灣高等法院94年度重上字第188號、93年度易字第1661號、94年上更字第683號、92年度重上更字第99號刑事判決。

案骨骸刀痕鑑定的資格能力，提供國際級專業意見[24]。而對李博士的出庭初則要求以「鑑定證人」身分傳訊，屆時則同意改以「專家證人」身分具結作證，或許考慮到其前此僅有初步檢視骨骸的經驗，不符合現行刑事訴訟法第210條規定之故。

准許傳李博士作證的矚再更一審合議庭，原審判長是李文成庭長，後來因故提早退休後，由受命法官官有明兼任審判長，陪席法官為周盈文、陳世宗。五月四日李博士出庭作證前夕，周法官因視網膜剝離住院治療，臨時由法官蔡聰明替補。審判長官有明健康情況不佳，但為了趕結案，曾有一度每一星期開一次庭，連續四、五庭，審判長抱病硬撐，有時不堪其累低頭休息，看來令人不忍。據一般風評，他是屬於保守型法官，然而審理本案時，竟容許辯護律師聲請引進五位「專家證人」在法庭提供專業意見，且進行辯護時，也允許辯護人使用電腦power point輔助論述，讓控辯雙方暢所欲言，也算是跟得上時代腳步。可惜的是，這一庭最後竟以王文孝的自白推翻專業意見，並指李博士的鑑識證詞為「臆測」，再逆轉判決三人死刑，令我們十分錯愕。不過宣判之後他對媒體透露，他本來主張改判無期徒刑，另二位法官不同意。不過，他認為本案被告再度上訴之後，很快就會回頭。為了慎重，所以雖再判決死罪，但並未重行羈押，也是司法奇譚。後來案子被告上訴後不久，果真的又回頭到高院成為矚再更二審案件，由審判長陳博志法官主審。

現場重建與血噴型態的鑑定

由於專家證人妾身未明，李昌鈺證詞的證據力也受到影響。後來最高法院認定，李昌鈺僅提供專業知識、經驗應以鑑定人的身分作具結，也因爲他確實沒有實地參與與骨骸相關的鑑測，故不能以鑑定證人的身份具結，證詞很容易被一筆勾銷。囑再更一審判決後，律師團考慮到可由法院正式囑託李博士鑑定，由於刀器有了，是否可以進行工具痕跡鑑定，果能採到刀痕的紋路，即可與頭顱骨上刀痕紋路兩相比對，最後能夠採到多少清晰的紋路，就做多少比對。我當時的設想是，假如比對出來都是來自同一把刀器，就表示行兇的只有一把菜刀，沒有第二或第三把兇器，是否有共犯，答案就呼之欲出了。

當初的構想，是向合議庭建議將菜刀交給李博士帶回美國做特殊儀器鑑定，但也怕因途中有閃失丟了重要證物，再加上費用又高律師團無法張羅支付，最後合議庭裁定交由刑事警察局鑑識中心程曉桂主任先以高倍率顯微鏡儀器照射後，發現刀刃角缺口太多，銹損太嚴重，而頭顱骨部分，須破壞解體後才能採取樣本，被害者家屬也堅決反對，以致於李博士偕同專家到台灣進行鑑測的計畫也停擺了。

24 詳見本章其它小節

後來我們退而求其次，以現場重建的方式，檢測血跡噴濺方位，來推斷案發時現場的狀況，李博士認為，從現場空間的大小、血跡噴濺的型態，可以用來確認現場究竟兇手行凶的相關位置，可能行兇的方式為何，那麼多人（包括被害人計六人）是否可能在這個行兇現場出現，如果空間太小，大家刀棍齊下，會不會砍殺到自己人。

矚再更一審判決之後，律師團也破例在台大校友會館租用一個房間，模擬重建過一個現場，並召開記者會，希望藉模擬的現場，呈現不可能容納那麼多人砍殺的訊息，能廣為人知，讓法院審判者能夠看得到實景。因為這次的現場重建模擬，我們試圖展現實際空間，加上原來的血跡分布狀況，未來可以確認鑑定是否在一個狹小的空間，四人是否可以不同兇器進行殺害二個被害人的犯行。幸好矚再更二審的審判長陳博志很友善，態度公正無私，辦案仔細認眞，見我們很堅持，就不理會公訴人的異議與杯葛，准許李博士進行重建現場鑑定程序。

我們根據現場的錄影帶影像，由專案秘書蕭逸民去蒐購同類或類似的傢俱，沒有的話就訂做，雙人床、床頭櫃、五斗櫃、化粧台、衣櫥等，都必須合乎現場原傢俱尺寸及規格，並在東吳大學城中校區租一個房間，依照原現場的場地面積丈量，劃定一個空間，把傢俱置放其中，設置好之後，再由法官陳博志率同公訴人、告訴人家屬、被害人代理律師到重建現場實際檢視確認無誤，再指示我們在二〇〇九年六月十九日搬到汐止眞正的犯

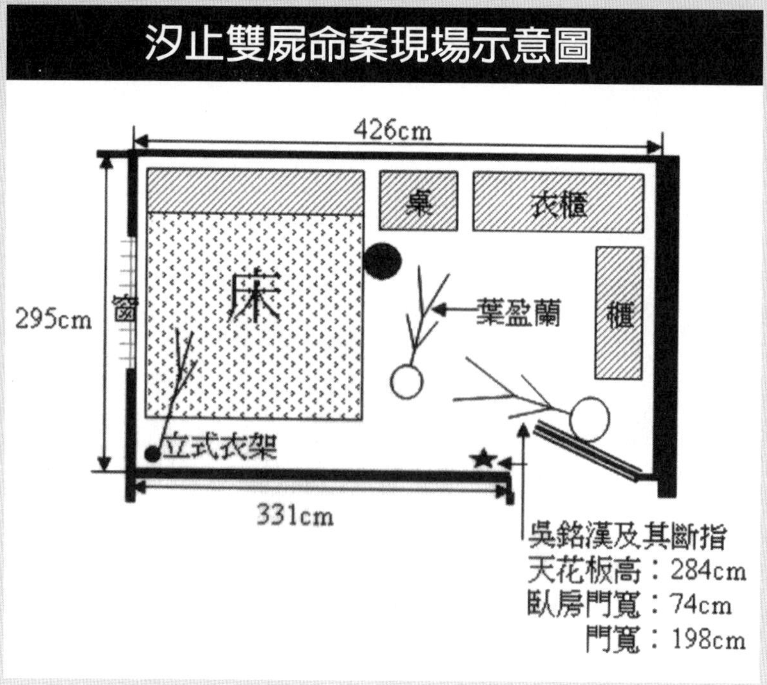

來源／蘇友辰

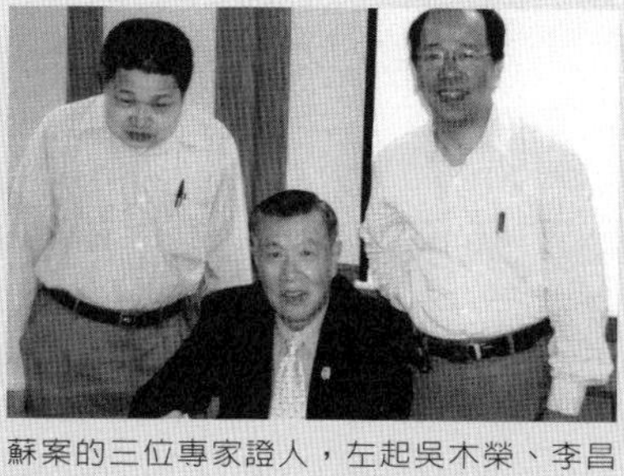

蘇案的三位專家證人，左起吳木榮、李昌鈺、石台平。　來源／蘇案平反工作大隊

扣案的菜刀是蘇案唯一信而可徵的證物
來源／蘇友辰

罪現場佈置起來，妥當後陳法官再確認一次。這時還有一個很重要的工作，就是爲了要知道兇手行兇時的血跡如何噴濺及確認相關位置與高度，我們就根據原始犯罪現場搜證錄影帶及照片中所示，以1：1比例放大爲原來大小的血跡照片，剪下來貼在傢俱的同一位置上，完全模仿實景。現場完成佈置後，李博士第二天帶了兩位經常與他配合的鑑識助手，到現場做鑑測，前後做了將近三個小時，中間沒有休息，每做完一個階段，李博士就請陳博志法官進來，爲他解說細節，例如血跡在這裡，人可能站哪裡，或是床上有毛髮，是從葉女頭上砍削下來的，或如以長柄開山刀行凶，會不會砍到傢俱等等，整個過程都有錄影及錄音記錄存證。

陳博志法官爲示公平起見，同日也請法醫研究所指派原鑑定人蕭開平、台北市警察局鑑識科的謝松善主任來到現場，看看是否可同步做鑑測，但是他們兩位只是拿了搜證照相機來照照像，根本沒有帶鑑測工具，談不上作科學鑑定，公訴檢察官雖力促他們比照李博士的說解模式，也向陳博志法官說明他們鑑識方法及結果，可是他們推三阻四，最後打電話回法醫研究所向所長王崇儀請示，由於王所長反對現場說明而作罷，公訴檢察官與兩位鑑定人在場商議決定回去再作討論，等結論出來再向公訴人報告，陳玉珍檢察官即時表明「OK」。如此御用單位的鑑識過程，他們後來居然也寫得出「鑑識報告」來，說現場可以有那麼多人包括法官、鑑識人員、檢察官、辯護律師等進進出出，足見現場空間確可以容納四個共犯同時行凶云云。

而李昌鈺博士的鑑定報告中，羅列現場重建結論二十四條[25]，鑑定結論如下：「一、從現場實際情形、活動空間、傷口型態和位置、可能涉案刀棍和血跡型態、涉案人手長、胸寬、被害者傷口方向等資料推斷，本案現場犯案空間相當狹隘。現場雖可勉強擠進六人，但如四人同時揮舞刀棍砍殺，在犯案時間現場能見度（凌晨四時許）及刀長、臂長情形，極不可能四人同時行兇刀棍齊下砍殺二名被害人。二、依據血跡分佈情況、所發現之唯一指紋和血腳印，及犯罪現場重建，本案極可能爲王文孝一人所爲。」

陳博志主審第三庭在二〇一〇年十一月十二日再度判決蘇建和、劉秉郎、莊林勳三人無罪[26]。接著檢察官上訴，二〇一一年四月二十一日最高法院又將原判決撤銷發回更審[27]。到了二〇一二年八月三十一日，高等法院刑事二十一庭[28]，矚再更三審第三次將三被告判決無罪，檢察官依法不得上訴，全案定讞。

25 蘇建和案犯罪現場重建鑑定報告，鑑定人李昌鈺，2009/7/30。
26 高等法院刑事第三庭，審判長法官陳博志、法官劉興浪、陳德民。
27 審判長法官蘇振堂，法官林立華、蔡國在、陳春秋、洪佳演。
28 審判長周政達，法官許永煌、趙文卿。

2	五、現場重建結論 1. 現場種類： 本案為第一現場，屬動態，非組織犯罪現場。	無	法醫研究所未作此鑑識判斷。
3	五、現場重建結論 2. 行兇動機： 原本並非蓄意謀殺，而因竊財驚醒被害人而殺人。	無	法醫研究所未作此鑑識判斷。
4	五、現場重建結論 3. 行兇手法： 被害二人共有 79 處刀傷。79 處刀傷並非砍殺 79 次（也許一刀多傷），並無如原起訴書所描述之警棍或其他鈍器傷。	無	法醫研究所沒有分析扣案警棍是否為兇器
5	五、現場重建結論 4. 傷口狀態： 許多傷口皆深及死者骨骼，證明兇手孔武有力，揮刀速度及弧度均大，以致造成深度傷痕。傷勢屬於狂怒下攻擊的類型。兇手行兇是時可能為瘋狂狀態，或是處於受藥物影響的狀態。	無	法醫研究所未作此鑑識判斷。
6	五、現場重建結論 5. 平行性刀傷： 被害人頭部多處連續型傷口，且刀傷呈平行狀況。說明兇嫌與被害人之相對位置不變，並於很短的時間內連續砍殺造成過度傷害。	1. （五）依現場情形及被害人受傷情形，可推定被害人係在有防禦及抵擋式抱頭姿勢下，致軀幹四肢受傷，且造成頭部無一致方向性之刀痕。（鑑定報告第35頁）	法醫研究所就頭部無一致方向性之刀痕的結論與附表數據中的記載不符，自相矛盾。

（二）

附錄十一

【李昌鈺博士鑑定報告】與【法醫研究所鑑定報告】比較對照表

	李昌鈺博士	法醫研究所	說明
1	三、重建準備工作及採用之方法 （一）資料分析 （二）現場還原 （三）血跡分佈及重建 （四）作案刀具分析 （五）犯罪事實重建	（一） 以含高解析度超音波檢測儀及電腦斷層影像檢測儀，分別以親水性酒精浸水液體及空氣汽體爲解析介質進行刀痕走向定點垂直九十度橫切面掃描，觀察骸骨刀痕斷面形狀。 （二） 經排除骨骸中有顱骨內、外板均穿透之骨骸刀痕，內板有移位可能、骨質殘缺不良樣本之刀痕及顱骨外板嚴重剝離或移位之刀痕截面後，選擇無以上瑕疵者，界定爲可供鑑檢骨骸刀痕。 （三） 交叉比對刀痕斷面形狀，測量角度並與標準尺（Calibration）相互比對。 （四） 選取兩位受害人可辨識顱骨殘骸中刀痕深度及寬度逐一測量，比對其橫切面形狀及特徵。 （五） 以統計學方法（t-檢測方法，包括Tukey HSD法、Scheffe法、Tamhane檢定、Dunnett t-檢定等）檢定其刀痕角度及寬度之差異性。	李昌鈺博士爲國際公認的犯罪現場重建專家，血跡噴濺痕爲刑事鑑識科學界使用多年的成熟技術。因此，鑑定人員適格，鑑定方法可信。 法醫研究所欠缺「法醫人類考古學家」及「工具痕跡專家」與刀器實物不存在之情況下，首次以自創的方法，對十多年前死人的骨骸實施「刀痕角度」的鑑定，以骨骸刀痕角度研判刀器種類，此項法醫研究所獨創的技術，未經刑事鑑識科學界認可及普遍使用。因此不僅鑑定人不適格，其鑑定方法亦不可採信。

（一）

9	五、現場重建結論 8. 雙人床： 放置在床上的抽屜、信封和紙張並沒有沾染血跡，此些物件明顯是於行兇後被放置於床面上的，所以行兇順序應是：進入公寓後，進入主臥房、先打開五斗櫃驚醒男被害人，接著砍殺男被害人，再驚醒女被害人，接著連續砍殺女被害人。二位被害人皆倒地上後，兇嫌繼續連續砍殺以確定被害人已死，最後再拉出抽屜搜索財物。	（四） 依被害人受傷之情形，其被害之後當非立即死亡。（鑑定報告第35頁）	法醫研究所未作此鑑識判斷。
10	五、現場重建結論 9. 放置在床上的抽屜，其內邊左上方似有模糊的指印，可能是兇手觸摸所遺留的。	無	法醫研究所未作此鑑識判斷。
11	五、現場重建結論 10. 床上發現大量血跡及一束頭髮，男女被害人最初是在雙人床上枕頭附近被驚醒後遭受攻擊的。	無	法醫研究所未作此鑑識判斷。
12	五、現場重建結論 11. 化妝台表面及附近地面有多處垂直型滴血，證明被害人最初曾經在床附近站立同時被砍殺。	無	法醫研究所未作此鑑識判斷。

（四）

6		2. 吳男性被害人骨骼殘留刀痕觀察分析表編號19、23、24的傷口為平行性刀傷。（鑑定報告第37、38頁） 3. 葉女性被害人骨骼殘留刀痕觀察分析表編號1、2、3、8、9、18、20、22、25、39的傷口為平行性刀傷。（鑑定報告第39、42頁）	
7	五、現場重建結論 6.防禦抵抗傷： 兩名被害人手部皆有係防禦抵抗傷，且男性被害人左手無名指被斬斷，證明於被砍殺時，二位被害人均清醒，並有抵抗。	可以確認吳與葉兩人遭殺害時都有明顯防禦及抵擋式抱頭姿勢下的抗拒行為，致軀幹四肢受傷，且造成頭部無一致方向性之刀痕，支持是在驚醒狀態下遭殺害。（鑑定報告第34頁）	二位被害人均清醒，並有抵抗的結論相同
8	五、現場重建結論 7.女性被害人衣著： 女被害人內褲沒有被撕破，內褲的陰道口和臀部附近，都乾淨沒有染血，亦無精液及穢物發現，並沒有被性侵害的痕跡。葉女右肩胛骨的傷口為砍切傷，扣案菜刀亦可能造成類似形狀之傷口。葉女上衣的背後似有割裂痕，衣褲血跡清晰，並無拉擦形狀的血跡，證明葉女的衣褲沒有被換過。	（三） 依女性被害人衣褲上血液分佈情形，研判該女在頭部遭疑菜刀及開山刀等刀器殺害時所著上衣於死亡後未遭更換，至該女所著褲子於死亡後是否曾遭更換暨如照片所示該右肩胛骨刀傷處，其所穿著之衣服有無破裂等節，因送鑑時既存之資料有限，尚屬無從鑑定。（鑑定報告第11頁）	法醫研究只作出上衣未遭換穿的結論。另外研判該女頭部疑為菜刀及開山刀等刀器殺害係以自創刀痕角度推論，違反鑑識科學原理原則。 李昌鈺博士除相同提出上衣未遭換穿的結論外，尚能提出證據，證明褲子未遭換穿，以及上衣有割裂痕。

（三）

16			李昌鈺博士則透過血跡噴濺痕的現場重建，排除多人行兇的可能性。
17	五、現場重建結論 19. 現場活動空間大約在 7.12 m2 至 1.41 m2 之間，如二名被害人加四名兇嫌，可能佔有面積爲 26.21 m2，故現場無法容納如原起訴書所謂之行兇方式：四人同時持刀棍行兇。倘若四人同在現場揮舞刀棍，極有可能傷及自己、同夥人或傢俱。	無	法醫研究所未作此鑑識判斷。
18	五、現場重建結論 20. 吳男性被害人陳屍位置是在房門與五斗櫃之間。由於房門及五斗櫃位置限制，只能容納一人。兇器只有菜刀可能，水果刀及警棍不可能造成砍殺傷口，因開山刀刀刃長度該空間不能容納，並會在五斗櫃側造成刀砍痕跡。因此根據排除法，唯一可被容納之凶器爲菜刀。	（二） 被害人屍體相片與骨骸殘留刀痕證據，可辨識之刀痕支持至少有三種類別刀刃兇器，經研判及推定如下： 1. 推定造成葉女性被害人背部右肩胛骨棘內側特殊刀傷之極尖銳薄質利刃，研判爲水果刀類等。 2. 推定造成吳男性被害人、葉女性被害人頭骨刀痕角度約二十度爲較重型刀刃類銳器，研判爲菜刀類等。 3. 推定爲造成葉女性被害人頭骨刀痕角度約四十度爲較重型刀刃類銳器，研判爲開山刀類等。	法醫研究所可以在欠缺刀器的情況下，從骨骸逆推刀器種類，而且可以確定兇刀爲菜刀、開山刀、水果刀，首創全球獨家的鑑定方法。 李昌鈺博士透過現場重建分析血跡分佈、空間大小和死者身上刀痕形態排除開山刀和水果刀行兇的可能性。

（六）

13	五、現場重建結論 12. 雙人床、五斗櫃及牆邊地上，四週均有大量的、非常完整的噴濺痕及滴血，沒有人體或物件阻擋的痕跡。從現有的證據看來，可以肯定沒有多人在場犯案的跡證。	（二） 依被害人屍體顯示傷口之數目及傷創情形，推定行兇者爲二人以上。（鑑定報告第35頁）	法醫研究所沒有進行犯罪現場重建的能力，僅依死者傷口數目和傷創情形（遭三種兇器攻擊），就推論行兇者爲二人以上。 李昌鈺博士則透過血跡噴濺痕的現場重建，排除多人行兇的可能性。
14	五、現場重建結論 13. 現場地面、棉被、衣物均有血跡，說明在兇手行兇過程中，這些衣物已在地面。現場活動空間極小。	無	法醫研究所未作此鑑識判斷。
15	五、現場重建結論 14. 現場棉被血跡形狀與死者陳屍位置及血跡形狀不符，棉被血跡大部分屬接觸轉移型，而且沒有割裂痕，說明棉被位置於事後被移動過。	無	法醫研究所未作此鑑識判斷。
16	五、現場重建結論 15. 現場房間很小，加上有雙人床、五斗櫃等傢俱擺設，二位死者倒地，再加上棉被、衣物。所以很難容許4個人在同一時間用4種刀棍擊殺。	（一） 吳男性被害人及葉女性被害人骨骸及殺害之相驗現場相片支持至少三種刀械類型，包括符合如照片所示之證物菜刀乙把、開山刀類及水果刀類。 （鑑定報告第34頁）	法醫研究所未考慮行兇空間大小與同時砍殺的可能性，又未進行現場重建工作，推論欠缺科學證據支持。

（五）

附註：
（1）李昌鈺博士犯罪現場重建鑑定報告，參見　台灣高等法院96年度矚再更（二）字第一號刑事卷，外放證物。
（2）法醫研究鑑定報告參見　台灣高等法院89年再字第4號刑事卷第12宗第42~44頁。
（3）本表為義務辯護律師團專案助理蕭逸民製作。

（八）

19	五、現場重建結論 21. 地上發現有2種可疑血鞋印，但排除了一種現場人員留下的鞋印，所以只有一種圓點型的血鞋印，這種鞋印可能是兇手遺留的，而現場並無其他種類鞋印發現。	無	法醫研究所未作此鑑識判斷。
20	五、現場重建結論 22. 被害人衣服及床上、地上的被單之血跡均爲鮮血，並無洗刷清理的痕跡。床、被、櫃、牆均無刀棍傷損痕跡，兇殺現場範圍僅爲床上及床邊地上，攻擊時間亦極爲短暫。	無	法醫研究所未作此鑑識判斷。
21	五、現場重建結論 23. 現場發現三枚血指紋，指紋比對爲王文孝所有，其他三名嫌犯指紋、掌紋未在現場發現，此點強烈顯示其他三人不在犯罪現場。	無	法醫研究所未作此鑑識判斷。
22	五、現場重建結論 24. 現場人員在浴室內找到11根毛髮，這些毛髮全屬被害者或其家屬。現場並無任何毛髮、微物屬於三嫌，也顯示其他三人不在犯罪現場。	無	法醫研究所未作此鑑識判斷。

（七）

大逆轉

拒採李昌鈺證詞 蘇案3人判死。

■蘇建和被改判死刑，母親悲泣指法官亂判，他摟著母親肩膀安慰，嘆稱青春已耗費16年，他「沒有殺過人」。方萬民攝

■劉秉郎（左）、莊林勳（右）昨穿著寫有「無罪」的背心赴高院聽判，卻遭改判死刑。方萬民攝

劉秉郎（35歲）
學歷 高中畢業
現況 就讀大學觀光系

莊林勳（35歲）
學歷 國中肄業
現況 在工地打零工

蘇建和（35歲）
學歷 高工畢業
現況 台灣人權促進會正式員工

資料來源：判決書、蘇友辰律師

■劉秉郎的母親（中）步出法院後情緒崩潰，大罵司法不公。劉耿豪攝

蘇建和案後續流程

高院宣判 → 上訴最高法院 →

- 直接改判：最高法院若認為基本事實無誤，只有法條疏漏，直接改判，但刑度不會改變。
- 回高院更審：最高法院認為調查未完備，撤銷死刑判決，發回高院更審。
- 駁回上訴：最高法院同意高院判決，駁回上訴。→ 法務部長批准後執行槍決。

註：判處死刑的案件，一律須上訴最高法院

資料來源：《刑事訴訟法》

■李昌鈺作出有利蘇建和三人的證詞，但法官多數不採信。 資料照片

蘇建和案所創司法紀錄

1. 檢察總長提出3次非常上訴。
2. 最高法院1995年判決死刑定讞時，所有刑庭法官破天荒以研討會名義對外公布意見，以駁斥「法官誤判，司法殺人」的質疑。
3. 死刑定讞後延宕最久未槍決個案。（從判死刑確定到裁定再審，歷經5年3月）
4. 蘇建和之父病危時，在押的蘇建和獲准返家探視，為全國首例。
5. 首件被告遭判死刑定讞後獲得再審個案。
6. 最高法院承審再審抗告案時，首度要求5名承審法官都必須閱卷、撰寫判決要旨。
7. 三被告再更一審被判決死刑後未遭收押，為死刑犯未收押首例。

資料來源：《蘋果》資料室

2007年6月30日蘋果日報報導蘇案大逆轉再判死刑　　來源／蘇案平反行動大隊

第三部分

結語

口述十一／

兩次婉拒阿扁總統特赦

這前後兩次特赦的機會，我們都曾徵詢被告三人，把相關後果解釋給他們聽，他們有最後決定權；他們仍希望法院給他們一個最終的無罪裁判。由於這個認知，也有強烈拚個清白的意志，婉拒了兩次特赦。

第八章裡我提到，蘇案三審確定後，檢察總長陳涵提出三次非常上訴，在一九九五年八月十七日，最高法院駁回第三次非常上訴，台北市律師公會立刻發表聲明，聲援三名死刑犯，並希望李登輝總統考慮特赦。八月二十八日，各大專院校四十六名法學教授召開緊急記者會，認爲該案證據尚有疑義，若冒然執行槍決，等於是「枉法裁判．司法殺人」，期望最高檢察單位能夠再提起非常上訴，以做出正確的裁判。九月十六日，台灣人權促進會致函總統府，求見李登輝總統，爲三名被告請求特赦，求見人士包括台大刑法權威蔡墩銘、台大犯罪學教授張甘妹、天主教總主教狄剛等學術界及宗教界等重量級人士。

同年十月五日，台灣人權促進會再度致函李總統及總統府秘書長，求見李登輝總統，並附上萬人民眾連署書，及四十多位立委、五十多名法學教授聲援三人的名單；李總統以選舉行程已定回絕接見。第二年（1996），死囚平反行動大隊發動「一人一信，救援無辜」活動，呼籲每人一信給李總統，二月底，台灣工商界重量級人士陳重光、蔡萬才等人簽署了一封致李總統的信函，聲援三死刑犯。

畏於民間聲援蘇案三被告的巨大聲浪，高院不得不舉行蘇建和案三死囚案被告自白資料說明會，公開澄清偵審疑雲；最高法院也提出蘇案「研討結論」作集體背書案子沒有判錯。法務部長馬英九卻公開表示，只要有疑慮就不會簽字執行死刑，然而不會主動提出特赦建議。一旦李總統表示礙難予以特赦之後，救援行動又回到原點。我眼看莊林勳的精神狀態一日不如一日，蘇建和與劉秉朗的求生意志也在崩解邊緣，苦思結果，認爲只有從修法下手，再創造一次類似審判的機會，使位階更高且具有公信力的審議機構，進行全案的深入調查與評議，然後再交由總統決定是否行使憲法所賦予的赦免權。

本著這樣的構想，我擬具赦免法第六條修正初稿，經過向第五屆大法官張特生老師、蔡墩銘教授及政大法律系教授許玉秀等人請益，他們都表示可行。接著，我商由中國人權協會（現更名爲：「中華人權協會」）在立法院舉辦一次公聽會，由柴松林教授主持，邀請學者專家及司法人員代表參與討論；與會人員正反意見都有，但體制內的成員多不表贊同。我參照各方意見敲定修正案，再邀請長期關心蘇案的立法委員蔡明憲、謝啓大、蕭裕珍、姚立明、賴來焜等人共同具名提案，並獲得十七人連署[1]。

一九九八年五月二十五日，該提案經立法院院會決議交司法委員會審查，當時的法務部長城仲模當場宣示樂觀其成，並表示他非常重視蘇建和案，強調「生命刑不隨便，哪怕有十個、一百個證據能證明蘇建和等涉案，若其中有一個疑點，都應該對死刑的判決做審慎處理[2]」，且提示多項要點要求再斟酌，於九月二十八日完成一讀。這項修正案經媒體報導之後，最高法院有三位庭長大加撻伐，說是該修正案過於粗糙，非常上訴是爲統一法律適用而設，並不涉及事實調查與認定，若單純以訴訟程序違背法令提起非常上訴無理由，被駁回兩次，即可進入特別赦免審議程序，將來可能發生輕重倒置的效果；另一位法官則表示，三死囚犯既有重大爭議，應可效仿日本的務實做法，由法務部長期擱置不予執行，以免事後發現誤判而無法挽回的危險。

立法院一讀會通過赦免法修正草案如下：

第六條

一、總統得召開赦免審議委員會為大赦、特赦、減刑、復權之研議。

二、全國性之減刑，得依大赦程序辦理。

三、赦免審議委員會為非常設性機構，由總統自司法院、監察院、法務部、全國律師公會、法學團體及社會公正人士等遴選組成，以總統為召集人。

第六條之一

一、刑事案件經法院判決死刑、無期徒刑、或十年以上有期徒刑確定，經檢察總長提起兩次非常上訴而被駁回者，法務部應呈請行政院轉請總統召開赦免審議委員會進行調查審議後，依第三條規定行使赦免權。

二、赦免審議委員會進行調查審議時準用刑事訴訟法審判程序。

三、第一項規定於施行前尚未執行或執行未完畢之案件適用之。

但是由於司法機關反對聲浪太大，指爲量身打造的「蘇建和條款」，原已排入二讀議程的「赦免法修正第六條及增訂第六條之一條文草案」，因國民黨黨團連夜接到「關切電話」，而瞬時煞車。直到一九九九年二月，最高法院全體法官還罕見的要求剛上任的司法院長翁岳生全力翻案，以免赦免審議委員會變成「第四審[3]」。該項法案最後被擱置而胎死腹中，至爲可惜。其實當日如果可以完成立法，對於近日法務部曾勇夫部長批決幾批死刑犯之執行前，其所遭遇死刑犯依已內國法化的「公民與政治權利國際公約」第六條第四

1 詳見立法院議案關係文書，院總第三八號，委員提案第二二一六號，1998/5/23。十七位連署人為：林哲夫、蔡煌瑯、顏錦福、謝聰敏、葉菊蘭、李應元、黃天福、朱惠良、周陽山、錢達、葛雨琴、陳一新、陳永興、郝龍斌、蔡正揚、陳漢強、馮定國。

2 〈立院修正赦免法．通過蘇建和條款〉，陳嘉宏，中國時報，1998/9/29。

3 〈最高法院盼翁岳生為赦免法翻案，林曉雲，自由時報，1999/2/5〉。

款規定提出赦免請求，以致發生必須停止執行的困境，即有解套之道。否則一面強調遵守國際人權規範，一方面又無視赦免之請求應循之法律正當程序，而信誓旦旦宣稱「依法執行」，難怪引起國內外相關團體的撻伐不斷。

關於最高法院，一九九六年有一件必須提的事，就是在六月十八日，最高法院四十幾位法官公布蘇建和案判決「研討結論」，試圖對正在研究提出第四次非常上訴的檢方施壓。法官本應遵守「不語」的原則，案件判決就是他們最終的認定，除判決書之外，不應再添油加醋，這份所謂「研討結論」的發表，不但史無前例，且有違背法官職業倫理之嫌，等於是最高法院所有刑事庭法官集體替蘇案的死刑確定判決做背書，那麼而後蘇案再審也好、非常上訴也好，都必須經過最高法院再次審判，若案件落到這四十幾位法官之手，不是等於絕路嗎？當然就沒有所謂公平審判的可能。

因此高院再審改判無罪經檢察官提出抗告之後，我想出一個對策，主張既然上開最高法院集體背書對蘇案已經形成「預斷」，認為是一定有罪，這種心證一旦造成，無論是我們怎麼進行救濟程序，皆可預見是不利於被告的，我緊急提出聲請所有那次為死刑判決背書的最高法院法官，一律對蘇案第三審上訴都應該迴避。律師團的這招棋，弄得最高法院難以招架，該院發言人紀俊乾庭長於是出面講話，對我們聲請迴避的事，會慎重考慮，雖然受理合議庭成員有重新整合，但案子還是撤銷回頭到高院重審。

後來高院矚再更一審再判死罪，律師團上訴再次提出同樣聲請，目的就是把過去這些有預斷、有主觀偏見的四十多位法官，排除在上訴審救濟的合議庭之外。這招棋有某種程度的影響，我記得最高法院撤銷二審有罪判決的法官，除了其中一位跟過去受理過上訴、再審有重覆之外，其他都是新面孔，大部分是新調到最高法院辦事的法官。所以，最高法院做出研討結論，倒無形中幫了蘇案一大忙。

雖然赦免法修正案功敗垂成，我們卻一直沒有放棄尋求特赦，例如平反行動大隊舉辦的「走向黎明」的行動，定時定點每天繞行台北市中山南路的濟南教會，也是在提醒大眾，蘇案救援活動並未結束，如果司法途徑走不通，還可以朝特赦來進行。李登輝總統雖然否決了赦免法的修正，但我們仍在觀望及努力。依照赦免法第三條的規定：「受罪刑宣告之人經特赦者，免除其刑之執行；其情節特殊者，得以其罪刑之宣告為無效。」我們希望將來的特赦是後面的一種，也就是無罪的特赦，使已宣告的罪刑都歸於無效，蘇案三人不要留下前科。這種特赦也就是最高法院最擔心的，等於完全否定他們審判的結果。

阿扁總統上台後不久，在總統府組成了兩個諮詢小組，一是科學的，一是人權的，都交給呂副總統來召集運作。阿扁總統是律師出身，也當過立委，辦過人權案件，自己也坐過牢，深知蘇案的司法救濟途徑困難重重，便透過呂副總統在人權小組中進行研討，要大家呈報適當人選，不管執行中或執行完畢的，有哪些是社會上普遍認為是司法的冤錯案，可以呈報給他，他將考慮施行赦免。我也是諮詢小組的一員，當時小組成員包括柏楊、陳隆志、尤美女、柴松林、郭花洞、釋淨耀、黃文雄、黃默、賀德芬、廖福特及楊憲宏等二十一人（第一任），大家認爲蘇案最符合實施特赦的標準，應透過赦免程序來處理；當時我們也覺得時機成熟，不必繼續由法務部來研議呈報給總統了。事有湊巧，高等法院江國華那一庭已裁定准許蘇案再審，我們考慮再三，認爲縱然檢察官一定會抗告到最高法院，開啓再審的機會仍然很大，不希望放棄司法正規途徑的救濟，假使蘇案三人能夠透過司法程序，可以改判無罪定讞，日後也可以不要揹負「政治運作」的污名，因而婉拒了特赦。當時是二〇〇〇年十一月間。

阿扁總統第二任的任期結束前三個月，蘇案已打到矚再更二審階段，他再找人探詢我們對於特赦三人的意見，我們考慮之後，仍決定透過司法程序來翻案。這前後兩次特赦的機會，我們都曾徵詢被告三人，把相關後果解釋給他們聽，律師團固然反對特赦，但是他們有最後決定權；他們仍希望法院給他們一個最終的無罪裁判。由於他們有這個認知，也有強烈拚個清白的意志，所以兩次都婉拒了。

老天有眼，蘇建和案的生死劫難，直到二〇〇七年矚再更二審及二〇一一年矚再更三審接連三次判決無罪（再審判決一次），因符合《刑事妥速審判法》第八條規定[4]，斷絕檢察官搏命的上訴糾纏，獲得終局判決確定，三位無辜的被告從此可以抬頭挺胸面對世人，不必在法庭受盡折磨與羞辱。而冤有頭，債有主，眞兇王文孝在一九九二年一月十一日已經槍決伏法，吳姓夫婦及被告三人同是受害人，多年的沉冤都得到昭雪，應可告慰他們在天之亡靈矣！

猶記得，台灣高等法院矚再更一審於二〇〇六年七月七日審理時，審判長探詢被害人家屬即死者之胞兄吳唐接有何意見陳述，當時他已不若以往激情悲憤，心情平和表示說：「希望本案能走出本土權威性國際觀，請庭上仍以法律上的職業道德，憑著法律良心，毋枉毋縱，爲公平審判。」這或許是他長年出庭仔細觀察記錄整個審判過程細節，多少已經看出一些錯誤端倪，而有此態度的大轉折。

更令人驚喜的是，死者的長子吳東諺先生（事情發生時祇有六歲）因先天性肌肉萎縮症終年與病床爲伍，他痛心父母不幸遭遇，且不忘情本案的生死審判過程，在高院矚再更二審第二度判決被告無罪後，接受媒體訪問即坦然表示：「因爲他們到底有沒有罪，其實我心裡是存疑的。可是，因爲我生活的環境，大家都會認爲他們是有罪，可是我還是會希望說，換一個緩衝就是說，因爲自己是受害者家屬，我更不希望說，我這只是情緒而已。」

4《刑事妥速審判法》第八條：「案件自第一審繫屬日起已逾六年且經最高法院第三次以上發回後，第二審法院更審維持第一審所為無罪判決，或其所為無罪之更審判決，如於更審前曾經同審級法院為二次以上無罪判決者，不得上訴於最高法院。」

此外，他對李昌鈺博士的鑑定結論猶且表白說：「我願意相信李博士專業判斷」、「只要他說的是事實，不能因爲對我們不利，或是別的想法，我們就去批評他的都不算」等語，對照本案矚再更二審公訴人陳玉珍檢察官在法庭論告時公然批評李昌鈺博士鑑定爲「大騙局」，其格調氣度眞是不可同日而語。

製表／蘇友辰

蘇建和案參與審判及評議之法官名單

（一）檢察官起訴後判決確定之前歷審合議庭承辦法官

審級	法院	合議庭法官	判決結果	判決日期	案號及案由
第一審 ⊗	台灣台北地方法院士林分院（刑事第2庭）	審判長法官 ・王治民 法官 ・李錦樑・湯美玉	1.共同強劫而強奸死刑 2.共同連續殺人死刑	1992.2.18	80年度重訴字第23號（盜匪條例案）
第二審 ⊗	台灣高等法院（刑事第7庭） 被告上訴	審判長法官 ・陳國樑 法官 ・張連財・林鄉誠	1.原判決撤銷 2.共同強劫而強奸死刑 3.共同連續殺人死刑	1993.1.14	81年度重上訴字第10號（盜匪等案）
第三審	最高法院（刑事第10庭） 被告上訴	審判長法官 ・蔡詩文 法官 ・張信雄・柯慶賢 ・陳炳煌・黃清江	原判決撤銷，發回台灣高等法院	1993.4.29	82年度台上字第2066號（盜匪等案件）
第二審 ⊗	台灣高等法院（刑事第17庭）	審判長法官 ・黃金富 法官 ・游明仁・陳貽男	1.原判決撤銷 2.共同強劫而故意殺人死刑	1994.3.16	82年度上重更一字第16號（盜匪等案件）
第三審	最高法院（刑事第8庭） 被告上訴	審判長法官 ・蔡詩文 法官 ・張信雄・莊登照 ・楊文翰・池啓明	原判決撤銷，發回台灣高等法院	1994.7.7	82年度台上字第3772號（盜匪等案件）
第二審 ⊗	台灣高等法院（刑事第15庭）	審判長法官 ・李相助 法官 ・張連財・龔永昆	1.原判決撤銷 2.共同強劫而強奸死刑 3.共同連續殺人死刑	1994.10.26	83年度上重更二字第37號（盜匪等案件）
第三審 ⊗	最高法院（刑事第7庭） 被告上訴	審判長法官 ・黃劍青 法官 ・王景山・林增福 ・黃一鑫・邵燕玲	1.原判決關於罪刑部分撤銷 2.共同強劫而強奸死刑 3.共同殺人死刑	1995.2.9	84年度台上字第458號（盜匪等案件）

第三審（聲請人抗告）	最高法院（刑事第4庭）	審判長法官 ・莊來成 法官 ・王德雲 ・謝俊雄 ・林永茂 ・白文漳	原裁定撤銷，發回台灣高等法院	1996.2.14	85 年度台抗字第 59 號
第二審	台灣高等法院（刑事第 8 庭）	審判長法官 ・林書銘 法官 ・蔡永昌 ・楊貴雄	聲請駁回	1996.4.9	85 年度聲再更一字第 2 號
第三審聲請人抗告	最高法院（刑事第2庭）	審判長法官 ・施文仁 法官 ・陳炳煌 ・張淳淙 ・洪文章 ・吳昭瑩	抗告駁回	1996.6.7	85 年度台抗字第 194 號
第二審（第二次）聲請 1998.8.7.	台灣高等法院（刑事第 18 庭）	審判長法官 ・劉叡輝 法官 ・蘇隆惠 ・趙功恒	聲請駁回	1998.8.20	87 年度聲再字第 554 號
第三審聲請人抗告	最高法院（刑事第2庭）	審判長法官 ・莊來成 法官 ・呂潮澤 ・謝俊雄 ・白文漳 ・蘇振堂	原裁定撤銷，應由台灣高等法院更爲裁定	1999.9.23	88 年度台抗字第 345 號
第二審	台灣高等法院（刑事第 21 庭）	審判長法官 ・葉騰瑞 法官 ・江國華 ・陳憲裕	本件開始再審，被告三人停止刑罰之執行	2000.5.19	88 年度聲再更一字第 13 號

（三）

（二）受判決人聲請非常上訴、總長三次提起及最高法院判決合議庭承辦法官

聲請時間	檢察總長提起時間及案號	最高法院判決、時間	合議庭法官	案號
1995.2.13 聲請（第一次）	案號：84 年度非字第 0051 號（1995.2.30 提起）	上訴駁回（1995.3.2）	（刑事第4庭）審判長法官 ·蔡詩文 法官 ·莊登照 ·丁錦清 ·鄭三元 ·蔡清遊	84 年度台非字第 78 號
1995.3.7 聲請（第二次）⊗	案號：84 年度非字第 0072 號（1995.3.11 提起）	上訴駁回（1995.4.12）	（刑事第5庭）審判長法官 ·莊來成 法官 ·柯慶賢 ·王德雲 ·謝俊雄 ·林永茂	84年度台非字第113號
1995.4.17 聲請（第三次）⊗	案號：84 年度非字第 0234 號（1995.7.5 提起）	上訴駁回（1995.8.17）	（刑事第8庭）審判長法官 ·董明霈 法官 ·紀俊乾 ·黃聰明 ·楊商江 ·洪明輝	84 年度台非字第 298 號

（三）聲請再審裁定、抗告裁定合議庭承辦法官

審級	法院裁定	合議庭法官	裁定結果	裁定日期	案號及案由
第二審（第一次）聲請 1995.8.22	台灣高等法院（刑事庭第 7 庭）	審判長法官 ·溫良瑞 法官 ·陳春秋 ·黃合文	聲請駁回	1995.12.30	84 年度聲再字第 565 號

（二）

第三審	最高法院（刑事第 10 庭）	審判長法官 ·陳世雄 法官 ·魏新和 ·吳信和 ·徐文亮 ·徐昌錦	原判決撤銷發回台灣高等法院	2007.11.1	96 年度台上字第 5856 號
第三審	台灣高等法院（刑事第 3 庭）	審判長法官 ·陳博志 法官 ·劉興浪 ·陳德民	原判決撤銷被告三人無罪	2010.11.12	96 年度矚再更二字第 1 號（強盜等案）
	台灣高等法院檢察署檢察官上訴（2010.12.3）				99 年度請上字第 253 號
第三審⊗	最高法院（刑事第 5 庭）	審判長法官 ·蘇振堂 法官 ·林立華 ·蔡國在 ·陳春秋 ·洪佳演	原判決撤銷發回台灣高等法院	2011.4.21	100 年度台上字第 1837 號
第二審	台灣高等法院（刑事第 21 庭）	審判長 ·周政達 法官 ·許永煌 ·趙文卿	原判決撤銷被告三人無罪	2012.8.31	100 年度矚再更三字第 1 號（強盜等案）

〈說明〉
二○○三年刑事訴訟新制施行前，以刑事司法訴訟實務經驗觀察，無論一、二、三審的三人或五人合議庭實際參與審判及評議者，應只有審判長及受命法官兩人，陪席僅是裝點陪襯性質而已。因此決定案件的有罪無罪或被告生死，繫乎兩人的決定。

以蘇案為例，在判決確定前與確定後三次駁回非常上訴承審合議庭，如以上述實際參與審判及評議法官人數（不利被告如表列打⊗者）共計只有八庭十六人（包含前後有重覆列名者），法界膨風宣稱有四十多位法官審過都一致認為有罪判決無誤云云，是混淆視聽、欺騙社會大眾的說法。

（五）

第三審檢察官抗告	最高法院（刑事第9庭）	審判長法官 ·曾有田 法官 ·陳宗鎮 ·劉介民 ·魏新和 ·孫增同	抗告駁回	2000.10.27	89年度台抗字第463號

（四）再審、矚再更一、二、三審及上訴審程序合議庭承辦法官

審級	法院	合議庭法官	判決結果	判決日期	案號及案由
第二審	台灣高等法院（刑事第21庭）	審判長法官 ·葉騰瑞 陪席法官 ·黃國忠 受命法官 ·江國華	原判決撤銷被告三人無罪	2003.1.13	89年度再字第4號（強盜等案）
	台灣高等法院檢察署檢察官2003.3.6上訴				92年度請上字第56號
第三審	最高法院（刑事第10庭）	審判長法官 ·吳昆仁 法官 ·陳世雄 ·連光霞 ·郭毓洲 ·呂丹玉	原判決撤銷發回台灣高等法院	2003.8.8	92年度台上字第4387號
第二審	台灣高等法院（刑事第9庭）	審判長法官 ·官有明 法官 ·陳世宗 ·蔡聰明	被告三人死刑	2007.6.29	92年度矚再更一第1號（強盜等案）
第三審	被告不服提起上訴				

（四）

口述十二／

司法改革的漫漫長路

自由是無價的，蘇案是個基本人權遭受公權力連續侵犯的不幸案例，雖有幸最後獲得平反，但如果司法機關不思反省改過，任何人，包括你我他，都仍有可能變成司法判決的受害者。

行爲學派的心理學家史金納（B.F.Skinner）曾在《享受老年》那本書中說：「人都很愛自己長壽，但是多半不願意過老年人的生活。」嗯，夠幽默，我已經是個老人了，越來越以他的話爲戒，決意正視我的老年生活。如今，我介入長達二十一年的蘇建和等人冤案始末，在作家黃怡的快手快筆下，迅速儼然成形爲我的口述歷史，我心裡的快慰溢於言表，連原來每天紮得緊緊的領帶，最近也繫鬆了些。是的，該是開始過著平靜老年生活的時候了。

回想自己一生展現的性格，表面上看來沉穩，卻時而有激越的一面，因此，如果說人生像是一條無法踏入同樣水流第二次的河川，我的這條河川看似平靜，卻也險灘處處，有些時候更是漩渦深藏，潛泳其間，確有被吞沒的可能。但是，既從蘇案的驚濤駭浪中歷險而歸，我自信已練就某種膽識，能夠順利走向不可知的未來。

如今回首前塵，有如夢幻一場，人生的點點滴滴，經過反芻咀嚼，更覺回味無窮呢！

記得我在善化國小任教的年代，老師們每年都會舉辦學校歲末園藝會，招待學生家長和地方人士觀賞，有一年的話劇演出，是我自編自導自演的一齣喜劇，名為「浪子回頭」，我扮演一個小丑，插科打諢，褲角一腳高一腳低，拿著酒瓶四處閒晃，希望能夠帶動整齣戲的氣氛。媽媽來看過演出，感到不可思議，說她羞死了，她這個好端端的孩子，打扮得那麼奇形怪狀，把她臉都丟盡了。那次演出長達三天，共六場，鎮上有個叫做阿犬的、三四十歲的傻子，每場戲都來報到，而且站在戲台前面中間地帶，我一出場，他就手蹈足舞，一副樂在其中的樣子；好像我跟他的頻率相近，引起他莫大的共鳴。不僅如此，他還不時大聲的、愉快的，粗話脫口而出：「衝衫曉，你這個某某又來了」，他誇張的指著台上的我，以此強調他對我演技的激賞。他渾沌的世界，似乎找到放浪形骸、不拘小節的好伙伴。

每次回憶到阿犬的表情與表現，我總是忍俊不住。後來雖沒有機會再粉墨登台，然而蘇案再審判決無罪後，再更一審又大逆轉判決死刑，判決當天，我在高院法庭之外的台階上，反穿法袍，靜坐抗議，並引導那些死囚平反行動大隊的支持者高呼口號，我大聲喊叫說：「司法有罪，蘇建和三人無罪！」、「司法改革，改革個◯！」這是過去身為檢察官與法官[1]、歷來行事謹小慎微的我，所無法想像的。我覺得，身爲蘇案辯護律師的角色扮演，爲了與人權「生死相許」，很自然而然把我帶入另一種極端的心理狀態，爲了將角色發揮到淋漓盡致，我已不惜犧牲形象。這讓我再次看到自己的潛能，也讓潛能的爆發，帶領我去正視自己的理想，自己的心之所欲，逐漸打破種種生之恐懼。

人的一生都要靠無數人牽成，才能走完漫長的人生旅程。我除了自己這條命，爲了替蘇、劉、莊三人保住三條小命，二十一年來搏命演出還能倖存，過程中要感謝的人就太多太多了。以下依我尚存的記憶列舉數人，但另外有太多朋友，我無法一一言謝，相信大家會原諒我心餘力絀，待來日相遇再當面致謝，或在夢中把手言歡了。

首先，我的大姑、二姑在我小時候，就經常照顧我。大姑丈被日本人徵兵到南洋去充當炮灰，一去不復返，大姑一個人撫養七個小孩滿辛苦的，幸好做麵條的生意還不錯，因此逢年過節都和我的表兄到我家來，送一些零用錢給我們兄弟補貼花用。我後來擔任司法官，返鄉時都會去看看她，她很愛講一些戲而不謔的笑話，跟她在一起總覺得很愉快；即使我長大後，只要知道我回到台南探望雙親，不管掃墓也好、過年也好，她也一定會買些我小時候愛吃的東西，來給我嚐嚐。至於二姑，嫁到大內鄉之後，因爲二姑丈重病早逝，她自己撫養三個小孩，我家裡偶有些事情需要人協助處理，她通常會出面幫助救急或調和，讀師範學校期間，我去嘉義市黃耳鼻喉科開鼻竇炎手術時，她也來陪了我幾個晚上，和我母親一齊守護在我的病床旁。這兩位姑母，對於我的成長助益頗大，除了我自己的父母與祖父之外，她們特別讓我感受到親情的可貴。

我第一章說到宗仔伯，那位手拿棍子巡視校園的校長[2]，他是我的姑伯，記得我祖父重病彌留之前，特地找了宗仔伯的大兒子鄭昭龍來，他當時在善化初中擔任地理老師，祖父交代他：「霧仔（我的小名）看來書讀得不錯，將來應該可以做點事，你要好好栽培他，不要讓他失學了。」我的這位姑表兄，自此相當照顧我，如今也作古了。

我之所以有些寫作基礎，應該感謝台南師範學校的國文老師成芝田，他國學根底深厚，教學認眞，一絲不苟，嚴格要求我們背誦詩詞歌賦，寫作文章和學習帖書，經過幾年的薰陶，對我終生的文字表達能力影響很大。至於研讀法律的期間，對我一生助益最大的，除了第一章我提起的陳姍教授以外，就是教我們行政法的是管歐老師，他一口濃濃的湖南腔，我們都不大聽得懂他在講些什麼，但看得出他教學賣力的樣子，卻只有從書中去領會；管歐老師是第三、四屆大法官，他的權威著作是當時高普考的教科書，後來我當司法官，反而比較有接觸，他知道我學歷不高，常鼓勵我要再進修，取得較高學歷以利服

1 詳見本書第六章
2 詳見本書第一章

務公職作晉升之階；我原來在台中地檢處擔任檢察官，成績不錯，加上他的有心照顧，一九七二年調到台北地院當推事。因爲我辦案認眞，累壞了身體，當了八年的法官之後，工作太忙碌，想退下來當律師，管歐老師曾極力反對，我內人也拜託管老師多勸勸我，可是我「一意孤行」，管老師本來認爲我在司法界認眞工作應有光明前景，現在既然要「逆命而行」，只好自求多福。不過他在我掛牌執業之後，特地親筆寫了：「學優則仕，才俊青年；先憂後樂，氣養浩然；轉業律務，恬澹性天；伸張正義，保障人權；獨善兼善，追摘高賢。」裝框祝賀，我將它懸掛在事務所客廳正中，竟日瞻仰，引爲座右銘。若管老師在世，看到我爲蘇案這樣奔波數十年，就不知道還會講些什麼了。

社會民間團體開始援救蘇案後，遇有大型活動的企畫，都是先到人本教育基金會開會，推敲一些活動的細節，謝淑美、馮喬蘭、陳振淦、何威、蕭逸民、黃雅玲等，是我們一定會接觸到的工作人員，他們四人給了我不知多少協助與引導，活動才能一一進行。尤其必須一提的是，淑美在繞行濟南教會階段，是挺著大肚子全程參加的，這樣的願力，這樣的胎教，下一代當然不同凡響。我還聽說，人本是當時規模最大的民間團體，爲籌措活動的鉅額支出，常有成員自願緩支薪資，先來聲援這些活動，確是令人動容。

蘇案救援期間，自立報系的林森鴻總編以及跑司法新聞的劉鳳琴女士，在我們與司法體系對抗的過程中，總是站在我們的這一邊，充分發揮媒體發掘眞相、伸張正義的功能，例如蘇案三審確定後，原高院更二審審判長李相助與第一審合議庭受命法官湯美玉主導之下，摘取被告部分自白口供，整理一份二萬七千多字的〈蘇建和等盜匪案被告相關自白資料〉，聯合過去未曾參與審判的三、四位庭長、同僚，於一九九六年三月十一日在高本院舉行記者會，劉記者便公然質疑李相助，指摘他公布的不是全部的自白資料等，有誤導社會大眾之嫌，在場聞者都爲之側目。

還有一位公懲會的張學海先生，雖在公家單位任職，卻心無罣礙的經常爲文批評蘇案判決的錯誤，他的道德勇氣令人敬服；我印象中，張特生大法官也是一個很突出的例子，他身爲大法官，卻絕不護短，看著蘇案的起起伏伏，他會打電話來關切，並特別鼓勵我說，要繼續撐下去，雖然以他的身份，不好寫文章公開聲援蘇案，但是要我們堅持下去，才會使司法體系有所反省與改革。

另外，我因與一些立法委員合作，推動一些法案，認識了一位民進黨的僑選立委陳明眞，他是環保工程博士，個性率眞，對蘇案一路相挺，從蘇案再改判死刑之後的遊行，到蘇案無罪定讞後補償的聲請不利，他都曾站出來聲援。最有意思的是謝啓大立委，她曾是司法改革健將，做過法官，當年與高新武等法界「紅衛兵」，在司法界鬧得風生水起，原來她是應蘇案的被害者家屬陳情，但看過蘇案相關判決資料後，認爲這樣的證據資料就要定人以死罪，非常牽強，反而翻轉過來聲援蘇建和等三人，還在立法院爭取聯名上書總統，籲請總統特赦他們。後來，她主導的〈犯罪被害人保護法草案〉的立法制訂工作，也是我和政大郭明政教授與李子春檢察官共同協助完成。救援早期，她在國會殿堂為蘇案正義發聲，鏗鏘有力，起了很大的作用。

沈楠與林秋滿兩人是個體戶，是綠營的人，當時沒有依附任何團體，常去看守所探望蘇建和他們，非常有毅力的去關懷三人，相信帶給三人的激勵是巨大的。最後我想提一個人，張明法牧師，他是錫安山教會的牧師，經歷過國民黨在美麗島事件後的毀教迫害事件，對國民黨政權深惡痛絕，幾乎每次蘇案判決下來，只要是不利的死刑判決，他都會寫信給上自總統下至監察院院長，抗議審判的不公，說是只要司法機關敢動三人的一根汗毛，錫安山教會一定發動全島教友，無限期抗議政府的不公不義。

記得蘇案定讞之後，馬總統透過法務部檢察司科長林玉苹，邀請我寫一篇關於蘇案的感懷與建言，我寫完了，也透過她呈報給總統，這就是馬總統後來常提的「蘇案的三個教訓」的由來。這三個教訓是什麼呢？一是偵查起訴階段杜絕刑求及不法取供，二是提升刑事鑑定水準及品質，三是擴大犯罪被害補償適用範圍並增加金額。

很可惜，司法人員並沒有記取最後一個教訓，對於蘇案三人補償金額，尚且百般刁難，《刑事補償法》中規定的：「補償請求之事由係因受害人意圖招致犯罪嫌疑，而為誤導偵查或審判之行為所致者，受理補償事件之機關得不為補償。前項受害人之行為，應經有證據能力且經合法調查之證據證明之。」（第四條）但是高院對於降低蘇案三人補償金額的可歸責的事由，並沒有做過些什麼調查，因爲要查，就會查到他們自己的同僚，查到警方的刑訊，將來補償金額太高，必須向這些鑄造冤獄的警官、檢察官、法官求償，所以，法官做裁決處分時的認知與心態，便成了補償金額唯一的標準。

二〇一三年四月的高院裁定書指出，蘇建和三人遭受羈押是出於任意性的自白，顯有「可歸責事由」存在，若依刑事補償法第六條每日新台幣3000元至5000元的標準計算，顯然太高，因此改依《刑事補償法》第七條每日1000元至3000元計算。三人共可獲1584萬6000元。計算後發現，三人枉坐黑牢十一年多（4170天）的自由，每小時只值54元。這不但是對三人的再次污辱，更是法院官官相護的明證。許文彬律師直指該合議庭欠缺同理心，實在太客氣了！

對比於司法系統內部的遲不認錯，二十一年來對蘇案的民間救援，更顯得高貴可敬。這本書的寫作，是爲了提醒讀者，自由是無價的，蘇案是個基本人權遭受公權力連續侵犯的不幸案例，雖有幸最後獲得平反，但如果司法機關不圖反省與改革，任何人，包括你我他，都仍有可能變成司法判決的受害者。

我從事司法偵查審判及律師辯護工作有三十一年，唯一的信念就是：「一顆不忘卻追求眞實的心，就是正義」；而對本案不懈的救援，就是抱持著：「我們無法改變歷史，但我們應該設法爲現在爲將來作一些好事，以免不幸的歷史重演。」

面對蘇建和案這件重大司法冤案，關心本案的發展並期待善了，就等於關心我們自己，關心我們的未來。在司法制度公正執法的保護下，我們後代子孫，才能在自由開放的民主社會中茁壯發展，創造更美好的明天。

我此生最美好的一仗，已成爲過去。期望後輩的法律人及社會運動者，永遠記住蘇案血淚的教訓，切勿放棄司法改革的夢想。

2012年9月28日，馬英九總統接見蘇案律師團，左起為尤伯祥、羅秉成、顧立雄、蘇友辰、馬英九、許文彬、古嘉諄、葉建廷、蕭逸民。
來源／總統府

2012年8月31日蘇案宣判定讞之後，假東吳大學城中部校區舉行記者會，由民間司法改革基金會執行長林峰正（左）與蘇案辯護律師團成員之一羅秉成律師，說明判決要旨。
來源／蘇案平反行動大隊

第四部分

律師團感言

許文彬律師：執法者的心靈改造，是司法革新的眉角！

律師團感言之一

我對蘇案的參與，開始於一九九二年三月，當時蘇案一審已判死刑，蘇友辰律師認爲勢必將長期抗戰，於是邀請我從第二審程序加入辯護隊伍。當初蘇律師安排由三個被告中的莊林勳來委任我。爲什麼是莊林勳呢？因爲如果說蘇建和與劉秉郎是「百分之一百」的冤枉，那麼莊林勳就是「百分之兩百」的冤枉。因爲一九九一年三月二十四日清晨，汐止發生吳銘漢、葉盈蘭夫婦命案，前一天是週六，那天晚上蘇、劉與王文忠、眞兇王文孝還曾在一起撞球、遊玩，而莊林勳則是由於父親生日，他根本就是在家通宵陪家人玩家庭麻將。除了家人，還有父親好友及在場連夜趕裝潢的工人，都證明他確實不在兇案現場，甚至連案發前一夜的聚會都未參與，

1991年蘇案三被告的媽媽們　　來源／死囚平反行動大隊

他眞是典型的「禍從天降」，被警察送作堆成了「共犯」。

一九九五年二月九日，當時我已受蘇案委任近三年，最高法院判決被告三人死刑定讞。當整個社會起來質疑這樣的判決，承辦蘇案最後事實審的高院庭長李相助還邀集同僚召開記者會，說他跟被告無冤無仇，怎麼可能冤枉被告？其實，鑄成冤案的癥結在於：執法者總是先入爲主地覺得「被害人好可憐，被告好可惡」；他們當然不會「刻意的」去冤枉被告，然而假使他們有權力的傲慢，就很容易「錯誤的」冤枉被告。這正是司法要如何改革的「眉角」！如果我是承辦法官，我會這樣說：「當時我是依據證卷資料得出心證，而今如果你們認爲判錯了，歡迎提供新的證據深入調查，我樂見冤案得到平反，不希望由於自己的錯判而誤殺無辜！」

法官被法律賦予判人死生的很大權力，理當特別謙卑，自問「我會不會判錯了呢？」試問審理過蘇案的法官們，你們有沒有傾聽被告在法庭上所陳述的話語？孟子曾說：「觀其眸子，人焉廋哉、人焉廋哉！」也就是說，要想洞悉一個人，可以聽其言、觀其行，眼珠子無法掩飾所藏惡念。那麼，一個人是好人或壞人，這個人會不會去殺人，法官受過專業訓練，憑藉自己的經驗、學養來審理案件，如能照上面的做法，應可作出正確判斷。蘇案被告三人從開始就喊冤，開了那麼許多庭，歷審法官有沒有傾聽其言、觀其眸子？蘇建和在汐止分局刑警最初訊問時，就把案發時不在場的行蹤交代得很清楚，甚至後來被刑求，其跡證在卷內都有呈現，但歷審法官竟然視而不見！

警方在辦蘇案之初，即已心存偏見，認爲吳銘漢夫婦二人總共被砍了七十九刀，怎可能是一個兇手幹的？這個錯誤的假設，導致辦案方向偏差。其實我在爲蘇案辯護過程就一再指出：假使現場眞有四個人一起做案，因爲吳銘漢夫婦是在睡夢中，其中一人先驚醒，只要兩個兇手合力架著他，另一個兇手一刀割頸就可將之斃命，然後再以同樣手法來對付另一人，何需砍那麼多刀？而且那些刀傷都集中在胸頸部以上，顯示兇手下手手法異於常人。當法官判斷本案事實時，本來就該考慮到眞兇王文孝是海軍陸戰隊現役軍人，孔武有力，又是一個吸食安非他命者[1]，確有可能一人對付吳銘漢夫婦兩人，而且手法怪異。

我認爲司法要改革，就是要探究如何改掉執法者本身那種「權力的傲慢」。司法官訓練機構除了司法專業科目課程之外，應該多邀請像證嚴法師、星雲法師等高潔之士，來講述關於人生的哲學，光是教導司法官法律條文是不夠的。司法革新唯有從執法者的心靈改革做起，才能夠算是找到了「眉角」。

記得蘇案三審判決翌日一早，看到報紙登載了這一則新聞；在那個年代，三審定讞的死刑犯是一週內就會執行槍決的。當天上午九點，我到了辦公室，蘇建和的媽媽、劉秉郎的媽媽、莊林勳的媽媽，三位媽媽都穿著黑衣、黑褲，隨後也來到我事務所，她們流著眼淚向我說：「許律師，我們看到報紙了，也做了最壞的打算，但是還是要拜託您，再想一想，最後還有什麼辦法嗎？」我靈機一動，拿起電話來，試著撥給當時的檢察總長陳涵，剛好他在辦公室。我和陳涵總長有位共同景仰的恩師，就是刑法學權威韓忠謨教授；一九九三年韓老師過世，翌年成立的「韓忠謨教授法學基金會」，我是董事之一，陳涵總長知道我跟韓老師的關係，他答應我立刻去辦公室看他，跟他報告蘇案有何冤情。我馬上通知蘇友辰律師一起趕到司法大廈，向陳涵總長詳加解說案情，懇求他做做功德，槍下留

1 詳見高院重上訴89年5月12日王文忠作證；再審後，在高院89年再字第4號2000年11月23日審理調查王文忠作證所陳。

人。

陳涵聽進去了我們的話；陳涵的了不起，就在於他沒有「權力的傲慢」，他願意傾聽；最後，他說：「這樣吧，我指派一位幹練的檢察官把卷調來研究看看。」過了大約半個月，他就提起了非常上訴。這在中華民國司法史上，可謂史無前例。事後我們才知道，陳涵在第一時間報告了當時的法務部長馬英九，馬部長說：「陳總長，你認為該怎麼做，就怎麼做。」

檢察總長陳涵第一次非常上訴被最高法院判決駁回之後，又連提了兩次非常上訴；前後總共列舉了二十四點理由，指摘原確定判決有違背法令之情形。然而三次非常上訴都遭駁回，這正就顯示最高法院承審法官們「權力的傲慢」了。後來聽說原因是，判蘇案三審確定那個庭的黃姓庭長，在最高法院裡頭放話，說他絕不可能冤枉蘇建和等三人云云，而他的同事們也都不願意得罪他，於是就連續三次駁回了檢察總長所提的非常上訴。這不是「官官相護」嗎？這些最高法院的承辦法官們沒有「心靈的觸動」，他們心如鐵石，覺得就算錯判冤殺也無所謂，覺得自己的面子、自己的同僚交情比別人的生命還重要。他們吝於省思：連檢察總長都勇敢發聲了，此中難道眞的無冤？

檢視我國司法改革的歷程，一直只是在「組織的改革」、「程序的改革」上面打轉，甚至有的是越改越糟，卻都不敢去碰觸「人的改革」。執法者的素養、品格陶冶，特別是心靈改革，一方面要從基礎訓練做起，另一方面也要對其職務上表現優劣有賞、有罰；而司法體系領導者的身教、言教，也很重要。各級法院首長宜找機會定期聽聽轄區律師的意見反應，自能獲知那些是好的法官，那些是壞的法官，當可本諸行政上的監督職權，進行所屬法官職務調整，根本毋須動用到「法官法」那不切實際的職務法庭裁決。對於表現優異的法官、檢察官，例如勇於平反冤案，司法體系應設立高額獎項，接受社會各方推薦或自我推薦，經慎重審核篩選，於每年司法節公開褒揚，用示嘉勉。

我常想到歷史先賢歐陽修的〈瀧岡阡表〉，文中有一段話，是執法者們應該念茲在茲的。他說母親這樣教導他效法先父：「汝父爲吏，嘗夜燭治官書，屢廢而歎。吾問之，則曰：『此死獄也，我求其生不得爾。』吾曰：『生可求乎？』曰：『求其生而不得，則死者與我皆無恨也；矧（何況）求而有得耶？以其有得，則知不求而死者有恨也。夫常求其生，猶失之死，而世（一般法官）常求其死也！』」。

猶憶吾師韓忠謨教授曾說，刑法三百五十七個條文（現已增修爲三百六十三個條文）中，「帝王條款」是第五十九條：「犯罪之情狀可憫恕者，得酌量減輕其刑。」（其後二○○五年有修正）。因爲如果沒有這個法條，台灣很多戒嚴時期的特別法所定唯一死刑之罪，即使法官想免被告一死都不可得，就由於有了此一條文，賦予法官「免死金牌」，比美憲法所定總統減刑特權，從而法官若能善於體察案情、援引適用，將會是功德一件；所謂「公門好修行」，此之謂也。

「愼刑」，其實是整部刑法、刑事訴訟法的法制設計之本旨。假若執法者以其「權力的傲慢」，自以爲是，一意孤行，不能本諸「毋枉毋縱」、「寧縱勿枉」的理念辦案，那麼像蘇建和案這類的冤案，還可能一再發生。況且，不僅僅是判死判生之別，即便是該判輕而判重，也是一種誤判、錯案，都可能造成被告及其家屬無可彌補的憾事。目前我國監獄收容受刑人超額情況嚴重，而在監人犯數額的人口比率，更遠逾鄰邦日本、韓國，如斯現象頗值司法當局惕省！

「執法者的心靈改造」該起步了！回顧蘇案的誤判，導致三個無辜年輕人的青春年華在監禁中無端的糟踏流失，相信社會大眾皆會一掬同情之淚！我的多年法庭戰友蘇友辰律師將蘇案辯護的始末，著書做一完整的歷史回顧，諒爲致力司法革新大業有志之士所必讀。

許文彬律師
於台北事務所
二〇一三年六月二十五日
記錄整理／黃怡

律師團感言之二

古嘉諄律師：期待一個國家級的鑑識機關

我是執業三十七年的律師，在刑法訴訟法舊制的年代，辦過很多刑事案件，新制的時代，在台北律師公會理事長任內，積極協助推動交互詰問制度，驗證下來，新制實施改良式當事人進行主義之後，所能夠發現的事實，確實比較多。蘇案開始再審的階段，剛好是交互詰問制實施的階段，蘇律師邀請我參加律師團，擔任義務辯護人。就這樣從再審到定讞，前後十一年，我都是蘇案的律師團成員。

當初蘇律師有一句話，我至今仍記憶深刻，他說他堅信蘇案三人是無辜的，我可以看卷證，假如接受了辯護工作，未來發現任何新的事證，我認為三人有涉案，隨時可解除委任。後來我們寰瀛法律事務所不僅我投入，十一年來，還有池泰毅、張宇維及王怡婷三位律師以接力方式投入蘇案的辯護工作。蘇律師是我中興大學法律系的學長，法學造詣深厚，辦案又認眞，尤其是開庭時如何應對進退，在蘇案的審理過程中，我學習良多。他領導律師團，十一年間總共開過一百次工作會議，每次會議都有議程，每次討論都有結論，都有書面且付諸執行，這點也讓我印象深刻。

現在案子無罪確定了，我們最期待的，就是建立一個國家級的鑑識機構，我也希望蘇律師秉持過去堅持到底的精神，能夠說服相關單位及政府領導人，把這個國家級的獨立鑑識機關催生出來，這對台灣刑事訴訟制度的良性發展及人權保障，都非常重要。因爲在蘇案中我們看到，李昌鈺博士是以他的專業及敬業，告訴我們在案發當時，依現場重建來分析，可能的狀況是什麼，因爲有這些跡證及狀況存在，檢察官面對彈劾其起訴書論述的李博士鑑定報告，就更必須負起刑事訴訟法所規定嚴格證明法則的舉證責任。蘇案纏訟二十一年，可以更加印證一個獨立鑑識機關的重要性，何況近年來台灣鑑識機關的錯誤率

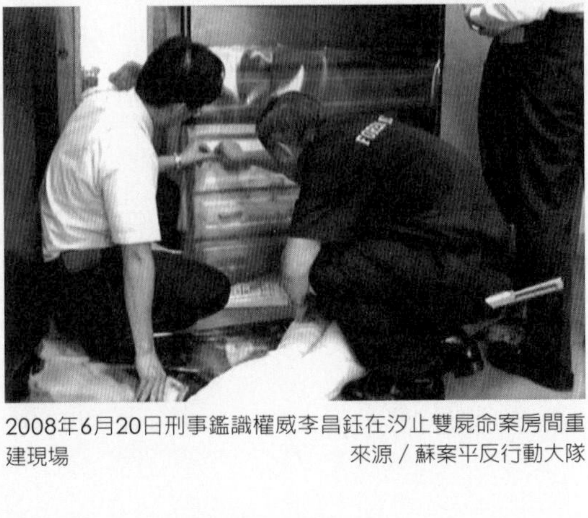

2008年6月20日刑事鑑識權威李昌鈺在汐止雙屍命案房間重建現場　來源／蘇案平反行動大隊

不低，不但影響人權，還影響人命。

參與蘇案辯護工作，看過法醫研究所的鑑定報告及李昌鈺博士重建命案現場的分析與說明後，我充分感受到法學教育中忽略了刑事鑑識這方面的課程，希望能及時加強。另外就是或許需要一部刑事證據法，對於證據的證據能力和證明力，以及檢察官的舉證責任程度、被告的不自證其罪等等，有更詳盡的規定，更可以落實兩公約對人權的保障。

本案審理期間，告訴人等曾提出一個論點，那就是本案曾經數十位法官審理有罪，而且定讞，難道他們都錯了嗎？其實，本案是經再審審理而判決無罪的，再審制度本即因應新事證的出現而運作，這是刑事訴訟法所規定的救濟制度，本件再審後，確有李昌鈺博士關於血跡噴濺痕的鑑定報告及女被害人上衣未遭更換等新事證出現，而這些都是以前法院所未能審酌者，證據資料不同，當會有不同的判斷結果。

蘇案三人涉案的證據如此薄弱，卻仍然必須動員那麼龐大的社會力量和司法資源，纏訟了那麼多年才能無罪定案，中間還有無罪後再判死刑的記錄，那麼台灣其他的冤錯案件呢？誰來替他們平反？

台灣近年來的司法制度，已朝著大家改革共識的方向去走了，可是我們期待司法官的辦案心態都能正確建立，期待法庭的合議制要貫徹。我辦過的案子中，曾有受命法官主觀太強，似乎已有定見，好在在辯論庭時，審判長及陪席法官都提出問題，讓當事人及辯護人有詳細論辯的機會，因此扭轉了受命法官的主觀想法。法官也是人，一個人的思慮有其極限，多幾個人來審視案件，一起討論，看到的角度會比較周延。

蘇案從社會團體介入，人權團體介入，到律師團組成，以至刑事訴訟法的修改和新制的實施，這一連串的發展，可以編纂成一部完整的台灣人權保障教科書，過程中所有有關人權保障活動和案件審理經過，都有完整的論述及交代。如今，蘇律師終於帶頭整理出《蘇建和案21年生死簿》的口述歷史，對於關心及想完整了解這件本世紀台灣最顯著冤錯案的人士，應有非常大的幫助。我也希望看到更多關於蘇案的記錄和研究陸續出版，鑑往知今，減少台灣冤錯案的發生。

古嘉諄

於寰瀛法律事務所

二〇一三年六月二八日

記錄整理／黃怡

律師團感言之三

顧立雄律師：回首來時路，步步是艱辛

蘇建和案是民間司法改革基金會成立後所從事個案評鑑中的第一個案件。在完成評鑑工作後，眾人即決定，若有機會，應參與蘇案的救援工作。而不久即碰到蘇案獲准再審的裁定，蘇友辰、許文彬律師希望增強律師團陣容，司改會、台北律師公會、律師全聯會等都獲邀推薦律師，在蘇律師的考量之下，揀選出六位律師組成律師團，我是其中一員。

大家都是辦過刑案的律師，起初並沒有什麼特別的分工。分工是後來依每位律師的個性、背景不同，自然而然形成的，例如說，蘇律師從蘇案一開始就替蘇建和等三人辯護，他對該案相關事實的記憶非常清楚，對於被告們如何遭刑求、哪個法官的審判態度如何等，這部分都需仰賴他，而且因爲他很專注於該案，只要是律師團需要的資訊，他都如絲如縷的敘述給我們聽。已爲蘇案辯護多年的許文彬律師，則比較強調該案幾個他認爲重要的點，會對此再三叮嚀。

蘇案的特點之一是需要專業鑑識的知識。記得律師團有找來當時刑事局鑑識中心主任翁景惠先生，爲我們介紹何謂「血跡噴濺」，並以影片爲我們解說關於鑑識的基本概念。至於交互詰問，就比較要仰賴羅秉成律師，他對蘇案可說是滿腹熱忱，所做的準備工作往往比我厚實。交互詰問時，對於區分友性證人與敵性證人，問法中如何鋪梗、如何設陷阱等，羅秉成律師相當具有心得。

蘇律師做事一板一眼，每次開庭前，都會要求做周詳的預演，並做成記錄，也就是在他的執著之下，律師團才開了那麼多會，做了比較充分的準備。當時我們討論到策略，也就是要不要正面迎戰的問題，簡言之就是要不要傳汐止分局警察來法庭作證，如果要傳警察，就要挑戰刑求的問題。根據律師最基本的訓練，就是必須調來原始的錄音帶，仔細聽了後，才能從蛛絲馬跡中找出破綻所在，蘇案律師團人力比較充沛，聽錄音帶就不是什麼問題了。

我服務的萬國法律事務所，就蘇案總是有兩三個律師在幫忙，古嘉諄律師也一樣，有受僱律師幫忙整理，而羅秉成律師是親力親爲，蘇律師當然更是如此。我們先把錄音帶轉成逐字稿，再畫出哪些地方有問題，例如錄音中斷的問題。那個年代警詢的時間都很長，一份筆錄前後的講法就會有出入，而王文孝有好多份筆錄，就要研究爲何他先是這樣講，後來又那樣講等等。起先王文孝講不出蘇建和等人的名字，等王文忠到案之後，就突然能講得出來，因此參照王文孝供詞的時間點做比對分析是很重要的。再比方說，王文忠被警方從南部帶上來，這跟蘇建和等人被抓的時間也要比對，因爲顯然是先抓王文忠，講出名字，才能去抓蘇建和等人。蘇建和等三人的筆錄，我們發現檢察官偵訊時，筆錄文字過度減縮，檢察官兇被告的話，都沒有在筆錄中呈現，而在兇被告前後，被告講的因此有何不同，當然也要比對，這些都是要花很大工夫的。

台灣警察辦案態度的轉變，特別就是否仰賴刑求作爲工具，是和政治民主化、人權意識提昇及司法改革進程有關。現在警察雖仍有脫軌行爲，但已少有聽到刑求了。

大家或許會問，在美國是否也有像蘇案這樣的刑求逼供？美國的警察不當然不會刑求，但美國的警察不能要求犯罪嫌疑人製作筆錄並在上面畫押，畫押文化應是亞洲特有的。我們看美國電影，印象很深刻的就是他們常要「保護證人」，都要確保證人上了證人席，在法庭做的證詞才有法律效力。美國警察是不會像我們這樣一問一答做筆錄的，警察固然會問證人或犯罪嫌疑人問題，但這是他們自己的「筆記」，根據這些筆記做成報告存檔。如果檢方或辯方遇到某證人過世了，或逃亡了，或失蹤了，他們有可能會傳警察到法庭，說明當時在什麼情境之下，那名證人跟他說了什麼，且要說服陪審團，證人當時所說的話是可信的，這是「傳聞法則的例外」。美國當然也會有冤案，也不時可見民間人權團體在從事各種冤案救援，因爲至今沒有哪種審判系統是完美的，都有可能造成誤判。

若說蘇案對我個人有什麼啓發，首先就是學習前述血跡噴濺理論，還有殺人方位的分析，以及工具痕跡比對等，畢竟蘇案是眾所矚目的案件，可以運用最大可能的資源來深究，一般律師不易遇到。蘇案動員了國內外的鑑識專家，他們的證詞及解說，讓我受益匪淺。

另外就是更體會到所謂「審判」的本質。江國華法官在歷經數十位法官判決蘇建和案三人死刑後，毅然准予再審，並將判決翻轉過來，使我認識到審判不單是如何發現眞實的問題，還可能有所謂「機關立場」、「捍衛面子」、「同儕壓力」等因素，因此審判絕不是那麼單純。它可能是多方角力的結果，需要透過社會運動的方式，才可能達到救援的目的。蘇案以外很多案件的救援會失敗，我覺得其中一個原因就是社會的能量沒有被充分動員。

蘇案最大的意義是社會各界的投入。律師們在法院裡扮演其中百分之六十的角色，其他百分之四十是法院以外的運動與救援。人本教育基金會提供蕭逸民此一不可或缺的專職人力，而無數志工無怨無悔走上街頭，人本加上台灣人權促進會、民間司法改革基金會三者合作，讓這案件廣爲人知，使社會能量的動員最大化。

蘇案進入刑事補償階段後，我們遺憾看到法官對於犯錯的警察那麼輕易開脫，對被告們的免責要求卻那麼高，只因爲蘇案三人關得那麼久，好像認爲如果給他們那麼多補償，就是一種不當的恩賜，我實在很難接受。然而無論補償金額多少，我希望蘇建和、劉秉郎、莊林勳能早點過他們正常的生活。我常說，蘇案二十多年的審判，使被告們一而再、再而三的被推向過往無底的黑洞，刑事補償若能早日定案，蘇建和等三人就該快快樂樂的去計畫未來，過點平靜的日子。

最後我要說的是，我有幸在蘇友辰律師相邀下，加入蘇建和案律師團，蘇律師對蘇案的口述歷史出版在即，中文世界的讀者可藉此仔細回首蘇案的來時路，對於提高台灣人權意識，想必有相當程度的幫助。謹此謝謝所有關心過蘇案的人，也敬祝蘇律師身體健康，精神愉快。

顧立雄
於萬國法律事務所
二〇一三年五月十七日
記錄整理／黃怡

律師團感言之四

羅秉成律師：教訓必須記取，以免一錯再錯！

蘇案和我的因緣，是從民間司法改革基金會來的，該會成立時，開始進行法官評鑑、判決評鑑等工作，一九九五年二月九日蘇案三審確定後不久，司改會決定做該案的判決評鑑。評鑑後，我們發現若干問題，決定救援這件冤案。我因爲參與司改會，而被司改會推薦參與了蘇案的再審辯護律師團。在後來多年的救援工作中，司改會和人本教育基金會、台灣人權促進會，一直不離不棄的是三大主力民間團體。

蘇友辰律師是我最感佩的，他簡直拿他的命在辦案，以自己的命去換來蘇案三人的活命，尤其在蘇案後期，他身體狀況一度欠佳，仍是拖著一條老命在辦案；這樣的態度，應該是前無古人、後無來者了。在台灣律師界是「前無古人」是肯定如此的，但說「後無來者」，則是有期待的意味，以台灣司法的文明化程度，如果後有來者，那就非常可恥了，希望「冤案不再」，「蘇律師不再」。

二〇〇〇年五月十九日，台灣高等法院裁定准予蘇案再審，十月二十七日最高法院駁回檢察官抗告後，再審程序開啓，蘇友辰、許文彬兩位律師決定擴大辯護律師陣容，我代表民間司改會加入律師團。我是中途加入，要努力趕進度，追上蘇、許兩位前輩的腳步。蘇律師是蘇案的百科全書，我是後輩，便跟著他學習如何處理蘇案。律師團在蘇案二〇一二年定讞前，總共開過一百次會議，每次蘇律師都很盡心盡力，做開會的準備事項，老實說，他處理事情認眞、執著的態度對我們後輩而言，也很值得學習。

對於蘇案，我曾採取一個和我過去接案很不同的方式，就是他們還在押時，沒有去接見三位被告本人。我故意不去接見的原因有兩個，一是我自認爲以案件的內容以及蘇律師對案情的了解，我沒有去接見他們的必要；二是我想跟當事人保持一個距離，更加客觀的去觀察案件進行。後來開庭了，我跟被告們時有互動，根據我近距離的觀察，他們不必向我言說，也不必跟我喊冤，我越來越相信，三人是無辜的。

我覺得蘇律師的這種心情，是始終如一的；他這樣燃燒自己的熱情，對後輩律師有很大的感染作用，所以他老人家，我們都叫他「班長」，只要他往前走，我們無論如何都要跟上去，當然如果落後他太多，也會被他唸。

關於蘇案的「鑑定」部分律師團分工由我負責，可是光就第一次再審中詰問法醫研究所八位專家的那部分，多年後我再看卷宗，自己認為非常失敗。第一次再審判決雖然沒有採納這個鑑定的結論，僅以其他證據不足，判決蘇案無罪，但我們也根本沒有在法庭上打倒法醫研究所的報告。再審中，我認為有兩個訴訟障礙，蘇案要達到無罪判決，必須翻過這兩座大山，一座大山叫「假的自白」，另一座山叫「假的鑑定」，假的自白加上假的鑑定，像一個冤案方程式一樣，會導出一個「真的冤枉案件」。這兩種冤錯的因子，在許多案件中不斷的出現。法醫研究所的鑑定，是開啓再審前沒有的，需不需要做這個鑑定，在辯護策略上就值得討論。再審中跑出這麼一個不利的鑑定結果，造成我們答辯上很大的障礙，然而我們這些律師對法醫、刑事鑑識的專業鑑定了解有限，至少都無法跟那些專家相提並論。第一次我做交互詰問，無論別人怎麼評估，我自覺完全問不好，也問不對。

當時爲何沒有反對鑑定，甚至有律師團成員主張要鑑定，原因就是如果在自白眞假、有無刑求上打轉，無法釋疑，若判無罪只是罪證不足，這對三人是最不公道的，蘇案不要這種判決，那只是個「無罪判決」，不是一個「無辜判決」，**無辜判決是證據足以證明被告無罪，不是證據不足以證明他們有罪**。古蘇格蘭的判決中，無罪判決與無辜判決是兩回事。

既然同意鑑定，鑑定機關選錯就是錯誤的第一步，我們希望鑑定機關不是官方機構，以免官官相護，但法官還是裁定由法務部的法醫研究所來鑑定，它是檢方系統的一部分，如何期待它公正呢？組織的獨立性，會影響他們行使職權的獨立性。第二個錯誤在於鑑定命題，也就是要他們鑑定什麼？以及要用什麼方法鑑定？我們大家都沒譜，都不懂，辯方不懂，審檢恐怕也不懂，經驗不足只好看書問人來惡補，現在看來是滿危險的，因爲要問的問題本身就有問題。例如說，請求鑑定問題五——「開山刀或水果刀是否可能造成被害人屍體所顯示之傷口？」，此鑑定問題「本身」有問題，所以才會跑出鑑定結果裡有「研判爲水果刀類…菜刀類…開山刀類等三種類別刀刃兇器」，而我記得法院請求鑑定的項目，是有問過兩造意見的，當時沒有那個敏感度去提出異議、要求，修正問題，也不會問問題，反而造成對辯方的不利結果。至於法醫研究所，也沒有經驗，很多請求鑑定的事項是不一定有答案的，而他們欠缺經驗「自創」方法，硬要給一個答案，錯誤就產生了。

法庭上的交互詰問制是二〇〇三年全面開始的，我因爲之前法院的試行有若干經驗，對八大專家進行了第一次交互詰問，然而沒有弄懂鑑定報告，不會問，直到二〇一二年，我已做了十年的交互詰問，對照前後十年的詰問的質和量，就完全不一樣了。其實當年我們已提出鑑定人不適格、鑑定方法不適格的問題，只因爲不會問問題，力道不足，無法挑戰鑑定報告的可信度。我第三次詰問蕭開平法醫，才覺得問到了要點，雖然我沒有預期

協會，是因爲我們覺得需要有團體更專注於救援冤錯案，我比較美國援救冤錯案的眾多NGO團體，發現他們很認眞看待冤案的錯誤，嚴肅的處理冤案的錯誤，記取這些錯誤，再去改造相關的制度。蘇案是台灣救援冤錯案件的火車頭，歡迎各界多關心其他台灣的冤案，大家一起來努力。

羅秉成
於台北律師公會
二〇一三年六月二十日
記錄整理／黃怡

律師團感言之五

尤伯祥律師：法官的科層體制，是導致蘇案被告纏訟半生的最大因素。

一九九九年，救援蘇案的死囚平反行動大隊在台北市濟南教會舉辦百日繞行，我當時剛執業，去參加過繞行，完全沒想到後來會成爲該案的律師。我是一九九一年入伍的，一九九二年調到陸戰隊六十六師的軍法組當書記官，王文孝執行完死刑的執行卷，後來送到六十六師存檔，我看過這個卷宗，承辦該案的軍法官我服役時也見過。我跟蘇案，眞的有點緣份。

我是一九九五年考上律師的，沒有立即執業，之後四年在學校裡讀研究所，碩士論文的題目是宗教自由。二〇〇三年，蘇友辰律師代表蘇案律師團邀請我參與辯護，當時我受寵若驚，猜想因爲我從業年資只有四年半，他們需要一個資淺律師，擔任寫寫狀子之類的重活兒。蘇案律師團的成員都是律師界最頂尖的前輩，這是很好的學習機會，於是我就答應了。

對於刑案，我確實比較有興趣。從二〇〇二年交互詰問開始試辦時，我就滿喜歡這個制度，它使律師能夠在法庭上發揮功能。在職權主義下，律師是花瓶，當事人進行主義下的交互詰問制，則讓律師有了舞台，可以多少影響判決的結果。可能是自幼受到電視、電影裡美國法庭戲的影響，我從在法律系唸書時就認爲當事人及律師應該是法庭活動的主角，當事人有權挑戰、質疑所有對他不利的指控與證據，自主決定訴訟成敗，這才叫公平。剛執業時，台灣的刑事訴訟制度採職權主義，整個法庭呈現的風貌與包青天電視劇裡開封府坐堂審案的光景，幾無二致，只差沒有衙役持殺威棒喊威武而已，當事人是陪襯，對於不利他的證據沒有太多的挑戰空間，命運完全操之於法官，這讓我十分不能適應，也始終期盼制度能有改變。

後來，在我參與司改會救援的徐自強案裡，二名共同被告可以不須具結，盡情誣攀徐自強，徐自強卻無法讓誣攀他的人坐上證人席接受詰難，只能辯解，乞靈、仰望法官大人的自由心證，然後在沒有任何證據可以證明共同被告的說法屬實的情況下，被判死刑。這樣的訴訟程序及判決結果，我實在無法苟同，後來就是基於被告應該有權質證的信念，幫他聲請釋憲。二〇〇四年七月，司法院大法官會議作出釋字五八二號解釋，指出最高法院關於「共同被告不利於己之自白可相互補強」的兩則判例，已剝奪被告對共同被告的詰問權，屬違憲，應不再適用。此號解釋確立被告的質證權是正當法律程序的基石，使法院必須落實交互詰問，無法再像以往僅靠證人及共同被告的警、偵訊筆錄就輕易定人之罪。

至於交互詰問制適用於蘇案，我可以舉一個例子。蘇案再審判決無罪後，檢察官上訴，突然提出兩位以往未曾出現的證人做爲上訴理由，最高法院就以這兩位證人有待調查爲理由，發回高等法院更審。那兩位證人，一個是劉秉郎在看守所時的同房，另一個是押解王文忠的軍官，他們說劉、王兩人曾對他們坦承有犯該案；那位軍官在再更一審時先來作證，由羅秉成律師對他反詰問，他被羅律師犀利的詰問修理得無路可逃。再更一審判雖判死刑，但是沒有採用軍官的證詞；再更二審時，再傳剩下的那位證人，律師團將詰問他的工作交給我。在交互詰問的過程中，我先讓他盡情的講，他說，劉秉郎一入看守所就與他關在一起，一直關到一審判決他們三人死刑，但我們之前請法院向看守所調來他的羈押記錄，其實他只有和劉同房關過十幾天；他又說，是他教劉在面會家人時趕快請律師寫狀子辯稱被刑求，但偵查卷內的資料清楚顯示，劉一羈押就禁見了，哪裡見得到家人？諸如此類，漏洞百出，在他盡情講完之後，我便逐一把卷內資料提示給他看，弄得他面紅耳赤，還說我挖坑給他跳。再更二審判無罪，檢察官上訴時也不敢再提到這位獄友的證詞。如果在以前沒有交互詰問的時代，法官依職權訊問，未必有時間、有意願慢慢盤詰證人，往往依據待證事實簡單問證人幾個問題就了事，有意僞證的人其實很有機會得逞。

為何蘇案的證據如此薄弱，再審前始終判三被告死刑？當然，除非法官親口道來，否則他內心的想法外人無法確知。不過，依我個人執業的經驗判斷，我認為是因為被害人死狀淒慘，在社會上造成聳動，對被害人家屬的同情如潮水般湧來，同情被害人的輿論，對法官當然會造成壓力。蘇案有在汐止分局製作的警、偵訊自白，使三名被告成為安撫輿論「獵巫」渴望的現成祭品，因此，即使被告在偵查中就已辯稱被刑求，但與要求定罪的強大輿論相比，辯解的聲音實在微不足道。雖然蘇案再更三審定讞時，法官在判決裡認定本案確有刑求，但是在蘇案更審前，台灣司法實務是要求被告負刑求的舉證責任的，不像現在，會要求檢警證明自己沒有刑求。所以若法院本著安全為官之道的考量，因循前例，以被告無法證明刑求為由採用警、偵訊自白，自然不足為奇。此外，蘇案三人在偵查一開始就被羈押，假使判無罪，還有冤獄賠償的問題。從我執業的經驗上觀察，在押被告在起訴時若沒有獲得交保而被法院接押，最後有九成以上的機率會被判罪科刑。這種起訴後繼續羈押的案件，就像病人進了加護病房，案子是很難救的。

在這種社會矚目案件裡，法庭上最弱勢的就是被告，當他們遭到起訴時，便已經被社會唾棄了。即使證據呈現五五波態勢，法官會「犧牲」誰？會讓誰承擔「誤判」的風險？最安全的為官之道是：「你們如果無罪，可以去上級審平反嘛！」若第一組法官如是盤算，第二組法官又何嘗不能依樣葫蘆？當選擇這個選項的法官多了以後，後面接手的法官又何苦特立獨行，挑戰前人，給自己找麻煩呢？假使一審法官會希望上級審的學長來扛責任，二審法官就不會嗎？這樣一路到最高法院，最高法院怕一鎚定音，三條命就沒有了，社會上覺得他們不慎重，就不斷發回來更審。

這種上沖下洗的過程，只要走了一段時間，在死刑判決上背書的法官就越來越多。那麼多學長前輩都沒有改判被告們無罪，教後面的法官怎麼敢判無罪？因而變成了惡性循環。不僅是蘇案如此，徐自強案、邱和順案也是如此，大家都知道案子、證據有問題，卻不敢判他們無罪。所以，我很佩服准予再審及再審判決蘇案三人無罪的江國華法官，他應該是道德勇氣過人，才會裁定准予再審。

蘇案再審後，又更審三次，纏訟十年，在無罪與有罪之間擺盪，這中間一個很重要的因素就是法醫所不利被告的鑑識報告。法醫研究所這份鑑識報告重大瑕疵頗多，完全不具備科學證據的必要條件，因此最後定讞的再更三審判決完全不採信它。然而，固然在這份報告作成當時，我們就找了石開平、吳木榮、黃提源這幾位品德、學養俱優的法醫及統計專家作證，指出這份報告的所有瑕疵，但事後來看，他們的證詞，只能讓我們與法醫研究所這份鑑識報告打成平手，因爲後者掛著機關鑑定的名義，形式上就有優勢。直到李昌鈺博士上場，控、辯雙方的僵局才算有了突破。因爲李昌鈺願意擔任鑑定人，倚靠他的學養及聲望，後面判無罪的法官，才有理由以去說服前面判有罪的法官。蘇案整個再審的審理過程中，被告與辯護律師對抗的其實不是檢察官，而是法官，不僅是仍在審理該案的法官，而且包括上級審（第三審）法官，以及其他曾判過蘇案有罪的法官。

能夠加入蘇案辯護律師團，參與一個歷史事件，對我而言是個重要的生命歷程，雖然我的參與程度，遠遠遜於一開始就擔任蘇案辯護的蘇友辰律師與許文彬律師，也比不上再審階段就參與的顧立雄律師與羅秉成律師，然而從他們不同的辦案風格，我學習到很多。最重要的是，從蘇案這一個特殊的案子，可以看到法院內部的運作生態及潛規則，這對於我從事司法改革，是很寶貴的經驗。

法官的科層體制，是導致蘇案被告纏訟半生的最大因素。台灣是把法官當科員來培養，不是當法官來培養，法官的人事結構與行政體系的人事結構，其實是非常像的，有銓敘、有升等，會影響到他的薪水及升遷，法官的升遷不是取決於他同僚的評價，或是民眾對他的評價，而是取決於司法院、最高法院裡他們的大學長對他的印象或評價。當然有許多法官很認命、認眞的辦案，但也有不少法官汲汲於官場經營及權力爭逐，這種心態會影響他的行爲。

從判決書的可讀性問題，就可以看出這種只在乎上級學長，不在乎當事人及民眾的心態。我們的判決書長期套用八股文用語，文白夾雜，一般民眾大多是看不懂的，但即使外界多年批判，他們依然故我，未見、未聞司法院有何變革的作爲，因爲判決書不知多久以來，就是寫成那個樣子，代代相傳，現在要變成白話文，而且用語、格式都要讓民眾看得懂，這是何等麻煩！反正法官的判決書不是寫給當事人看的，是寫給他上級學長看的，他的判決理由不必說服當事人，只要能夠說服他的上級、學長就行了，那又何必在乎民眾是否看得懂？何必改變，自找麻煩？那種文白夾雜的判決書書寫文化，很容易混淆其中跳躍的邏輯，以修辭及寫作技巧掩飾判決理由的不足，寫作的技巧，往往會取代認定事實的辦案技巧。而多數法官一進去科層體制，就馬上被馴化了。我這只是舉其中一個大家所知的例子罷了。

我從學生時代就一直有人權應在個案中實現的信念。蘇案對於台灣而言，無論法治面來說，或社會啓蒙來說，都是個里程碑的案件，在援救蘇案過程中，動員了非常多的社會力，這些社會力的凝聚，對於公民意識的覺醒影響很大。如今蘇案生死簿由蘇律師率先整理成書，相信關心此案的社會大眾，可藉著回味整個辦案的過程，蓄積更多的善念，來支持民間相關的司 法改革。

尤伯祥
於義謙法律事務所
二〇一三年六月二十八日
記錄整理／黃怡

律師團感言之六

葉建廷律師：正義無價．人權為念

葉建廷

一九九六年六月間，我在司法官訓練所接受任職前的訓練，距離正式分發還有半年。一天，所裡面發給我們這群準司法官們一套三本「最高法院刑事庭法官研討會：對蘇建和等盜匪等案件研討結論」，內容很「紮實」，有研究結論、有很多的附件。老實說，當時對蘇案的印象停留在被檢察官起訴的行為人，犯罪手段很殘忍，但也有人一直在為這個案子喊冤，檢察總長也提出過非常上訴。拿到這三本「教材」，所方也沒說這三本教材要做什麼用，利用時間很快翻了一下，終審法院前輩寫出來的研討結論，對我這個沒看過蘇案卷宗的人來說，的確很有說服力，那麼多優秀的法官學長們所認定事實，應該錯不了的。之後隨著分發到台北地方法院擔任審判工作，手邊的工作繁重，一直都沒有再去多關注此案。

到了二〇〇〇年五月，報紙披露台灣高等法院准許蘇案再審，哇，這在當時可是破天荒的消息，同年的十月，最高法院駁回了檢察官對准許再審的抗告，表示蘇案正式要進入再審程序。當時第一個念頭，是最高法院這一庭的學長怎麼會這麼有勇氣，這個准許開始再審的裁定，在一向保守有餘的審判體系內，無疑是對之前確定判決丟下一顆震撼彈。

我去看了准許開始的裁定，裡面寫到自白的眞實性、共犯自白能否互爲補強等有關證據法上的問題，開始觸動我的敏感神經。因爲我自己從事審判工作，對於程序上的「潔癖」，我一直很堅持，如果發現偵查人員在辦案過程中對被告使用不正方法取供或用法律所不能容許的手段去取證，我都傾向把這些證據捨棄不用。不過我手上沒有蘇案的卷宗，去旁聽這個案字的開庭，也不適當（別人會說你是工作太閒嗎），所以只能從媒體上持續關注這個案子。

三年後的二〇〇三年一月，再審結果判決被告無罪，幾個月後最高法院再把無罪判決撤銷，發回台灣高等法院更審；當時爲了刑事訴訟新制的推行，我忙得焦頭爛額，沒細看判決書，只知道二、三審法院對於被告自白是否有任意性，看法不一樣。後來的再更一審又判決被告死刑，但最高法院又把案子發回，似乎判無罪也不對，判死刑也不對，我當時想，一個案件爭議這麼大，死刑判決及無罪判決都無法獲得最高法院的支持，到底問題在哪？難道這個案子最後會像以往具有爭議性的案子，以判被告無期徒刑終結？

二○○七年九月二十日，我辭卸公職後的個人律師事務所開幕，蘇友辰大律師到辦公室來分享我的喜悅，並給我祝福。在聆聽蘇律師寶貴的執業經驗分享時，他送我一本張娟芬寫的《無彩的青春：蘇建和案十四年》，要我讀一讀，並請我考慮加入成為蘇案辯護團隊的一員。回到家，打開第一頁，是蘇律師的親筆——「正義無價．人權為念」，八個字給我震撼很大，莫非蘇律師知道我的「潔癖」？

花了時間把娟芬這本書讀完，接著請逸民把蘇案卷宗給我，讀完後，第一個念頭是：從證據來看，蘇建和他們三個人應該是冤枉的！於是義無反顧，我加入了以蘇律師領導的辯護團隊。

做為最後加入蘇案辯護律師團隊的一員，我必須加緊腳步才趕得上律師團的進度。但隨著對卷證的熟悉度越來越高，我的心情卻開始越來越沮喪，刑求得來的自白、鑑定人的不適格、偏見等問題，在卷裡俯拾皆是，為何之前優秀的法官學長們似乎都未能注意到？要推翻之前的死刑確定判決，讓法官判決蘇建和三人無罪，我自己當過法官，我知道這對辯護團隊來說，任務多麼艱鉅！

就不說如何完成這艱鉅任務的細節了。我在當法官的時候，對於辯護律師在書狀一直強調「無罪推定原則」、「證據裁判原則」，其實不太喜歡，為何要寫這些東西來浪費篇幅，是怕法官不懂嗎？這些原理原則對刑庭法官來說不應該是像呼吸一樣自然嗎？轉任律師後，才知道原來並不是每一位裁判官都和我以前一樣，還有法官要窮盡其力依職權發現所謂事實的眞相，孰不知在他要依職權發現所謂事實的眞相過程中，中立裁判官的角色已經不知不覺離他遠去而不自知。但何其有幸，就我所實際參與蘇案辯護工作，所看到的再更二審、再更三審二個合議庭法官，可以在他們身上看到中立裁判者的身影！

跟蘇友辰大律師還有辯護律師團隊一起共事，爲這個案子辯護的經驗，實在很難得，它讓我重新思考很多刑事訴訟法上的問題，也讓我有機會能夠在法庭上跟法官分享，如果法官心中永遠認知「正義無價．人權爲念」，那麼，刑庭法官最重要的工作，應該是——無罪的發現！

葉建廷
於律達法律事務所
二〇一三年七月二十二日

律師團感言之七

蕭逸民：留得清白在人間

人本基金會蘇案專案助理．民間司法改革基金會執行秘書
蕭逸民

感謝蘇友辰律師給我機會，自二〇〇〇年起參與義務律師團的辯護工作；從二〇〇三年起擔任他的義務助理。十四年來，他帶領我參與「化不可能爲可能」的法庭訴訟，引我走上司法改革專職工作者的道路。最感動我的，是他的寬容大度。年輕氣盛的我，討論經常自以爲是，固執己見，而且判斷錯誤的人，通常是我。但蘇律師總是不以爲忤，善察善聽，指導我不斷地反省成長。蘇案無罪定讞後，一直期待蘇律師能將寶貴經驗，出版成書。如今全書即將付梓，蘇律師客氣地要我寫些文字紀念，這是我的榮幸，謹此分享多年來與蘇律師相處的觀察。

「做大事，不做大官」是我對蘇律師最敬佩之處，多年來親見到他推辭掉無數

做大官的機會，爲的只是要完成平反蘇案這件大事。印象最深者，是二〇〇四年蘇律師拒絕了陳水扁總統邀請擔任監察委員這件事。其實，他不排斥監察委員這個職務，只是眞心以蘇案爲重，才推辭邀請。這份眞心，保護他沒有涉入第四屆監委提名的藍綠惡鬥，也保護了蘇案的政治中立性。

不做官的蘇律師，卻是我見過最擅長處理政治問題的律師。作爲司法改革的指標案件，蘇案必需處理敏感的政治問題。也還好有司法改革的政治浪潮，否則蘇案不可能槍下留人，更不可能平反。政治力影響蘇案最主要有三件事例，第一是一九九五年法務部長馬英九拒絕簽署死刑執行令，保全三人性命。第二是二〇〇〇年總統大選後，陳水扁表示要特赦三人，隨後高等法院裁定蘇案開始再審。第三是二〇一〇年司法院長賴英照主導刑事妥速審判法，通過無罪三次不得上訴最高法院的條文，才讓蘇案得以定讞。政治的大風大浪，兇險萬分，蘇案乘風破浪平安歸港，身爲掌舵者的蘇律師，不但有膽，更是有謀。

蘇案之所以這麼政治，是因爲司法官僚把蘇案當成面子問題，被告有罪無罪已經不重要，重要的只有司法威信。某位判決蘇案無罪的法官回顧當年，不知多少同仁找他關切案情，還有人放話，要他判什麼罪都好，竊盜也行，就是不要判決無罪。這種草菅人命的集體態度，點燃人民對司法不滿的火藥桶，爆發出司法改革的政治量能。不論三權分立或是五權分立的政治制度，司法只是政治權力的一部，蘇案動員監察權、行政權和立法權推動司法改革，才得以制衡來自司法官僚的不當干預，還給承審法官獨立審判的空間。

承辦蘇案以前，蘇律師一點都不政治，只辦普通民刑事案件，交遊多爲法界賢達，專業單純。把他逼上梁山的，不是蘇案，而是承辦蘇案的司法官僚。曾經擔任書記官、檢察官和法官的蘇律師，對從事司法工作有強烈的認同感，也因爲這份強烈的認同感，讓他無法接受司法官僚在蘇案中的惡行惡狀。最早接觸蘇案時，我也曾想過是不是蘇律師在原來的審判中不夠認眞，才讓三人被判死刑。但在閱讀卷宗後，疑問都渙然冰釋。在卷宗裡，看到的是蘇律師使盡混身解數，卻無力回天。硬是要說蘇律師有什麼沒有做的，那恐怕是沒有提錢去講吧。

蘇案平反最大的考驗，發生在二〇〇七年再更一審判決死刑之後。在判決前，義務律師團請到李昌鈺博士出庭，證明蘇案極可能爲王文孝一人所爲。甚至連準備總統大選中的馬英九也到濟南教會，爲三人祝福。不論案件本身或是政治情勢，大家一致認爲蘇案將再判無罪。萬萬沒想到，再更一審合議庭竟然判決三人死刑，無情地打擊了每一個人的信心。在情勢最惡劣時，總統府辦公室傳來訊息，希望能夠會見三人。蘇律師決定不參加，要我陪同蘇建和、劉秉郎和莊林勳與會。這場會面陳水扁總統沒有參加，地點也不在總統府。與會者表示總統對司法審判能否還三人清白，欠缺信心，在任期結束前，總統願意特赦蘇案，免除所有罪刑，希望三人接受。

這次，蘇友辰律師一反平日事事耳提面命的作風，完全讓蘇建和、劉秉郎和莊林勳自主決定。最後，三人拒絕陳總統美意，相信自己一定能讓司法還他們清白。拒絕特赦是最勇敢的決定，當時此事沒有公開，但是知情者都由衷敬佩，義務辯護律師團更是深覺責任重大，全力投入，以求不負所託。二〇一二年蘇友辰律師默默組團前往台北監獄，關心陳水扁總統在獄中的處境待遇，就是感念這段雪中送炭的際遇。

蘇案無罪定讞，對蘇友辰律師而言，是一種解脫。多年來，他期許以自己的清白，維繫蘇案救援運動的清白，爭取蘇建和、劉秉郎和莊林勳三人的清白。這種自我犧牲帶來的精神壓力，開發了他的潛力，也耗盡了他的能量。我眞實地看到的他所經歷的痛苦與煎熬。如今蘇案全始全終，我由衷地爲蘇律師感到驕傲。因爲他留下的一片清白，已然換得司法更廣闊的青天。

蕭逸民
於民間司法改革基金會

附錄十三

蘇建和案對於現行刑事訴訟法結構性的影響

二〇〇三年一月十三日蘇建和案再審（89再審字第4號）宣判，被告三人獲判無罪，一月十四日立法院亦大幅修正中華民國刑事訴訟法，並於同年二月六日公布施行。從這次修訂的條文中，多處見到蘇建和案纏訟多年的影響，亦為日後刑事被告的人權保障，墊下較為健全的基礎。

就證據方面來說，蘇案再審判決本諸無罪推定的基本原則，以及嚴定證據能力及證據證明力的準則，做為認定事實之基礎。前述通過的立法，於第154條第1項修正為：「被告未經審判證明有罪確定前，推定其為無罪。」第2項修正為：「犯罪事實應依證據認定之，無證據不得認定犯罪事實。」於第154條第1項明文揭諸：「刑事訴訟無罪推定基本原則」，其立法意旨，在於導正社會上尚存被告有罪的預斷，就刑事訴訟法保障被告人權之基礎，引為當事人進行主義色彩之張本，從而檢察官及自訴人須善盡舉證責任，以做為被告判刑的依據。

另就證據能力及證據證明力，前述通過的立法，於第155條第1項修正為：「證據之證明力，由法院本於確信自由判斷。但不得違背經驗法則及論理法則。」明定法官判斷證據的證明力，必須有所憑據，不再只是由法官自己自由心證。蘇案再審前的承審法官，皆認定一人不可能砍殺七十九刀，必有共犯云云，顯違背經驗法則及論理法則，以致蘇案三被告甚至王文孝之胞弟王文忠多次判刑。前述通過的立法，於第155第2項修正為：「無證據能力、未經合法調查之證據，不得作為判斷之依據。」就156條第1項修正為：「被告之自白，非出於強暴、脅迫、利誘、詐欺、疲勞訊問、違法羈押或其他不正之方法，且與事實相符者，得為證據。」於156條第2項修正：「被告或共犯之自白，不得作為有罪判決之唯一證據，仍應調查其他必要之證據，以察其是否與事實相符。」於第3項修正：「被告陳述其自白係出於不正之方法者，應先於其他事證而為調查。該自白如係經檢察官提出者，法院應命檢察官就自白之出於自由意志，指出證明之方法。」第4項未修正（原條文第3項）：「被告未經自白，又無證據，不得僅因其拒絕陳述或保持緘默，而推斷其罪行。」

前段所述的修正，皆說明自白是否出於任意性，是否具有證據能力之要件，如出於強暴、脅迫、利誘、詐欺、疲勞訊問、違法羈押或其他不正之方法而取供，自不具有證據能力，因此，被告自白之任意性，自宜先查明，以免法官因為具瑕疵的自白，產生不利於被告的心證。

以往的審判由於採職權進行主義，檢察官對於被告自白的任意性，無須負舉證責任。站在人權保障及以當事人進行主義為原則的立場，前述通過的立法，於修正條文條第四項後段增訂：「該自白如係經檢察官提出者，法院應命檢察官就自白之出於自由意志，指出證明之方法。」明文規定檢察官應就自白任意性的爭執，負舉證責任。並將159條第1項修正為：「被告以外之人於審判外之言詞或書面陳述，除法律有規定者外，不得作為證據。」這是指傳聞證據有悖直接審理主義及言詞審理主義原則，基於程序正義，應予排斥，此為英美法系及大陸法系國家所是共認，惟因二者所採訴訟構造不同，採英美法系當事人進行主義者，重視當事人與證據之關係，排斥傳聞證據，以保障被告之反對詰問權；採大陸法系職權進行主義者，則重視法院與證據之關係，其排斥傳聞證據，乃因該證據未經法院直接調查。不但如此，前述通過的立法，將共同被告、共犯、被害人等審判外的陳述，同列入傳聞法則之規範，不以證人審判外之陳述為限。

又第159條之2增訂：「被告以外之人於檢察事務官、司法警察官或司法警察調查中所為之陳述，與審判中不符時，其先前之陳述具有較可信之特別情況，且為證明犯罪事實存否所必要者，得為證據。」立法理由係以為發見真實起見，參考日本刑事訴訟法第三百二十一條第一項第二、三款之立法例，規定被告以外之人於檢察事務官、司法警察（官）調查中所為陳述，可信性及必要性兩種要件兼備之情況，得採為證據。

另159條之5第1項增訂：「被告以外之人於審判外之陳述，雖不符前四條之規定，而經當事人於審判程序同意作為證據，法院審酌該言詞陳述或書面陳述作成時之情況，認為適當者，亦得為證據。」為貫徹前述通過立法修法加重當事人進行主義色彩的精神，確認當事人對傳聞證據有處分權。然而我國刑事訴訟法尚非採徹底之當事人進行主義，故法院如認該傳聞證據欠缺適當性時，仍可斟酌而不採為證據。

然為求與前開同意制度理論一貫，且強化言詞辯論主義，確保訴訟當事人到庭實行攻擊防禦，使訴訟程序進行、順暢，乃參考日本刑事訴訟法第三百二十六條第一項之規定暨日本實務之見解，增設第159條之5第2項：「當事人、代理人或辯護人於法院調查證據時，知有第一百五十九條第一項不得為證據之情形，而未於言詞辯論終結前聲明異議者，視為有前項之同意。」即當事人、代理人或辯護人於調查證據時，知有本法第159第1項不得為證據之情形，卻未於言詞辯論終結前聲明異議者，應視為訴訟當事人已同意將該等傳聞證據採為證據。

設若蘇案發生於新法實施後，成為纏訟二十一年的冤案之可能，必大為降低。二〇〇三年一月十四日刑事訴訟法修法後，保障被告人權的條款更趨完善，然而冤獄仍時有所聞，就必須歸咎於執行法律者的素養與訓練了。

來源／彙總自2003年刑事訴訟法立法理由

刑事訴訟制度．蘇案再審前後大不同

一、刑事訴訟法在2003年2月改採改良型當事人進行主義，強調無罪推定原則與公平法院理念的建立，以及引進傳聞證據排除法則與專家證人新制，對司法人權的保障與司法正義的追求，豎立新的里程埤。

（一）落實合議庭制及厲行公訴人蒞庭執行職務
（二）落實檢、辯對證人、鑑定人對質及交互詰問程序
（三）對不法「證據能力」之排除與「證明力」強弱之取捨
（四）對被告刑求抗辯，檢察官負有舉證責任。
（五）在調查證據順序上，被告的自白應延到其他物證、人證調查之後。

二、警詢、偵訊與審訊過程全程錄音、錄影。

三、辯護律師在監所接見被告，有秘密自由協商不受干預的權利。

四、最高法院對判決死刑案件將修正採強制辯護、公開辯論及評議一致決。

第五部分
書後語

我先生爲蘇案的奮鬥

蘇案口述歷史—跋一

蘇友辰律師夫人
陳玉麗

一向不服輸、不輕易向人折腰的外子竟然不顧我再三反對，於服務法界十一年後，毅然轉台執業律師，向不可知的命運挑戰。他的大學恩師管歐教授深知外子個性極力勸止，且當時前司法行政部李元簇部長也加以慰留，但他心意已決，無可反轉。在台北地院服務期間，每個月要辦一、二百多件案件，他還是問案鉅細靡遺，毋枉毋縱，他的兩顆扁桃腺因長時間開庭講話過多，以致發炎蓄膿而割除，健康亮起紅燈，案牘勞形，也幾乎沒有什麼生活品質可言。由於律師可以選擇接案，比較自由，報酬較高，兩利相權取其重，他既然執意如此，只好順其所願。

一九九一年八月經由客戶介紹，得知蘇建和等三人是被刑求屈打成招，被控犯下強盜、強奸及殺人的重大罪行，關押在看守所。由於他們父母都是升斗小民需要特別幫助，在接受委任以來，日以繼夜，夜以繼日，全力投入此案的辯護及平反的工作。因他曾任台中地方法院檢處檢察官三年七個多月，台北地方法院法官八年，積多年偵查審判的實務經驗，深知弱勢被告的痛苦。爲了平反他們的冤曲，他不惜得罪法官，螳臂擋車對抗司法。當媒體報導扭曲事實眞相，就義憤塡膺寫文章批駁，尤其聆聽宣判有罪，就像一隻生氣的刺蝟，恨不得將那些不盡責的法官刺得遍體鱗傷。

自從接到蘇案幾乎變成他自身的案子，我與小女的心情也隨著他的喜怒哀樂起伏。他經常爲了找尋有力證據及辯護理由，夜半起來沉思，天才亮已坐在他書桌前振筆疾書。眼看著他的拼命，我擔心他血壓高，總是勸他以身體爲重，但倔強如他彷如耳邊風，爲了拯救三人，可以燃燒自己，雖千萬人吾往矣！

好幾次我上法院旁聽，令我百感交集。二〇〇三年一月十三日是個不容錯過的關鍵日子，當聽到宣判「無罪」時，旁聽者無不鼓掌

蘇律師全家福　　提供／蘇友辰

叫好，我也雀躍不已，馬上拿起手機打給在事務所幫忙的小女，她說已在電視上看到，聽得出她喜極而泣的聲音，當時她已身懷六甲即將臨盆，擔心她動了胎氣。好在老天保佑，才過了五天第一個男孫順利出世，我們如獲至寶，可說是雙喜臨門。這些年來她一直守護在父親身邊，看見父親「無眠無日」的奮鬥終於得到「無罪」的判決，這眞是得來不易的戰果，我們都覺得與有榮焉。

無奈檢方不服再度上訴，經最高法院發回更審，未來將有一番苦戰。不過，外子愈戰愈勇，也很慶幸包括許文彬律師、顧立雄律師、古嘉諄律師、羅秉成律師、尤伯祥律師、葉建廷律師組成律師團情義相挺，不離不棄；還有人本教育基金會、台權會、司改會等民間團體也一起加入救援，成爲對抗司法不公不義有力的支柱。

法院不願面對眞相，雖然自白來自刑求，是千眞萬確的事實，但法官不敢採信，再度逆轉判決「有罪」。宣判當天，外子一時情緒失控，在法庭外嗆聲高呼「司法有罪，被告三人無罪」，抗議法官枉法裁判，民間團體及志工們簇擁跟著外子從高院法庭大廈一路走到中山南路濟南教會聚集，在夏日的中午時分，外子倒穿著法袍走得全身是汗，滿臉通紅，分不清是淚水還是汗水。我一路跟著走，怕他血壓會飆高發生意外，小女也開車一路跟著想要載他回家，但他不理不睬，教我們不知如何是好，弄得全家心神不寧。記得，在控告警察瀆職案件偵查中，就在他的生日當天，我特地陪他到基隆市莊林勳家中勘查現場發現二十四元硬幣之由來；另有一次犯罪現場模擬重建我也前往觀看，臥室不大又擺了傢俱，怎容得下四人刀棍齊下殺害兩人？看來我也身不由己地權充柯南協助外子辦案，眞是有苦有得。

爲了能請到李昌鈺博士親自前來鑑定，外子與許文彬律師趁李博士來台講學期間，一而再、再而三前往聆聽他的演講，希望有接近請益的機會。有一次，大清早兩人連袂趕去機場接機，隨車緊追不捨到飯店就教，他們那種鍥而不捨，所展現的毅力與誠意，終於打動了李博士的心，願意伸出援手。最後經由現場重建，李博士藉助原始圖片及血跡噴濺鑑定，判定兇手極可能只有王文孝一人，但仍遭陳玉珍檢察官譏爲「看圖說故事」，在法庭公然斥責李博士的鑑定結論是大騙局，極具污衊之能事。案件就這麼在「有罪」與「無罪」之間擺盪，外子受盡折磨，每次在開庭前就絞盡腦汁寫答辯或辯護狀，對抗官官相護又愛面子的法官們，二十一年來的操勞不僅烏黑頭髮變白而且稀疏了許多，看在眼裡疼在心裡。

眞金不怕火煉，多年的煎熬終於在律師團傾全力救助下終獲判「無罪」確定，律師團成員個個興奮不已，還舉辦慶功宴，大唱「台灣光復歌」，遲來的正義還是正義。可是無罪的宣判並沒有帶給外子太多的欣喜，終日悶悶不樂，我不明所以，原來外子覺得辛苦奮戰多年得不到應有的掌聲，只有寥寥幾位親朋好友的道賀，媒體也沒有太多善意的報導，社會仍迷漫著「無罪」只是證據不足而已的想法，還是不能還他們應有的清白，令他深感挫折與沮喪。

我好言勸慰，艱辛的戰爭已經打完，而且有了圓滿的結局，肩上的重擔也該卸下了，心上的石頭也該放下來了。記得外子曾說，蘇案如獲判無罪，他就諸法皆空，自由自在，而今怎麼還不能放下？我親愛的老伴呀，請不要在乎外界的評價與一些耳語，你已竭盡心力可以無憾矣！我已等了好久，現在暴風雨已過，應該好好享受清福。我們有個孝順的女兒，她是全職媽媽，女婿也克盡職責照顧我倆老，說來已無後顧之憂，可以陪我這「愛玩的太太」遊山玩水，看著兩小外孫平安健康長大，安享餘年好嗎？

由衷感謝黃怡女士能夠不厭其煩的傾聽外子的口述，也忠實記錄他們律師團爲了救人不計代價的奮鬥歷史，整理成書出版，希望留傳給後世作爲法律人的好榜樣。

無罪就是無罪

曾任公視總經理，現為台灣公民媒體文化協會執行長
馮賢賢

第一次注意到蘇案，是一九九五年看見超視「調查報告」接連兩集報導。那時台灣解嚴還沒多久，媒體剛剛開放，追求改革蔚為風潮，挑戰體制的報導竟然可以不受干預地播出。「調查報告」毫不客氣的，透過鏡頭讓罔顧人權的警察、檢察官和法官原形畢露。這些人講話粗暴，論理沒有邏輯，辦案時草菅人命，顢頇態度令人難忘。蘇案的這兩集調查報導，應該是台灣電視史上第一次有人用鏡頭質疑司法不公，把司法的野蠻赤裸裸地呈現在全國觀眾眼前。

那是我關心蘇案的開始。一九九九年，我接掌公視新聞部，推出晚間新聞及其他許多新節目，蘇案一直是當時公視新聞最重視的案件之一。我們費了一番力氣，買到已結束營業的超視珍貴畫面，由蔡崇隆導演完成【島國殺人紀事】，將蘇案完整陳述。但是，再多關注也不能改變殘酷的現實，蘇建和、劉炳郎和莊林勳還是被關在黑牢。

二〇〇三年一月，蘇案出現大逆轉。三個年輕人終於遇到一位好法官，被宣判無罪。在新聞部辦公室看電視直播，見到蘇建和、劉秉郎、莊林勳三人卸除了手銬腳鐐，自由地站在法院前面發表講話，激動的我眼淚忍不住在眼眶裡打轉。

那時還沒見過他們本人，但感覺已經跟他們很熟。做電視常會有這種錯覺。由於花很多功夫呈現某些人物，以致於和本人第一次見面時會誤以為早已認識。至於蘇友辰律師，我也已經分不清什麼時候才眞正見到他本人，彷彿知道蘇案以來，就熟識蘇律師，因為他一直站在第一線替三人奔走辯護，只要蘇案有新聞，就看得到蘇友辰律師的身影。

蘇律師讓我看到，腐敗的司法界竟也有追求正義的典型。

三人重見天日後，有一天，史英打電話說，劉秉郎要考大學，希望我替他補習英文。劉秉郎成功高中畢業，史英說他是數學天才，但因英文成績不好，聯考沒考好，在準備重考時陷入冤案。

上第一堂課，秉郎好像很緊張。講到英文，他的臉色發青，嘴唇微微顫抖。我決定跟他聊天，瞭解為什麼英文讓他這麼恐懼。最後發現，原來他不知道自然拼音法，學英文從沒張口講出來，每個英文單字都是一個一個字母硬背起來的，難怪學得這麼吃力。

第二堂課，我們練習自然拼音法。我請秉郎開始張開嘴說英文。他說得很小聲很小聲，幾乎聽不見，但我們至少上路了。我們跳過台灣老師自編的怪怪的課文，只看英文原典名作。相關的文法練習，我們跳過課本上語感不對的台式例句，只討論文法眞正的要點。例如，什麼時候會用到被動語態？爲什麼這樣用才最能夠精準地表達意思？這表達方式跟中文有什麼不同？秉郎是個會用頭腦的學生，經常提出關鍵問題。這麼聰明的人，怎麼會栽在英文上？台灣的教育，顯然耽誤了他。

上了幾個月的課後，有一天秉郎跟我說，他在家看電視外國影集，竟然有些英文聽得懂了。我跟著他高興起來！但聯考時，英文考題非常難，我不禁想，糟了。果然他英文分數不高，數學答案又塡錯格子，總分差了五十分。命運老是爲難他，但他總算進了大學。

幾年後，我發現蘇建和也想學英文，於是故技重施，也從自然拼音法開始上課。建和說他國一時，被英文老師推打撞破窗玻璃，還被要求賠償，從此跟英文就斷了緣分。第一次上課，我說任何英文字，建和就可以立刻正確拼出來。他猶豫的時候，我說：你不是不會，你只是怕講錯，只要相信你的耳朵，你就不會錯。克服了恐懼，他就能正確拼出每個字。

建和是個非常體貼的人。每次上課，他知道我下班趕去，不會有時間吃飯，總是替我準備麵包果汁，叮嚀我一定要吃。可惜過沒多久，我因出任總經理而中斷課程。兩年前，建和去讀二專，我也被趕出了公視，才再開始我們的英文課。

至於沈默寡言的莊林勳，我比較沒機會多認識他。但每次看他接受訪談，講話像詩一樣優美而精準，總遺憾命運如此捉弄他。

建和他們終於重獲自由後不久，檢察官又提出上訴獲准，三人被迫要繼續跟顏面掃地的惡劣體制搏鬥。二〇〇七年六月，更一審宣判。高院門前擠滿了聲援的朋友。我站在階梯下，跟其他人等了又等，感覺情況詭異。終於聽到史英虛弱的聲音透過麥克風說，「是死刑」！現場很多人驚愕痛哭，我只想放一把火把法院給燒了。這時辯護律師走出來，輪流發表意見。我永遠難忘蘇友辰律師跌坐台階，痛心疾首的說，「司法改革個屁」！他替所有人說出了心聲。

那時我已著手製作蘇案續集，後因出任公視總經理，續集【自由的滋味】再度委託蔡崇隆導演完成。但一直到二〇一二年八月，再更三審無罪定讞，三人才終於獲得真正自由。

我一直樂觀相信，蘇案最後一定會無罪定讞。果真如此後，聽說出現不少雜音：「要不是速審法，怎麼會判無罪？判無罪不代表他們沒做」云云。耿直的蘇律師顯然對此很在意。但我一直想跟蘇律師說，根本不要管他們！很多人受到多年洗腦，成見已深。無罪就是無罪！已經定讞，就是我們終於打贏了這仗。這是台灣司法改革的里程碑，也是蘇律師的偉大貢獻，更是幾年來日益沈重的烏雲裡少見的金邊！日後回首蘇案，它就是一個救援成功的冤案，就是蘇律師的不朽成就。

謹以此文，向蘇友辰律師表達最大的敬意，並向蘇建和、劉秉郎、莊林勳致上最深的祝福！

蘇案口述歷史—跋三

正義的果實

口述整理總報告

作者為作家、本書整理撰稿者
黃怡

我原來並不認識蘇友辰律師。

人本教育基金會開始聲援蘇案時，我已離開人本，再回到人本時，蘇案已接近尾聲，只不過二〇〇七年再判死刑前，請編輯去訪問了三名被告，記得那期的專輯名稱是：「蘇案三被告，向上帝借時間！」蘇建和、劉秉郎、莊林勳，向上帝借的時間還眞長，從他們失去自由的一九九一年八月十五日，到二〇〇三年一月十三日再審判決無罪當庭釋放，從釋放，到二〇一二年八月三十一日再更三審終於定讞，浩浩漫漫，二十一年。

我只知道，那段長期煎熬的歲月裡，始終有位律師陪伴著蘇案，不只是三名被告，還陪伴著被告的家屬們、聲援蘇案的團體與個人、龐大的辯護律師團、媒體等，多年下來，這位律師從一個英挺俊秀的中年人，成爲一個微露風霜的老先生，人稱「蘇律師」。

我和蘇律師從未謀面，倒是在報章、網路上讀過他不少文章，總之，他正面看蘇案、反面看蘇案，外面看蘇案、裡面看蘇案，上下左右看蘇案，幾乎每個可能的面向他都寫過，而且每每字中帶淚。後來才明瞭，蘇律師自小多病，故多愁善感，承辦蘇案後，更是視三人之冤屈如同切身遭遇，逢有案情轉折，往往悲痛不能自勝，便潸潸然落淚。然而，一旦他收束自己情感，擦掉淚水的時候，看官請注意，就是他準備重新戰鬥的時候了。

因此，蘇案三審死刑確定後，向來謹小愼微的蘇律師也跨上火線了，聲援活動中抓到了麥克風，侃侃而談，據說在場者無不動容。這些，我全錯過了。直到二〇〇七年再判死罪後，媒體說，蘇律師曾怒吼：「司法改革，改革個屁！」我才覺察這位律師是個眞性情的漢子。雖然他後來寫到自己的這句名言，還是很靦覥的、悄悄的把「屁」字以白框替代。他不要人家以爲，蘇案的辯護律師是個粗魯無文的人。

再判死刑那天，我寫了一篇文章發表在中國時報，就是引了蘇律師的另一句名言做標題的。文中概述台灣的冤獄史，竟都是人爲因素造成的，是人禍。蘇案當然也是，一個證據貧乏到令人發笑的刑案，竟然可以在各級法院中審了又審、判了又判，承審那幾十個法官，加總起來讀過如山高的法學書籍，寫過如水長的判決書卷，竟然沒有人願意正視三人的無辜？

太奇怪啦！太沒有良心了！太傲慢了！以下是這篇文章：

這樣的司法，太令人傷心了！／黃怡

三十年前剛進入新聞界時，我跑的是社會新聞。在黃色新聞主義已全球普遍式微的一九七〇年代，台灣因為政治新聞尚未解嚴，社會新聞仍獨樹一幟，我自以為是，認為深入這類新聞，可以更得知社會真相，掌握時代脈動。在學期間，我已花了很多時間研讀大案剪報，其中最令人觸目心驚的，莫過於眾多被害人呼天喊冤的案件；而跑新聞後，某日聽到某位高級警官說：「當然要打。不刑求，誰會招認呢？」日後更得知，這位先生還曾在警校「刑事偵查學」任教，才漸漸領悟，台灣為何有如此多人受冤獄之苦。

譬如一九五九年的姚嘉荐案，只因當時台灣政府缺乏資金，正在大力引進僑資，旅菲華僑姚嘉荐與人合資生意失敗，在武漢旅社上吊自殺，因僑界施壓，老蔣下條子限時破案，於是警方匆匆把武漢旅社中幾個和姚相識的人逮捕，並逐一刑求，在隔年判了四個人死刑、兩個人無期徒刑、一個人十六年。但被告不服屢次上訴，一九七五年高院第八次更審，這時姚案七名被告已死的死、瘋的瘋，在押被告只有王藹雲、游全球兩人了，在審判期間，王、游曾懇求庭上，說被冤枉了十六年，希望庭上能斟酌證據，還他們清白，不料承審推事董國銓劈頭就罵：「十幾年有什麼了不起！關三十年的還大有人在。」該案定讞時，兩人已服刑超過判決的十五年有期徒刑兩年。

再如一九六三年的張韻淑火窟雙屍案，物證根本沒有，唯一說「見到」許從火窟出來的三輪車伕，在隔年被證實是個精神病患，該案原來判死刑，卻因得到徵信新聞報與其他民營報的聲援，不斷以社論和特稿挖掘事實，終於在一九七一年以無期徒刑定讞。記得在一九七二年一月中旬，徵信新聞改名後的中國時報，還曾刊載一封張韻淑寫給法院的信，要求法院再改判她死刑，她寫道：「惡活不如好死，人終必是要死的，與其這樣冤曲的活下去，不如早點死了，也好到陰間去問阿娥、黃其崙他們，到底是誰殺死他們？」（1972/1/19）而直到一九八二年，在獄中從二十九歲關到四十八歲的張韻淑，才獲准假釋出獄。

台灣的警察辦案方式，曾因這些顯然的冤案而有所惕勵改進嗎？或是對犯罪嫌疑人的法定權利更尊重？

在張韻淑出獄的同一年，發生台北市土銀搶案，由於這是台灣第一件持槍搶劫銀行的案件，又有行員中槍重傷，輿論譁然，警方快馬加鞭的「偵查」之下，捕獲「有外省口音」的「計程車司機」王迎先，就在五月七日凌晨四時許，警方押著王迎先四處去「查贓」時，他趁警方一不注意，跳下秀朗橋死亡。如果不是很巧，就在同一天凌晨三時，另一批警察衝進李師科（也是有外省口音的計程車司機）的住家，人贓俱獲，很可能土銀搶案會以「兇嫌王迎先畏罪自殺」草草結案，王迎先的家屬，更沒有機會看到涉案的刑警被判決妨害自由。

有刑警被判刑，曾使法院對於警方呈示的犯罪嫌疑人自白更加審慎採信嗎？看看著名的張銘傳案吧。張銘傳因為窮上當鋪，一九八一年十一月、十二月上過板橋的協和當鋪三次，一九八二年元月一日，該當鋪老闆呼醒寰被殺，就憑著當鋪鐵門和屏風上的一兩枚張銘傳的指紋，加上一條來路不明、他穿起來褲管離地十多公分的所謂「兇褲」，以及他被警方刑求時畫下的一隻「紙刀」，就判決了死刑。後來因為陳水扁願意替他辯護，高院更三、更四、更五判了三次無罪，但是更六、更七、更八審又一路改判無期徒刑至定讞。

以往這些案例，加以蘇建和案三被告的罪證闕如，使台灣社運界矢志不懈地為蘇案抗爭，才有了二〇〇三年第一次的再審無罪判決。昨天，三被告再度被高院判處死刑，只印證該案律師蘇友辰在一九九五年講過的一句話：「大家同聲一哭吧，這個世界太使人傷心了！」

我結識蘇律師，就是爲了撰寫讀者眼前的這本書。他目前擔任理事長的中華人權協會，有兩位同僚原任職於人本教育基金會，一是曾守一，二是林欣儀，他們感到蘇律師撰寫蘇案生死簿的迫切性，找我來幫忙。蘇律師大概歡喜個性爽直的人，很快的同意由我執筆整理口述歷史。

實際上，蘇案需要的歷史記錄，絕不限於蘇律師個人的回憶，例如蘇案三位被告的親身經歷，應該優先進行，此外，因爲援救蘇案曾做過台灣有史以來最大規模的社會運動，例如發起並負責執行種種動員工作的人本教育基金會，也應該有其特定範圍的記錄，或是從一審到終審，蘇案走遍每一道司法程序，卷證資料成箱成櫃，爲研究之用或徵信於世，早該建檔留存等。我很高興，在蘇律師的努力下，蘇案的第一道扒梳工作業已完成；蘇律師是爲蘇案辯護時間最長的一位律師，他全程參與，再審後並主持律師團的運作，由他來爲蘇案做一梗概介紹，可說是唯一人選。

《蘇建和案生死簿》是認識蘇案的入門書及方便門，當初我與蘇律師討論本書架構時，設定爲高中程度即可閱讀；相對於司法體系至今仍延用的那種不清不楚、不文不白的起訴及判決書狀文體，本書的撰寫方式至爲理性與透明，意在促進了解，引起省思並討論，而非司法人員所一向樂於從事的諱莫若深、亦眞亦假。蘇案原就是個非常簡單的案子，羅列出犯罪事實及證據，即連國中生都可以一辨其中是非對錯，卻必須耗費舉國人力，長達數十年，對抗司法人員的荒謬心證，爲被告三人做綿綿密密的生死之辯，我認爲是台灣司法之恥。

從今年三月二十日起，我和蘇律師總共做過十三次訪談，成爲全書主要內容。蘇律師在述及蘇案往事時，往往情緒隨著情節改變，可以這一刻是一個安詳可愛的書生，下一刻卻飆升成爲怒目金鋼。對於我提出的任何問題，他的回答都有板有眼，記憶能力十分驚人；蘇案律師團稱他爲「蘇案的百科全書」，一點也不誇張。

書中內容成型後，我徵得蘇律師同意，訪談律師團五位律師，讓他們談談爲蘇案義務辯護的心得，這些記錄，使蘇案的辯護歷史更顯得立體，同時可看出諸位律師思辯蘇案的苦心與功力。台灣有幸，致力於司法改革的人權律師前仆後繼，蘇案律師團即包含四個年齡層，每位都適度展現出法律人的尊嚴。

全書完稿之際，再加添蘇案被告的訪談，希望三人的現狀，能夠讓曾經聲援他們的社會大眾感到放心。誠如蘇建和所說：「當初假使蘇案救援失敗，我們早已成爲冤獄亡魂了，可是我們仍活著，在生命中無數個黎明中醒來，還是必須愉悅的計畫將來，這是過去無數有心人士做了正向思考，鍥而不捨的力挽狂瀾的正義果實。」

謝謝蘇律師給我機會，幫助他完成這本蘇案的口述歷史。這本書或許不完美，卻非常眞誠，我們要獻給曾爲蘇案盡一絲力氣的每一個人，來簽名請願的，來繞行祈福的，來參加座談的，去看守所慰問的，到法庭旁聽的，發傳單的、寫文章的、演講的…因爲你們對眞相的關心，使蘇案不僅是個平反的冤案，也成爲台灣這一代人驕傲的共同記憶。

謹識於三芝
二〇一三年七月十六日

冤案後不久的（左起）劉秉郎、蘇建和、莊林勳。
來源／死囚平反行動大隊

希望蘇案不再